# 9条入門

戦後再発見
双書

加藤典洋



創元社

目次

凡　例

○引用中の〔　〕内は、著者が補った言葉です。
○引用中および本文中の傍点と太字も著者によるものです。
○引用中の漢字、カタカナは一部、ひらがなに替えるなど、現代語訳で表記している箇所があります。

戦後再発見双書⑧

# 9条入門

戦争は世界を破壊する。
戦争は権力を再分配する。
戦争は半永久的に社会を変え、制度を変える。
戦争は生き残った者たちの意識を深く、長く変える。

ジョン・ダワー『敗北を抱きしめて』

# はじめに――憲法9条に負けるな

## 1　O先生の叱責

右に掲げたのは、アメリカ（米国）の歴史家ジョン・ダワー（1938〜）の言葉です。なるほど、これはほんとうだな、と思ったので掲げました。この本を書くにあたって、憲法9条をめぐってほぼ1年のあいだ考えてきた、いまの私の思いでもあります。

戦争は世界を破壊し、権力のあり方を根本的に改める。社会と制度を半永久的に違ったものにし、生き残った者たち、またその後に生まれた者たちの意識を深く、長く変える。しかし、それはとりわけ戦争の敗者側において、より大規模に起こる現象だといえるでしょう。日本の場合も、それ以前の戦争で「勝利」したときにはさほどではなかったのですが、第二次大戦で「敗れた」とき、これらのことが現実に広範かつ甚大に起こりました。

この本は憲法9条についての本です。しかしいったい、何について書けば憲法9条について書いたことになるのでしょうか。憲法9条は何を語ろうとしているのか。平和？　戦争の放棄？　自衛権？　そういうことなら、予想がつきそうです。憲法9条の問題とはいま、何を意味するのか。護憲と改憲をめぐる論議？　集団的自衛権の問題？　立憲主義？　安倍自民党の改憲スケジュール？

そういうことだとしても、だいたい感じがつかめます。

しかし、細かなことについては本文で見てもらうとして、私は、この間、この本を用意するためにいろんな文献を読んでいるうちに、憲法9条というのは、必ずしも戦後の日本になかったとしてもよかったのではないだろうか、と思うようになりました。

というか、一度はそう考えてみる必要があったのだ、と考えるようになったのです。

## もし9条がなかったら、日本人は戦後、どのような平和についての思想を持っていたのでしょう

もし憲法9条がなくても、第二次大戦の終結時、多くの人が家族や大切な友人・知人を、戦場で、内地で、あるいはふるさとを戦場にされて失い、もう戦争などこりごりだと思っていた。ですから、そこからは、当然、無残な戦争体験に裏打ちされた、自前の平和の思想が生まれてきたはずです。

では、はたしてそれは、いったいどんなものだったでしょうか。

その本来生まれていたはずの思想が、憲法9条という上から与えられた「平和条項」に吸い上げ

られ、取りこまれてしまうことで、私たち日本人の平和に対する考え方は、鋳型にはめられた、ひ弱なものになったのではないだろうかと、思ったのです。

だから憲法9条はいらない、というのではありません。

憲法9条に負けたままでは、とても憲法9条を生きるということはできないはずだな、と思ったのです。

憲法9条に負けたまま、というのは、ただ憲法9条を有り難がっているだけでは、という意味です。

**かつて私は「そうか、そうか、平和憲法がなかったら、戦争に反対しないのか」と書いてしまい、護憲派の人々の心をひどく逆撫でしてしまいました**

でも、こんなふうに書きはじめて、以前にも、似たようなことを自分で書いたことがあったな、と思い出します。

30年近くまえ、1991年に湾岸戦争が起こり、それへの参加を日本政府がアメリカから求められたとき、日本の若手の文学者たちが憲法9条を理由に「反戦」の署名運動を行いました。ほかにも多くの団体が、反対の声をあげました。

そのとき、その文学者たちが用意した声明に、戦後日本の憲法には『戦争の放棄』という項目がある。
それは、他国からの強制ではなく、日本人の自発的な選択として保持されてきた。

という文面がありました。私はこれを見て、つい〈嘘をつけ〉と思ったのです。私も文学者のかたわれです。私にも賛同の署名をうながす案内が来たのですが、それを見て、こういう書き方はイヤだ、ここは、

戦後日本の憲法には『戦争の放棄』という項目がある。
それは、他国からの強制ではあったが、これを日本人は自発的な選択につくり替えるよう努力してきた。

だろう、と思ったのです。

その文学者たちの声明が、その後、当時バブル全盛期に世界中から日本に集まってきていた、日本の事情にうとい外国人記者を前に発表されるのを見て、なおさらその思いが強まりました。

天邪鬼《あまのじゃく》は、昔からの私の性格です。虫の居所が悪かったこともあって、私は、その声明にイヤミのような文章を書き[1]、以後、4年間くらい日本の文学社会から排除されたあと、次に文章を書く機会をもったおりに、このときのことにふれ、こう書きました。

——湾岸戦争のとき、多く、「反戦」の声があがったが、私が違和感をもったのは、そのいずれもが、「反戦」の理由に「平和憲法の存在」をあげていたことだった。それを見て、

　私は、こう思ったものである。

　そうかそうか、では平和憲法がなかったら反対しないわけか。

　じつをいうと、そう書いたあと、私は少し言葉を補っていました。やはり平和憲法を掲げるのであれば、「これは自分たちが自力でつくったのではないのだが」くらいの「含羞《がんしゅう》（?）」がないと困る。あるいは、このことはわれわれに「法の感覚」（＝法は自分たちがつくり、自分たちが支えるものだという意識）が弱いことを教える。そんな言葉で少しフォローしたつもりだったのですが、やはりこの発言は、当時、その揶揄的、挑発的な響きが強く、世の護憲派の人々の心をひどく逆撫でしたようです。（『敗戦後論』講談社　1997年）

**ほんとうに憲法9条を大事に思うなら、その弱点もしっかり見すえる必要があるのではないでしょうか**

　そのときから10年ほどたって、2004年に護憲派の人々による「九条の会」というものが創立

されたとき、メンバーの一人、憲法学者の奥平康弘さんが、この言葉をとりあげています。そして、こんなふうに語っています。

湾岸戦争のとき、「文学者のある集団」が「九条違反の名において政府を糾弾する、政府の動きに反対する声明書を出した」。

そうしたら、ある文芸評論家がこんなことを言った。すなわち、文学者の集団が憲法九条を掲げて、それは反対だというようなことを言っていることをいわば嗤《わら》ったのです。「嗤う」という言葉はわかりますね、ちょっと難しい言葉ですが、嗤った。

どういうふうに嗤ったかというと、「あの九条は占領軍の押しつけで、ねじれの産物でしかないではないか。そのことを日本人は忘れている。とくに知識人は忘れちゃっている。戦争は反対だというのだったら、九条などというインチキくさいねじれの産物に頼らずに、憲法を背景にしないで、九条を前提にしないで、素手でやったらいいじゃないか」と揶揄したのです。

正直いって、こういったしたり顔の、みずからは何もせずにいる冷笑家、シニシズムの人々を僕は大嫌いなのですが、そのことはさておいて、九条を持ち出さずに素手で戦えという点には、大いなる異議を唱えたい。

憲法九条を持ち出すのは、みずからの政治理念としての、自分の政治理念としての平和主義に裏付けられていればこそのことである。九条とは、みずからの政治的な主張の正当性を結晶

> 化したものである、といえます。国内外の人々に、世界の人々にもっとも説得力をもって主張しうるものである。
>
> 言葉を換えていえば、憲法九条は近代の政治哲学・道徳哲学が潜在的に内包していた平和主義を踏まえ、それを現代の国際情勢のなかで現実的なプログラムとして日本国憲法のなかにとりこまれたものである。さればこそ世界の人々に普遍的な政治原理を体現したものとして、胸をはって主張できるのです。九条を旗印にして、つまらん戦争、武力の行使に反対することは、有効で適切なレトリックなのです。（「なぜ九条の会か」『九条、いまこそ旬』岩波ブックレット）[2]

こうして、私は名指しこそされなかったものの、10年後にしてなお、「九条」の名のもとに厳しく批判されたのですが、しかし、自分のあの指摘——揶揄——は、無効で、無意味で、イヤミなだけだったのだろうか、そうは思えない、といまも気持ちは、変わらないのです。

私がいおうとしたことは、「平和憲法」があるために、自分たちの平和についての考え方が弱くなっている可能性がある、それでは本末転倒なのではないか、ということですから、いまこの本でお話しようとしていることと、ほぼ同じです。

当時も、だからといって憲法9条を否定したのではなく、同じ文章の後半では、それをもう一度、自分たちのものにするためにと、「憲法選び直し」をめざす国民投票の提案を行っていました。憲法9条が「押しつけられた」ことはどう考えても否定できない事実なのですから、これを、軽く見積もったり、姑息なかたちでレトリックでごまかしたり、もうこれだけ時間が経ったのだから「押しつけ」の意味は消えたと強弁したりするのは、よくない。もし、ほんとうに憲法9条を大事に思うのなら、その弱みもしっかりと受けとらないといけない。しっかりとその弱点と向きあい、改めて自分のイニシアティブで憲法9条を「強くする」ことが必要だ、と提案したのです。

## 護憲派はなぜか、過剰防衛の姿勢をとりがちなところがあります

ところで、このことを思い出しながら書いていて、さらに思いあたることがあります。なぜ「憲法9条を大事に思う、そしてありがたがる」ことが、「憲法9条に負ける」ことになると、私は思っているのか。

憲法9条を大事に思うあまり、それに批判が来ると、これを「護ろう」として、思わず心が硬くなる。そうして憲法9条についても、平和主義についても、これをかばおうとして過剰防衛の姿勢をとってしまう、というのが、そこから来るマイナスの一つです。

前出の文学者たちの声明よりさらに10年以上まえ、1980年前後のことですが、国際交流基金か何かの関係でカナダを来訪された奥平康弘さんを、私は一度、案内しています。当時私が、勤めていた国会図書館の仕事でモントリオールに住んでいるときに、現地の日本領事館の知人に頼まれ、

半日、市内観光にお連れしたことがあるのです。そのときは大学の研究所の図書館員として、半日おつきあいしただけなので、奥平さんには件《くだん》の文章の書き手が、そのときの案内人だったとはたぶんわからなかったでしょう。しかし、私はそのときの経験から、奥平さんが温和で沈着なお人柄であることがわかっていたので、その人に、自分の書いたものが乱暴に一面的に受けとられていることを知って、落胆しました。

自分としては、奥平さんと同じように憲法９条を大事なものであると考えているのですが、ただ、その現われ方が違う。私はこれが「押しつけられた」ものであることを、少しでも回避するような気持ちでいては、憲法９条に向かいあったことにはならない、９条を大事に思うなら、この事実をしっかりと受けとめなければならない、と考えるのですが、奥平さんは、そこが少し違う。先の批判（12〜13ページ）から１年後の「九条の会」の集会でも、こう述べています。

〔最近、報告を出した衆参両院の〕調査会は当初、「押しつけ憲法論」をとっていました。すなわち、日本国憲法は占領軍（ＧＨＱ）の押しつけである、だから改正せよ、という、昔から自民党がとってきた路線に乗ろうとしていたのです。しかし、参考人からは、押しつけがあったかなかったかなどという議論は、戦後六〇年たった今では無意味である、という意見のほうが多く出ました。つまり、押しつけ憲法論は、もはや役立たずだ、ということが、調査活動によって判明したのです。（「『第一項に手をつけず』に安心してはならない」『憲法九条、未来をひらく』

**ただ有り難がるだけで、一切の批判を拒んでいては、「憲法9条に負けてしまう」ことになります**

「押しつけ憲法論」とは、「日本国憲法は占領軍(GHQ)の押しつけである、だから改正せよ、という、昔から自民党がとってきた路線」です。だから「押しつけ」という考えをとる人間は多かれ少なかれ、自民党的な改憲路線に異論をもっていないはずだ、同類のはずだ、と奥平さんは、考えたのでしょう。

それで私の意見も、憲法9条をたいして評価しない、いわば対岸から、その瑕疵《かし》を冷笑するシニカルな9条批判の一種と受けとられたのですが、いわゆる「押しつけ論」に、自民党流の「押しつけだから、改正せよ」という条件反射的な改正論だけでない、まったく別個の考え方もありうるという前提に立つ、そして異論が現れた場合、それに耳を傾けようという心のゆとりが、このとき、奥平さんには欠けていました。

いや、ほんとうはそういうものはあったのだが、奥平さんの前に現れた文章が、あまりに冷笑的、揶揄的、イヤミにみちていて、つい怒りが生じた、ということだったのかもしれません。私の文章のほうにも、だいぶ問題があった、ということがいえるかもしれません。

しかし私は、憲法9条を考える場合、このような異論への寛容さ、さらに一歩進めて、異論をむしろ喜ぶ気持ちが、とても大事なのではないか、と思っています。

それが私にとっては、憲法9条に負けない、ということの意味です。私の憲法9条は、私に「いいか、そんな有り難がられているだけのオレに、負けちゃダメだ」といいます。私に「オレに負けるな」と叱咤してくるのです。

## 2　兆民先生の教え

では、憲法9条に負けないとは、どういうことでしょうか。

具体的にいってみます。

とりあえずは、二つあります。

第1は、こうです。

1874（明治7）年、26歳の中江兆民は、2年余のフランス留学を終えて帰国の途につきます。ポートサイド、サイゴン等と経由するのですが、途中の港で、自分に自由、平等、博愛の近代の原理を教えた西洋の人間たちが、

「意気傲然として絶えて顧慮する所なく、そのトルコ人もしくはインド人を待つの無礼なること、かつて犬豚にもこれしかず、一事心にかなわざることあれば、杖をふるってこれを打ち、もしくは足を挙げ一蹴して過ぎ、視る者恬《てん》としてこれを怪しまず」

という光景に接します。万民の自由、平等、博愛の原理を打ち立てた西洋人が、アジアにくると一転、傲慢に他国の人民をドレイよろしく打擲《ちょうちゃく》、一蹴して顧みない。そういう様子をまのあたりにするのです。

そこで兆民は、こう考えます。

殊《こと》に知らず、トルコ印度の人民もまた人なり。(略)宜《よろし》く循々然《じゅんじゅんぜん》として之《これ》を導いて、徐々にその文物制度の美を味わわしむべし。此《こ》れ天の先進の国民に命ずる所の職分なり。(「論外交」1882年)

中東、アジアの人民もまた人だとすれば、彼らに正当に対し、その近代原理のすぐれた所以《ゆえん》を諄々と説くことこそが、ほんらい、そうした原理を見つけた西洋人の行うべきことではないだろうか。それなのに彼らは人種差別観などにとらわれ、実行できない。このことは何を語っているのだろうか。

つまり、兆民は、自由・平等・博愛はたしかに西洋がつくりだした原理かも知れない。しかし、彼らには、ほんとうの意味で、この原理の意味するところがわかってはいない。この原理をほんとうに生かし、実現できるのは、それをつくりだした彼らではなく、むしろその彼らから下に見られ、それを遅れて学びとる、自分たちのほうなのだ、と考えようとしています。彼は、原理の発見をめぐる先と後、「遅れ」の関係を、その実行において逆転して「生かす」道のあることを、私たちに教えているのです。

同じことが、「押しつけ」られた憲法９条の原理、その「法」としての実行の可能性についても、いえるのではないでしょうか。

たしかに憲法９条は「押しつけ」られた。しかし、そこに埋め込まれた可能性を十全に受けとめ、発揮できるのは、これを押しつけたマッカーサー、占領軍（ＧＨＱ）、アメリカ（米国）の側ではなく、これを押しつけられ、その押しつけられたものを、自分たちに必要なものとして学びとろうとしている自分たちのほうなのだ、と考えてみることもできます。

「押しつけられた」原理を、押しつけた側と押しつけられた側のどちらが、より必要としているか。わがものとしているか。そういうことが、ここに問われているのです。

## いま憲法9条にしか、できないことはなにか
## この本ではそのことについて、考えてみたいと思います

ですから私たちは、憲法9条についても、もっと自由に、ダイナミックに考えてよい。考えるべきです。

「押しつけ論」は、これまで憲法9条の受けとり方をめぐる第一の関門となってきました。憲法9条を「押しつけ」と認めるかどうかが、人を護憲論者、改憲論者に分ける最初のあみだくじの分岐点になってきたのです。

しかし、そこに憲法9条をめぐる最初の「ボタンのかけちがい」があったのではないか。

私は、「押しつけ」問題について、そう思っています。

ですから、一気に結論をいってしまうことになりますが、私のこの本では、憲法9条は、ただ素晴らしいもの、手をふれてはいけないものとは、とらえられていません。

日米関係、日米安保条約についても同じです。

この両者が、一対の関係におかれていること。その構造がなぜ、どのように生まれてきたか、ということを明らかにすること。

次に、いまの日本の社会にとって、何が一番大切なことかを考えてみること。それとの関係で、憲法9条をとらえ直してみること。

そしてさらに、それを受けて、この、現在日本の社会にとって一番大切なことを実現するために、憲法9条にいま、できることがあるなら、あるいは憲法9条にしかいま、できないことがあるなら、その実現に向けて憲法9条を、どのように生かさなければならないか、と考えてみること。そういうことをこの本では、やってみたいと思っているのです。

さて、もう一つ残っています。

第2は、そのばあいに私は、どのように考える態度を保とうとしているか、という話です。

先に、私が多少、虫の居所が悪かったために、湾岸戦争での文学者たちの反戦署名の声明文に、〈嘘をつけ〉と思い、それに参加した人びとの神経を逆なでするような文章を書いたという話をしました。そしてその延長で、次の『敗戦後論』という本でも、「そうかそうか、では平和憲法がなかったら反対しないわけか。」などと不届きな、書かなくともよいような軽い揶揄の文章を記し、奥平さんのような真摯に憲法の問題に対する人びとを怒らせた顚末について、書きました。

しかし、私は、そのことを反省してはいないのです。

憲法9条のような大事な問題であれば、ますます、ふだんの気分のまま、ほかのことを考えたりするのと地続きで考えることが大事だと思っているからです。

こういう真面目な問題は、真面目に考えなくてはならない、というような流儀に染まると、深刻ぶった顔をした人だけが集まってきて、大事な問題を、そういう人だけが、真剣に考えることになってしまう。すると、問題を深く考えることができなくなります。深刻に考えるということは、考え方の自在さと多様さを狭めますから、考え方として必ずしも、よい仕方ではないのです。

また、その問題を、軽く考えている人は、そこに入れません。勢い、何だろうこの人たち、と、そこから離れていきます。

でも、問題って、軽く考えることも必要なのです。大事な問題は、色んな人の前に、色んな仕方で現れる。そんなふうに緩急自在に、問題であり続けるからです。

ですから、そこで誰かが冗談をいったりすると、まわりの人が眉を顰める、シィーッっていう。そんな雰囲気のなかで、大切な問題が考えられるときには、まずいと思わなくてはならないのです。

私は、そう思うので、社会に重大な影響を与える深刻な問題も、ささいなできごとも、平常心で、同じような心のリズムで考えていきたいと思っています。この本も、そのようにして書いていきたいと思っているのです。

憲法9条に負けない、というのは、第2として、そういう意味でもあるのです。


一つには、憲法9条をカッコにいれ、それなしでも、平和について、憲法について、考えられるようにしておきたい。日本にとっていま大事なことは何か、ということを無前提に考える場所をもっておきたい。そのうえで、いわば外側から、憲法9条について、憲法9条の問題について、考えるようにしたい。

もう一つとして、憲法9条とか、いま日本の国にとって一番大事なことは何かなどという「大きなこと」のわきに、同じ比重で、「小さなこと」を置いておきたい。普段着で、気分のままに、憲法9条について考える、という流儀を確保しておきたい。

と、ここまでが前置きです。

では、はじめましょう。

# 第1部

## 出生の秘密

### 敗戦から憲法制定まで

（1945〜47年）

日本国憲法（国立公文書館）

# 第1章　せめぎあい

## 1　憲法9条の問題とは何か

まず、憲法9条とは何なのか。

ごく簡単な私なりの説明からはじめます。

戦後、米英を中心とする連合国に敗れた日本は、占領状態におかれます。占領は、日本を今後、再び他国に侵略を働くような国にしないこと、つまり非軍事化と民主化を目的として行われました。そのための、もっとも重要な手段として考えられていたのが、民主的な憲法の制定だったのです。

敗戦時の日本の憲法、つまり大日本帝国憲法（明治憲法）は、天皇を主権者とし、天皇に強大な権力が集中する法的構造になっていました。特に天皇が軍隊を直接統括する「統帥権」を定めた条項（第11条）は、戦前、軍部が独走することになった最大の元兇《げんきょう》と考えられており、そうした条項を含む憲法の改正が不可欠と考えられていたのです。

しかし、占領の根拠となるポツダム宣言も、日本の国民の「自由に表明された意思」による政府の樹立を一定範囲で認めていましたし（第12項）、国民の意思に反して戦勝国から「押しつけられた」憲法が、占領終了後も長く支持されるとは考えられないことから、戦後日本の基礎をなす憲法改正は、日本人自身の手で行われることが望ましいと考えられていました。そこでまず、できるだけ民主的で自由主義的な憲法改正を行うようにという指示が、占領軍から日本政府に下されたのです。

けれども、日本側の用意した憲法改正案は、天皇主権の廃止すら明記できない、はなはだ中途半端なものだったため、占領軍の最高責任者であるアメリカのマッカーサー元帥が、占領軍当局（連合国軍最高司令部。以下、ＧＨＱと表記）に草案をつくるように命じ、ＧＨＱ当局はその自分たちのつくった草案をもとに、憲法改正を行うようにと日本政府に指示します。

### ＧＨＱの作成した憲法草案は、それまでの大日本帝国憲法に比べて、格段に近代的・民主的なものでした

そのＧＨＱの作成した憲法草案（ＧＨＱ草案）は、作業にあたった担当者たちの多くが１９２０年代の改革期に精神形成した、いわゆるアメリカのニューディール世代*だったこともあり、それまでの大日本帝国憲法に比べ、民主性、開明性において格段に近代的なものでした。しかし、何とい

ってもこの新しい憲法草案の一番の特色は、第1条の天皇条項と第9条の戦争放棄条項でした。そしてそれは、ともにマッカーサーからの直接の指示によって書かれたものだったのです。

**＊ニューディール世代**　世界恐慌後のニューディール時代に育ち、一国社会の経済や生活様式を政府の計画によって調整する必要を確信していた人びと。

## 民主的な憲法を、占領軍が「超法規的に押しつけた」という大きな矛盾は、その後もずっと尾を引き続けることになります

ところで、次の問題は、なぜこの二つの条項を、日本政府は受けいれることになったかです。自分から納得して受けいれたのであれば、問題はないのですが、事実は、二つの条項がともに天皇制の維持、より具体的には昭和天皇の身体・生命の安全という問題に関わっていた。その「交換条件」として日本政府に提示されたという意味をもっていたのです。

ここから、いわゆる日本国憲法の「押しつけ」論が、出てきます。

GHQの改正案の第1条は、天皇の主権を否定して、主権者が国民に代わること、天皇は以後、「主権者たる日本国民の統合の象徴」となることを定めていました。一方、第9条は、戦争の放棄、戦力の不保持、交戦権の否認をうたっていました。

ともに、日本政府が希望したものではなく、特に第1条は、彼らがどうしても受けいれたくない条項でした。天皇の主権を剝奪する。それは簡単にいえば、日本の支配層がもっとも大切にしていた国のかたち、当時いわれた言葉でいえば「国体」を変えるということでした。そしてその代わりに国民に主権を与える、というわけですが、だれが与えるのかといえば、占領軍という超法規的権力が与えるという、きわめて矛盾した状況にありました。

さらには第9条（GHQ草案では第8条）で、戦争を放棄し、軍隊をもたず、戦争する権利（交戦権）すら否認する、というのですから、これもほとんど国家としての自己否定に近い。では、日本はどのようにして自国の防衛を行うのか、という疑問が当然次にわいてくるわけですが、その答えは新しい憲法のなかには明示されていない。

戦争に負けたのだから、占領され、その後も国家の主権を制限されているのは仕方がないとしても、占領が終わったあともみずからの意思により、戦争する権利（交戦権）を憲法で否認するというのは受けいれがたい。じゃあ、いったいどうやって国を守れというのか。

GHQ草案を受けいれるよう求められた日本政府の代表が、そう考えたとしても無理もありません。

しかしそれでは、いったいなぜ彼らは、最終的にこんな条文を受けいれたのか。当時の日本の指導者たちに大きな責任があったのではないか、という話になるのですが、ここで先にふれた「交換条件」という問題が出てくるわけです。

## 憲法9条は1条と共に、昭和天皇を護るために作られたものでした

ＧＨＱ草案の日本政府への提示（手交）は、１９４６年2月13日に行われます。このときＧＨＱ側は、もし日本政府がこれを受けいれれば、天皇の立場は安泰《アナシーラブル》になる、といいます。自分たちとしては、天皇を護りたいが、護りきれないかもしれない。ただこの天皇の主権剝奪、日本の戦争放棄の二点を明記した憲法が受けいれられれば、これを盾にして、国際社会の天皇糾弾者たちの要求をはねのけ、「権力をもたない、象徴としての天皇」を護ることができるだろう、というのです。

そこで、やむなく、日本政府はこの提案を受けいれることになったのです。

この憲法草案は、その後、語句の訂正や細かな修正をへて、１９４６年３月６日、政府の手で憲法改正草案として国民に発表され、国会での審議をへて、約８ヶ月後、11月３日に公布、さらに半年後、１９４７年5月3日に施行されます。

その結果、新しく改正（制定）された憲法の1条は、こうなりました。

第１条
天皇は、日本国の象徴であり日本国民統合の象徴であって、この地位は、主権の存する日本国民の総意に基く。

また9条は、こうなっていました。

第9条

日本国民は、正義と秩序を基調とする国際平和を誠実に希求し、国権の発動たる戦争と、武力による威嚇または武力の行使は、国際紛争を解決する手段としては、永久にこれを放棄する。

2　前項の目的を達するため、陸海空軍その他の戦力は、これを保持しない。国の交戦権は、これを認めない。

**「国家主権の放棄」という側面をもつ憲法9条（戦力放棄条項）は、しかし悲惨な戦争を体験した日本国民から、強く支持されました**

ところでこの憲法9条が、その後、現在まで続く大きな問題となるのは、この9条の戦争放棄条項が、むしろ日本国民の大半の人びとに強く支持されたからです。

長い過酷な戦争が敗戦で終わって、だれもがもうどんなことがあっても戦争はこりごり、と思っていたことに加え、国が多くの点で国民に真実を伝えていなかったことがわかって、人々の不信感も高まっていました。ですから知識人や言論人をふくめて多くの人たちが、この平和条項を、それが「押しつけ」であろうがどうであろうが、やはりありがたいものだと受けとめ、これを大事にしたい、と思ったのです。

国にだまされ、戦場に送られ、あるいは家族を戦場に駆り出され、あるいは国内で空襲に逃げまどうことになったこれら多くの人びとの経験が、国の要職につく人とははっきりと違う、新しい受けとめ方を生み出したのでした。

こうして憲法９条は、これを国の主権制限条項と考えて否定的に受けとめる人びとと、国の平和追求の原理を定めたものと考えて肯定的に受けとめる人びととの間で、戦後の日本人を二分する大問題となっていきます。否定的に受けとめる人びとは、これを廃棄あるいは改定し、再軍備して交戦権を回復すべきと主張し、肯定的に受けとめる人びとは、これを堅持して、日本が戦争を放棄した平和国家であり続けるべきと主張します。いわゆる改憲論と護憲論の対立が生まれてくるのです。

そして、この二つの立場に立つ論者たちが、憲法９条は「押しつけだ、改正せよ」とあくまで「強制」の意味を強調する改憲派と、「押しつけ」かどうかなど重要ではない、そもそも「押しつけ」だったかどうかさえ立証されていないではないかと、「強制」の意味をできるだけ過小に評価しようとする護憲派とに分かれて、ぶつかりあうようになります。

その結果、これが「押しつけ」だったかどうかが、最初の対立点として浮かびあがってくることになったのです。

## 占領が終わったあと、憲法9条は、日米安保とセットで存在することになりました

しかし、憲法9条の問題を、もう一つ複雑なものとしたのは、その原案をつくり、これを日本に「押しつけ」たアメリカとの関係です。

この問題は、憲法9条に内在するもう一つの問いかけからやってきます。

というのも憲法9条は、日本は戦争を放棄すると定めています。そのことは、他国の占領下にある限りは、問題を生じません。しかし、独立すれば、どうでしょうか。当然、では他国が攻めてきたらどうするか、国防をどうするか、安全保障をどうするか、という問いが生まれてこざるをえません。

では、憲法9条はこれにどういう答えを用意しているのか。

憲法には何も書いてありません。

わずかに前文に、新しく創設された国際連合の集団安全保障体制に参加することで、国の安全を確保していくのだという方向性が示されているだけで、それはこのあと見ていくように、マッカーサーにとっては巨大な政治プラン（実現しませんでしたが）にもとづくものでしたが、日本側にその可能性を追求しようという動きは、ほとんどありませんでした。また、国際連合自身も、その後の東西冷戦の高まりのなかで、本来もつはずだった機能を大きく損ない、当初想定されていた集団安

全保障体制の主体としての現実性は、ほぼ失われてしまいました。

　では、どうすればいいのか。

　そこで国民の前に示されたのが、1951年、前年に勃発した朝鮮戦争がまだ終わらず、東西冷戦が厳しさを増すなかで、アメリカとの結びつきを占領の終了後も堅持して、アメリカに守ってもらうか（「単独講和」または「片面講和」と呼ばれます）、アメリカとのつながりをゆるやかなものにして、米ソ両陣営に安全を保障してもらう中立のあり方を追求するか（「全面講和」と呼ばれます）、という二つの選択肢でした。

　そして、このうち、圧倒的に現実性の乏しかった後者の全面講和論が棄却され、前者の単独講和論が当時の吉田内閣に採用されて、1951年、サンフランシスコ平和条約（講和条約）の調印と同時に、日米安保条約が調印されます。

　その結果、憲法9条は、その理念を現実化する道を断たれることになりました。そのことが一つの空白を生み出すと、今度はその空白に、「何によって国を守るのか」という問いが生まれます。そして憲法9条は、理念を残したまま、その理念とではなく、アメリカと結合する。つまり日米安保条約とセットで存在することで、「国をどのように守るのか」という問いに答えるという新たなあり方をもつようになったのです。

## これから私たちが憲法9条をどう活かしていけばよいか、歴史をさかのぼって考えてみる必要があります

この本では、以上のような見方に沿って、憲法9条をめぐる初期の問題を、次の二つの時期に分けて書いていこうと思います。

第1の時期は、憲法9条がアメリカの占領政策のなかから誕生していく段階。そこではマッカーサーという、非常に特殊な個性をもつ人物と、昭和天皇を中心とした日本の天皇制という、これもまた非常に特殊な権力構造のせめぎあいが中心となります。

第2の時期は、憲法9条が、占領下でそれほどの矛盾を持たず存在している段階から、平和条約が結ばれ、日米安保条約とセットの関係に変化していく過程を見てゆきます。

現在、護憲派も改憲派も、もはや憲法9条が関わる現実の問題には、何も答えられなくなっています。

では、憲法9条はもう使命をはたし終わったことになるのか。私たちはもう憲法9条を必要としなくなるのか。ようやく私たちは憲法9条から解放されるのでしょうか。

いや、そうなってはじめて、この憲法９条がなければ、日本は新しい国際社会の現実を生きていけない、ということが、これまでとはまったく違う意味で見えてきます。

その新しい憲法９条と私たちのつきあい方、そして新たな使用法について、憲法９条の誕生時に存在した出生の秘密と、その後の「天皇制」や「日米安保」との相克についても見ながら、考えていくことにします。

## ２　最初の一歩——近衛文麿への憲法改正の指示（１９４５年10月４日）

さて、すべてのはじまりは、もちろん敗戦でした。しかし現実の憲法改正への第一歩は、その後、どこかはっきりしない不思議なかたちではじまることになりました。

１９４５年８月14日、大日本帝国は、連合国主要３カ国（米、英、中華民国）によって発せられたポツダム宣言（７月26日）を受諾して降伏します（このポツダム宣言には、その後、８月８日に日本に宣戦布告したソ連も加わりました）。

９月２日に、東京湾までやってきた戦艦ミズーリの甲板上で、降伏文書の署名が行われます。そして、９月27日に昭和天皇がアメリカ大使館にマッカーサーを訪問し、ポツダム宣言に記された降伏条件の履行への協力を約束すると、そのあと、10月４日に当時副総理（東《ひがし》久《く》邇《に》宮《のみや》稔彦《なるひこ》内閣）で無任所大臣でもあった近衛文麿が、マッカーサーとの面会におもむきます。

近衛は9月13日にも一度、マッカーサーと面会していたのですが、そのときはただ相手の意向をさぐるのが目的で、通訳のおぼつかなさもあり、内容のある話はあまりできませんでした。ですから二度目の会見は、そのあと最初の天皇・マッカーサー会見（9月27日）でも通訳を担当した奥村勝蔵を伴い、より踏み込んだやりとりをすべく面会を申し込んだわけですが、そこで憲法改正への指示が、双方にさしたる準備もないまま、なかば偶然のように、いわばうかうかと、行われることになったのです。

## 占領下での憲法改正は、最初から、どこかあやふやな形ではじまりました

もっとも、この二度目の近衛との面会に、マッカーサーは、副官のサザランド参謀長のほか、わざわざ近衛を20分ほど待たせたうえで、国務省から派遣されていたジョージ・アチソンGHQ政治顧問を呼び出し、同席させています。アチソンは国務省から、いわばお目付役として占領軍の最高司令部に送り込まれていた人物で、このときみずからのオフィスを開設したばかりでした。この事実はマッカーサーが占領統治を進めるに際し、十分に本国の目を意識していたことをあらわしています。[1]

近衛文麿（1891-1945）
（国立国会図書館ウェブサイトより）

　このときの面会は、近衛のほうが共産主義勢力による国体転覆の危険について持論を述べ、マッカーサーがそれをいわば「聞き置く」かたちで進みます。しかし最後に近衛が「何かご意見なりご指示があれば承りたい」と尋ねると、マッカーサーが威儀を正すようにして、突然、「第一に日本の憲法は改正しなければならない、憲法を改正して自由主義的《リベラル》な要素を取り入れる必要がある」と述べたのです。

　そしてこれが、マッカーサーによる最初の憲法改正の示唆、要求、ないし命令となって、ここから日本の憲法改正への動きが開始されるのです。

　近衛は、この日の帰りの車の中で「今日はえらいことをいわれたね」と通訳の奥村に語っています。

　権力をもたない側から申し込んだ面会で、最後に「何か指示があれば」と尋ねたところ、権力者側から「では憲法の改正を」という、きわめて大きな指示が転がりでたのです。しかし、もし近衛が質問しなければ、マッカーサーからの指示もなかったでしょう。そのように、この話には最初から、どこかあやふやな要素がつきまとっていました。

　そして、「えらいこと」になったと受けとめたのは、国務省からのお目付役、ジョージ・アチソンも同じでした。アチソンはすぐに、憲法改正について国務省の指示を仰ぐ電信を本国に打っています。[2]

日本の憲法改正は、こうしてなんの見通しもないまま、その第一歩が記されることになったのです。

## いわゆる「押しつけ」の主体とは、なんだったのでしょうか

では、いったいなぜそんなことになったのか。

しかし、その問いに進む前に一つ指摘をしておかなければなりません。

これまで、憲法9条に関し、大きな問題になってきたことの一つに、先にふれた「憲法押しつけ論」があります。

この「押しつけ」には二つの意味がこめられていました。一つは、連合国ないしアメリカがポツダム宣言にもとづき、日本に憲法改正を要求した、つまり押しつけたという側面。そしてもう一つが、その要求に日本政府が十分に答えられなかったので、マッカーサーがGHQによる憲法草案を代わりに作成して、これを日本に押しつけたという側面です。

1961年に政府による最初の憲法調査会がまとめた報告書[3]は、「押しつけ」という意味をこの二つの意味で使っています。ですからこの調査会の報告書では、先にふれた10月4日のマッカーサーの近衛への「指示」の背景に、アメリカ政府の意思が働いていたという解釈をとっています。

しかし、その後の研究から、この憲法調査会の聞き取りが不十分なもので、このとき、まだアメリカ政府の憲法改正への態度は決定しておらず、憲法改正に関する指示はマッカーサーに届いていなかったことがわかりました。[4] 要は、１９４５年10月４日にマッカーサーが近衛に対して行った「指示」は、この憲法調査会の聞き取りでライシャワー（当時、陸軍省、国務省などに勤務）が証言しているとおり、マッカーサー自身の意思から出たもので、このときまだ、アメリカ本国の姿勢は定まっていなかったのです。

それが最終的に、憲法制定の基本方針を定めた「日本の統治体制の改革」（ＳＷＮＣ《スウィンク》Ｃ２２８）という正式な文書としてＧＨＱに伝えられるのは、翌１９４６年１月11日のことでした。

私のこの本での考察は、この問題についての新しい研究成果に立っています。近年明らかになったように、憲法改正の第一歩は、最初からはっきりとした計画のもとではじまったわけではなかった。背後にあったさまざまな力のせめぎあいの結果、進行していったのだという点が、非常に重要だと考えているからです。

たしかに「押しつけ」はあった。しかしそれは、１９４６年２月の段階での、ＧＨＱ草案の日本政府による受け入れに関していえることで、しかもその主体はマッカーサーでもアメリカでも連合国でもなく、この三者の力と意図がせめぎあう場のアマルガム（結合体）だったというのが、私の考えです。

「憲法の押しつけ」を、単にマッカーサー、アメリカ、連合国の意図から出た、日本を「無力化」

するための手段と見て、これに賛成、反対する古典的な改憲論、護憲論の理解では、すでに70年以上を生きた現在の憲法9条が帯びる多層的な意味は、もはやとらえられなくなっているのです。

## 日本の占領をめぐっては、連合国内での激しい主導権争いがありました

このとき、マッカーサーが近衛に与えた示唆（または「指示」）の背景にあったのは、憲法改正だけでなく、占領政策全般についての主導権をめぐる混乱でした。

そのせめぎあいの舞台は、二つです。

一つは、日本占領の主導権をだれが握るかをめぐる、国同士の暗闘です。

まず、アメリカは、早くも1944年3月の段階から、戦勝後の連合国による日本共同管理の検討をはじめていました。この共同管理という方針には、占領に関するアメリカの負担軽減、連合国との国際的協調体制の確立、中華民国を加えることによる白人支配というプロパガンダの減殺、という三つの狙いがありました。

しかし、その基本方針は「アメリカがあくまで日本占領の指導権を確保すること」であり、「できればソ連の介入を制限する」という方針も立てられていました。そのため「アメリカ軍最高司令官の占領に関する権限を大きくすること」と、「日本本土にはソ連軍を駐留させないこと」を前提

に、共同管理を行う他の連合国の委員の権限を「単に勧告を行うだけにとどめること」が目標とされていたのです。

この方針はその後も堅持され、日本がポツダム宣言を受諾する直前の1945年8月13日には、占領政策の最高決定機関となる国務省・陸海軍・海軍省の三省調整委員会（SWNCC《スウィンク》）と統合参謀本部（JCS《ジェーシーエス》）が、連合国による共同管理を基本としたうえでアメリカが支配的発言権をもつとする方針[5]を政策決定しています。

これに対し、8月16日にはスターリンからトルーマンに書簡が届き、日本が先にシベリア出兵をしてソ連の極東地域を占領したことを理由に、ソ連の国民感情を納得させるためにも、ソ連軍による日本領土の一部、具体的には北海道の北半分の管理が必要だという「控え目な提案」を寄せてきます。

## アメリカは日本占領において特権的な地位を確立しようとしますが、当初、他の国はそれを認めませんでした

これに対してトルーマンは18日、拒否回答を行い、21日には、かねて準備していた「極東諮問委員会」の設置案の要綱を英・ソ・中華民国に送付しました。

その設置案のポイントは、すでに述べたとおり、この委員会の権限を勧告にとどめること、委員

会で意見がまとまらないときはアメリカの意見が優先されるとすることでした。

このアメリカの動きに対してイギリスが、ほぼ同時の8月20日に、米・英・ソ・中華民国にオーストラリアを加えた5ヵ国による対日理事会の設置を提案し、10月1日には、アメリカの提案する委員会に、連合国最高司令官の権限をチェックする権利を与える新提案を行って牽制します。すると、一時はアメリカの「極東諮問委員会」設置案に賛成していたソ連もイギリスにならい、アメリカへの対抗姿勢を強めるようになったのです。

10月1日にモロトフ外相が、極東諮問委員会よりも対日理事会の設置に関する主要4連合国（米、ソ、英、中）の決定を先行させるべきだと提案したのを受けて、アメリカは、10月中に5度もソ連との折衝を行っています。

最終的にアメリカは、30日、なんとか第一回の極東諮問委員会をワシントンで開催しますが、依然としてソ連とは合意に至らず、その会議にソ連は参加しませんでした。

マッカーサーが近衛に憲法改正を示唆した10月4日というのは、ちょうどこうした日本の占領管理をめぐる連合国間の激しい綱引きが行われている最中でした。そもそも連合国軍最高司令官の権限が、どのようなものなのか、アメリカが他の連合国からの介入をどこまで押しとどめて特権的な地位を確立できるか、まだ誰にもわからない時期だったのです。

**マッカーサーの特異な個性に、憲法９条のあり方は大きな影響を受けることになります**

また、加えて、ここにはもう一つ別の、対立と暗闘が存在していました。連合国軍最高司令部（ＧＨＱ）の長としてのマッカーサーと、アメリカ本国（国務省、陸海軍の統合参謀本部、大統領府）との対立がそれです。

ここで私の考えをいうと、私は、憲法９条がいまあるようなかたちになったことにもっとも大きな力を及ぼしたのは、マッカーサーという特異な人物の個性とその発意（イニシアティブ）だったのではないか、と思っています。

そして、そのマッカーサーを動かしていた動機としては、

１　連合国の占領目的の完全達成

２　連合国のなかでのアメリカの方針の貫徹

に加えて、

３　アメリカ本国に対するマッカーサーの、連合国軍最高司令官としての独立権限の主張

という三つ目の要素が入っており、さらにその要素は、

4　戦時中からアメリカ大統領の有力候補とされていたマッカーサーの、1948年に予定されていた大統領選への出馬

と深く結びついていた、と推測します。

こうした推測ないし仮説は、憲法9条についても、マッカーサーについても、これまでいわれてきていることで、さほど珍しいものではありません。

しかし、そこからもたらされた、マッカーサーのいくぶん日和見主義的でうわついてもいた理想追求の性格に、日本における憲法9条のあり方は、大きく影響を受けてきた、というのがこの本で私がつけ加えたい新たな強調点です。私はここで、それが憲法9条にどのような要素を加えることになったかを、憲法9条の実際の歴史に即して考えてみたいと思っているのです。

**高い能力と、過大な自負心、そしてバランスを欠いた人格**

**マッカーサーは若き日、偏りと弱さを抱えるマザコン青年でもありました**

マニラにいたマッカーサーのもとに、アメリカ大統領トルーマンから、日本占領についての連合

ダグラス・マッカーサー（1880-1964）（アメリカ国立公文書館）

国最高司令官への任命が通達されたのは、１９４５年8月13日のことです。そして翌14日、これは日本のポツダム宣言受諾の日にあたりますが、トルーマンは日本占領につき、「期限を定めず、分割統治を行わず、連合国軍をもって統治し、最高司令官はマッカーサーとする」という声明を行うことになります。

しかし、じつをいえばこの任命は、すんなりと決まったわけではありませんでした。

マッカーサーは、このとき、アメリカで第二次世界大戦の太平洋方面における最大の英雄として、高い名声を誇っていました。しかし、アメリカの大統領府、国務省、統合参謀本部、専門家たちのあいだでは、それとは逆に、アジアに独自の勢力を広げた、問題の多い、扱いにくい軍指導者として知られていました。

マッカーサーは、１８８０年、最後は陸軍中将まで務めた父アーサーの息子として生まれました。軍人のエリート養成校であるウェストポイント陸軍士官学校を首席で卒業するほど優秀でしたが、同時にその入学に際し、母親メリーが士官学校のすぐ近くに転居し、つねにその後ろ盾として付き添ったことでからかわれたというエピソードが示すように、過大な自負心の裏に、ある種の偏りと弱さを抱えるマザコンの青年でもありました。

彼が生まれた年は、後の国務長官ジョージ・マーシャルと同じですが、１８８２年生まれの大統領ルーズヴェルトと国務長官バーンズより2つ年上、1884年生まれのトルーマンより4つ年上、フィリピンで副官だった後の大統領アイゼンハワーよりは10歳年上にあたり、終戦時、彼よりも年長のアメリカの高官としては、1867年生まれで13歳年上のヘンリー・スティムソン陸軍長官くらいしかいませんでした。

マッカーサーの軍人としての特異さは、そうした異例の出世の早さと、逆にその後の、正統な軍歴からの非常に変わったタイプの転出（または逸脱）にあります。

彼は、1930年、50歳という若さで陸軍の最高位である参謀総長に任命されます。任命権者は共和党のフーバー大統領です。着任後、マッカーサーは、第一次大戦の退役軍人が家族ともども軍務補償債権（ボーナス）の支払を求めてワシントンに押し寄せ、そこに居座り抗議行動を行った際、陸軍参謀総長として、大統領を支持し、軍隊を指揮し、強引に催涙ガスを使ってデモ隊を鎮圧。その強圧的姿勢によってタカ派としての悪名をとどろかせます。

そして33年、民主党のルーズヴェルトが大統領になると衝突し、35年、異例にも参謀総長在籍のまま、フィリピン国民軍創設のための軍事顧問として、フィリピンに転出してしまうのです。

## マッカーサーは戦争中から、すでに有力な大統領候補になっていました

その後、マッカーサーはフィリピンにも同行した母メリーが死去したとき、その遺骸を埋葬するための一時帰国を除いて本国には帰国していません。「本国召還」を避けるため、「軍事顧問としてとどまる」ことを理由に「アメリカ陸軍を正式に退役」した後、41年、現役に復帰するものの、45年、連合国総司令官となったあとも、二度のトルーマン大統領の帰国命令にも応じず、51年、連合国最高司令官を解任されて帰国するまで、彼はアメリカ本土の地を踏まなかったのです。

おそらく帰国時には、すでに圧倒的に国民から待望される大統領候補となっていたいというのが、彼の隠された野望だったのでしょう。公言こそしませんでしたが、彼の周辺はみなそのことをよく知っていました。

しかもそれは、十分に現実的な根拠をもつ野望でした。なぜならマッカーサーは1944年にはすでに、共和党から有力な大統領候補に想定され、本国には不在のままでありながら、民主党から4度目の大統領選に臨もうとしていたルーズヴェルトに脅威を与えるまでの存在になっていたからです。

同年7月、日本への反撃作戦をめぐり、海軍のニミッツ提督とのあいだで対立が生じると、それを調停するため、大統領ルーズヴェルトが、ニミッツ、マッカーサーとの三者会談のためだけに、

わざわざハワイまでやってきます。その際、マッカーサーとルーズヴェルトのあいだで次期大統領選をめぐって取引きが行われたという観測がなされたのは、この時期のマッカーサーの影響力とカリスマ性の高さを示すできごとでした。

事実、その後、マッカーサーは10月に、このとき滞在していたオーストラリアのブリスベーンで、「次期大統領選に出馬しない」という声明を出します。そして、翌11月、ルーズヴェルトは共和党の候補デューイ・ニューヨーク州知事を破って4選をはたしたのです。

## マッカーサーの軍司令官としての能力には、じつは大きな疑問符がついています

ですから、1945年8月、フィリピンを奪還してますます国内での人気を高めていた太平洋戦線の英雄マッカーサーの扱いは、4月にルーズヴェルトの急死をへて副大統領から昇格し、大統領になったばかりのトルーマンにとって、きわめて難しいものだったのです。

一方、意外にもマッカーサーの軍司令官としての能力は、じつは専門家たちから疑問視されていました。1941年12月8日、真珠湾が攻撃されたとき、マッカーサーのフィリピンでの対応はきわめてお粗末なものだったからです。

彼は、この年の7月にアメリカ極東軍司令官に就任すると、46年4月までは日本は戦端を開かな

いと自信満々に述べました。ところがその予測は大きく外れ、開戦時には、当時「空の要塞」として本国から鳴り物入りで配備されていた新鋭戦闘機と爆撃機を、大量に失っています。というのも真珠湾攻撃の報告を受けて、それらを出撃させてただちに台湾を攻撃したいという空軍指揮官の要請を、マッカーサーが許可しなかったため、クラーク飛行場のB17爆撃機の半数以上と最新戦闘機（本土以外では最強のアメリカ空軍）がわずか数分で、むざむざ地上で日本軍の飛行機により爆撃されてしまったのです。

なぜ反撃の承認に手間どったか、理由は明らかになっていませんが、伝えられているのは興味深い話です。マッカーサーは「どういう理由か、フィリピンは〔軍事的に〕中立を維持」しているので「日本軍に攻撃されることはない」と確信していた。それで、台湾を攻撃することで「この中立性が危うくなることを心配し」、許可しなかった、というのです。[6]

これは、当時、フィリピン憲法が「戦争の放棄」を掲げていたことや、のちにマッカーサーが連合国最高司令官として日本の「中立」構想を語ったことと考えあわせると、非常に興味深いエピソードです。けれどもそれは、開戦後のアメリカ軍とアメリカ本国からしてみれば、ほとんど信じられない感覚、というべきだったでしょう。

その後も、不手際は続きます。12月22日の日本軍のフィリピン上陸作戦でも、対応は空転。潜水艦による進行阻止策が事前のテストを行っていなかったため、魚雷が不発で失敗。マッカーサーがつくり上げたフィリピン陸軍は、兵力数では日本軍よりも上だったにもかかわらず、48時間ももたずに瓦解します。その帰結ともいうべき、「コレヒドールの戦い」[*]も、戦術面から見れば非常に危なっかしいものでした。

**＊コレヒドールの戦い**　フィリピンにおける要衝コレヒドール島で、日本軍と米比軍が衝突した戦い。１９４２年５月、上陸作戦を実行した日本軍により同島は制圧され、マッカーサーの後任司令官のウェインライトは全軍降伏を受け入れた。

## その一方、マッカーサーは、並外れた自己宣伝能力を持っていました

ただ、マッカーサーは、軍事における広報活動の重要性に、異様なほど早くから着目した軍人でした。そのメディアへの嗅覚が彼を「この戦争で、アメリカ人として最初の英雄に変身」させます。「コレヒドールでの三ヶ月間に、百四十回の新聞発表を行い、記事の多くはマッカーサー自身が書いた」。そして「そのほとんどはもっぱらマッカーサー〔の活動〕に言及していた」。そのため、「あたかも彼が独力で日本軍の猛攻をかわし、東京の戦争計画全体を挫折させたように見えた」。

その結果、銃後のアメリカ国民の喝采がすべて、彼に向かうことになったのです。[7]

コレヒドールを去った１９４２年３月の折の名高い言葉、「アイ・シャル・リターン」をその後、米軍が戦意高揚のため、「ウイ・シャル・リターン」に変えたい、と要請したとき、マッカーサー

がこれを拒否したという話は有名です。彼はあくまで自分が脚光を浴びるのでなければ満足できない指導者で、より謙虚でバランスのとれた指揮官である副官のアイゼンハワーは、マッカーサーを「相変わらずの大きな赤ん坊」と見ていました。

マッカーサーは、本国のいうことを聞かない。自分を主人公にして物語をつくり、真実を書き変える性癖がある。取り巻きを重用し、独裁的にふるまう。自分に不都合なことは、報道させない。そういう評価が軍部内では定着していました。

## 「ダグラスは、ベッドのなかではただの兵隊さん」などと社交界でからかわれるような、意外な私生活の側面もありました

また本国では、かねてより、人間的にも、意外な裏側の顔をもつことで知られていました。一度、社交界に浮き名を流した女性との結婚生活に失敗し、離婚したあと、フィリピンで見つけた愛人をアメリカ本国に呼び入れ、ひそかに情事を続けたことも、知る人ぞ知る半ば公然の秘密だったようです。その女性がフィリピン人と白人の混血だったため、母の許しが得られないことを見越して、その女性との関係を秘密にし続けたことから、手ひどい恐喝を受けたこともあります。その女性は、のちにハリウッドに行き、女優を志望した果てに自殺します。

一方、最初の妻は、彼との性生活をあからさまに口外するような奔放な女性であり「ダグラスは、

ベッドのなかではただの兵隊さん」などという話が、当時の社交界ではジョークのようにして広まっていました。そうした実態を知らないのは、彼を神格化していた占領下の日本人だけ、というような背景を、この極東の島国の帝王は本国でもっていたのです。

## 日本国憲法草案のＧＨＱによる執筆は、マッカーサーが日本に「独立王国」を築く大きなきっかけとなりました

ですから、トルーマンも、ほんとうは、マッカーサーを連合国最高司令官にはしたくなかった。マッカーサーに懐疑的な内務長官ハロルド・イキーズも、「〔現在の〕マッカーサーに対する戦時特有の熱狂を考えると、『マッカーサーにこの役割をあてがうのは致し方ない』が、「この危険な『軍事独裁者』が『現在の劇的な状況を利用してあらゆる新聞紙上で自分を宣伝する』のではないか」と、危惧の念を日記に記すほどでした。

トルーマンは、この時点でマッカーサーを対日戦の司令官の任務から外したら、国民は「彼を殉教者に仕立て上げて大統領候補にする」だけだろう。だから任命は避けられない。もっとも「いずれにしてもマッカーサーは大統領候補になるだろうが」とこのとき、イキーズに予言しています。

そして、その後の占領統治におけるマッカーサーとアメリカ本国の関係は、このとき大統領府、国務省、統合参謀本部が危惧したとおりに展開するのです。

マッカーサーは、占領政策を実行する場面で、ことごとく本国とぶつかり、本国の指示とは異なる自分の考えを押し通そうとします。そしてそれが通らない場合には、公然と本国に不満をぶつけるようになります。

そしてそれが本国には、この後のアメリカ大統領選に出馬するための下準備なのではないかという疑心暗鬼を呼ぶこととなり、両者の関係はますます、ぎこちないものになっていくのです。

さらには、そこに東西冷戦の激化という新しい要素が加わります。

しだいに時代がマッカーサーを時代遅れの英雄にしていくなか、占領下の日本、そして連合国〔ユナイテッド・ネーションズ〕という枠組みが、アメリカという「本国」に対する、彼の「独立王国」とでもいうべき異様な様相を呈してくるのは、そのような背景があってのことでした。

1946年2月4日から、本国にも知らせないままに行われるGHQによる日本の憲法草案の作成は、彼がアメリカ本国と連合国の双方から独立したポジションを確立するための、最初の大きなきっかけとなりました。

1945年10月4日の近衛文麿への憲法改正の示唆は、どのようなゴールにいたるかわからないままに踏みだされた、そうしたマッカーサーの独断的行動の最初の一歩だったのです。

## 3　マッカーサーの独立王国——アメリカ本国との対立

マッカーサーのもとにアメリカ本国から日本占領に関する最初の指令が届くのは、彼が日本の降伏後、マニラから日本へと向かう途中、一行が沖縄の読谷《よみたん》飛行場に宿泊した1945年8月29日のことです。それはこのあと、9月6日にアメリカ政府から発表される「降伏後におけるアメリカの初期対日方針[8]」の概要で、アメリカ国務省が数ヶ月をかけて準備し、三省調整委員会（SWNCC）が検討、政策決定したものでした。

アメリカの対日占領計画は、その後、11月3日に、統合参謀本部（JCF）が最終的検討を加え、はるかに詳しいかたち[9]で発表されますが、そのだいたいの内容も、このときマッカーサーに知らされていました。

沖縄から厚木に向かう飛行機のなかで、マッカーサーが日本の「軍事力の破壊」や「対日占領方針」（代表制政治の確立、婦人参政権の確立、政治犯の釈放、農民解放、自由な労働組合の設立、独占企業体の解体、警察の弾圧禁止、新聞の自由化、教育の自由化、政治権力の分散など）を、まるで「神託のように」周囲に語る姿をホイットニーがのちに回想で伝えていますが、じつはそれらは、前日、アメリカ本国からマッカーサーに文書で送られてきていた指令の内容にほかなりませんでした。

それらの指令を準備したアメリカ国務省では、戦争終結まで、前駐日大使のジョセフ・C・グルー、副官ユージン・ドゥーマンを中心とする知日・融和派と、これに対抗する親中・対日強硬派がせめぎあっていました。グルーらが、日本の軍国主義化を一時的な「逸脱」とみなし、天皇のもと、保守穏健派に権力が戻れば日本は更正が可能と主張するのに対し、親中派は、国外的な帝国主義、国内的な経済搾取の体制からなる日本の軍国主義の「根絶」が必要と主張していました。そしてマッカーサーに渡された対日占領文書は、その両派の妥協の産物だったのです。

**マッカーサーは日本や連合国に対しては、ポツダム宣言無視の無条件降伏政策を押しつけ、一方、アメリカ本国に対しては、ポツダム宣言遵守を理由に指示に逆らって、連合国からも本国からも独立した、独自の政治的立場を築こうとしていきます**

しかし日本の敗戦を機に、対日強硬派のディーン・アチソンがグルーに代わって新しい次官に就任したことで、アメリカ国務省は親中国派よりの体制へと一新されます。その国務省から派遣されたお目付役である、先にふれたＧＨＱ政治顧問ジョージ・アチソンも、同じく親中・対日強硬派の外交官でした。

マッカーサーは、この国務省内の対日融和派と対日強硬派にいわば二股をかけます。そしてそのうえで、みずからの足場を、彼らのいずれとも異なる連合国最高司令官という立場に見出そうとするのです。

その結果、興味深いことに、アメリカ本国が占領開始期の混乱をぬって、連合国と日本のあいだに交わされたポツダム宣言を無視し、アメリカ主導の無条件降伏政策を基礎にすべきことをマッカーサーに指示してくると、マッカーサーは日本とほかの連合国に対して、この指示書を大いに活用する一方、逆に本国に対しては、内容によってはポツダム宣言の遵守を理由に抵抗するといった、両刀使いの姿勢を示すようになります。こうしてマッカーサーは、連合国からも、本国からも独立した政治的立場を築こうとしていたのです。

そうした状況のなか、アメリカ本国および連合国からの最初の「離陸」のチャンスは、ひょんなかたちで訪れます。このできごとによってマッカーサーは、みずからが連合国最高司令官でありながら、まず連合国に対し、独自の権限を確保することになるのです。

## アメリカ本国は、日本占領は「ポツダム宣言」ではなく、「無条件降伏」政策にもとづいて行いたいと考えていました

アメリカ本国は、マッカーサーの役割を、連合国最高司令官という立場での働き以上に、より自国に忠実なアメリカ軍司令官としての働きのほうに求めようとしていました。先の極東諮問委員会の設置案で、連合国最高司令官の権限を強めようとしたのも、それが自国の権限強化につながるからというのが理由でした。さらにそれだけでは十分でないと考え、自国の権限そのものを実質的に

ほかの連合国の対日権限とは異なる、より強固なものに変えたいとも考えていました。

当時のアメリカ国務省の見解では、ポツダム宣言は彼らがめざしてきた「無条件降伏」からは、かなりかけ離れたものでした。自分たちは「これまで、無条件降伏とはいかなる契約的要素も持たない一方的な降伏のことだと考えてきた」、しかし「この〔ポツダム〕宣言」は「降伏条件を提示した文書であって、受諾されれば国際法の一般規範により解釈される国際協定をなすものであろう」と、その問題を検討した覚書[10]は記していました。

かつて１９４３年１月にカサブランカで発表された無条件降伏政策は、１９４５年５月、ドイツに対して適用されたあと、８月、日本に対しては、ポツダム宣言というかたちで不十分にしか適用されなかったのですが、これを完全に適用することを、まだアメリカ政府はあきらめていなかったのです。

結果、そのスリカエは、つぎのようにして起こることになりました。


**日本での「無条件降伏」政策が認められたのは、江藤淳のいう「アメリカの陰謀」というよりも占領管理権限をめぐるさまざまな「せめぎあい」の結果でした**

８月14日にアメリカ国務省が中立国にある日本の在外公館に対して、証拠隠滅を防ぐために戦時中の公文書の引き渡し要求を行うと、日本側はその要求はポツダム宣言には該当しないとして、スイスを通じてそれを拒否する回答を行います。この問題を受けてアメリカ政府内では、当時フィリピンにいたマッカーサーにも判断を求めたあと、28日、最高司令官の権限を「大統領レベルで」明らかにする必要が指摘され、29日、三省調整委員会が日本の在外公館の公文書の確保について、極東小委員会に検討を指示します。

9月1日には、極東小委員会がマッカーサーへの伝令書を承認、9月2日の戦艦ミズーリでの降伏調印をはさんで、5日、国務長官バーンズの臨時代理を務めていた国務次官のディーン・アチソンが、「日本側の抵抗を排除するため」の最高司令官のさらなる権限強化を上申します。

これは最高司令官の権限を、ポツダム宣言ではなく、かねてアメリカ内で準備されてきた無条件降伏政策のもとに基礎づけ直すという提案でした。すると、これが認められて、一部、最終修正したうえで、大統領が承認。9月6日のマッカーサー宛て連合国最高司令官の権限に関する伝令書（SWNCC伝令第1号）となるのです。

これが、江藤淳が40年前に『忘れたことと忘れさせられたこと』（文藝春秋　1979年）で数十ページを費やして論じた「JCS1380／6」文書（正式には「SWNCC181／1伝令第1号」）、「連合国最高司令官の権限に関する通達」の正体にほかなりません。

この9月6日の伝令書の通達から25日の新聞公表までの20日間に、日本国内では、マッカーサーの指示のもと、GHQによる日本の新聞の発行停止に端を発する検閲体制の導入が行われます。江藤はこのとき、ポツダム宣言を基礎とする占領統治が、アメリカの無条件降伏を基礎とする占領政策に「すり替えられた」と指摘しました。

ほんとうは無条件降伏ではなかったのに、この20日間をへて、日本人の多くが「ポツダム宣言受諾＝無条件降伏」と信じこまされるようになったのだと述べた。たしかにそれは江藤の慧眼だったのですが、その背後にあったのは、江藤が信じたアメリカの陰謀（「一貫した政策意思」）というよりも、いくつかの思惑がからまりあった連合国間、またＧＨＱとアメリカ、連合国とのあいだの権限の「せめぎあい」だったのです。

## きっかけは、些細なできごとでした

その背景を、アメリカの公文書をもとに克明にたどった原秀成『日本国憲法制定の系譜Ⅱ』によれば、そのきっかけは、すでに見たとおり中立国にある日本の在外公館での、戦時中の公文書の引き渡し拒否という、意味こそ重大ながらそれ自体は些細なできごとだったのです。

「連合国最高司令官の権限に関する通達」には、江藤が強調したように次のような文言が入っています。それを彼の著書での翻訳に不足分を補うかたちで示せば、

一、天皇及び日本政府の権限は〔連合国最高司令官としての〕貴官のもとに服する。〔貴官は任務遂行のために貴官が適当と認める仕方で権限を執行することになる〕。われわれと日本との

関係は契約を基礎とするものではなく、無条件降伏によるものである。貴官の権威は日本に対して最高であるから、貴官は、その範囲に関しては日本側からのいかなる質問をも受けつけない。

二、日本の管理はその手はずが良好なる結果を生ずる場合にのみ、日本政府によって行われるであろう。それは必要とあらば貴官が武力を行使する権利を損なうものではない。貴官は武力を含んで貴官が必要と考える措置を用い、命令を発し、執行することができる。

三、ポツダム宣言に含まれる声明の趣旨は完全に施行されるであろう。しかしながらわれわれがポツダム宣言の結果として、日本と契約的な関係に拘束されると考えるゆえに施行されるのではない。ポツダム宣言が、日本について、極東の平和と安全について誠実に述べるわれわれの政策の一部を形成するがゆえに施行されるのである。

となります（訳文は、江藤の著書をもとに、原秀成著『日本国憲法制定の系譜』の訳を取り入れ、加藤が原文から不足分を補った）。

この文書中、内容としてもっとも突出している第1項の傍点部——「われわれと日本との関係は契約を基礎とするものではなく、無条件降伏による」——は、9月6日、マッカーサーに通達される直前の最終段階で、はじめて加筆されたものでした。そしてこれにより、この文書は、マッカーサーの権限がポツダム宣言の「契約的基礎」に拘束されず、「無条件降伏の基礎」の上に立つことをアメリカ大統領が承認する内容に、いつのまにか、なってしまっていたのです。

## いくつかの偶然をへて、「無条件降伏」政策がアメリカの国家としての正式決定となります

さて、これが伝達されたあと、一つの反転が起こります。その内容に満足したマッカーサーが、ついで9月8日、これを公表してよいか、とワシントンに問い合わせます。すると12日、本国の三省調整委員会がこれを承認します。それを受けて17日、大統領トルーマンがその公表を承諾します。すると、いまや国務省の主流となった親中国・対日強硬派が、その通達のアメリカ政府の名による英ソ中三国への伝達と、報道機関への公表を要請するのです。

その結果、18日、19日には、この文書がそれぞれイギリス、ソ連、中国の駐米大使館に届けられます。瓢簞からコマではありませんが、このようにして部分的意思のつぎはぎ細工が、マッカーサーが本国に求めた公表許可申請を機に、今度は整然とした国家の正式決定として、ほかの連合国の大使館に通達されるのです。

イギリス、ソ連の大使館は、当然、驚きます。アメリカが独断で、連合国最高司令官の権限の基礎はポツダム宣言の外にある、しかもこれまでアメリカが主張してきて取りあげられなかった日本

の無条件降伏がその新しい基礎である、といわんばかりの文面だからです。驚いた両者が、この文書の起源《オリジン》はどこか、と問い返してきます。これに19日、新極東局・局長に就任したばかりの対日強硬派のヴィンセントが、アメリカ政府だと答えます。

続いて25日には、『ニューヨーク・タイムズ』がこの伝令を報道します。さらに翌26日には、この間、9月18日から20日まで二日間の発行停止処分にあって、以後、占領軍礼賛に姿勢を転じたばかりの『朝日新聞』が、この記事を転載しました。

## 以後、日本占領の権限をめぐる、アメリカとその他の連合国の対立が深まっていきました

こうして、ほんらいアメリカ政府内の内部文書として作られた「通達」が、受け手のマッカーサーから逆回りして、国際間の合意をへた公的な性格をともない、今度はアメリカ政府の名のもとに、連合国最高司令官の権限はポツダム宣言ではなく、無条件降伏の上に基礎づけられると宣言する正式文書として、日本政府と日本国民の前に示されることとなったのです。

むろん、このようなどさくさまぎれの火事場泥棒的なスリカエ行為が、そのままですむわけはありません。ソ連はこの回答に態度を硬化させ、9月24日のロンドン外相会議での日本管理の審議で、これまでに比べ格段に強力な権限をもつ「連合国対日管理理事会」を即座に設置することを主張し

ます。これに中華民国が賛同しますが、アメリカの国務長官バーンズの反対に、イギリスの外相ベヴィンが同意します。

その結果、交渉は決裂しますが、バーンズは決裂した事実の公表にも反対します。この問題では最終的にソ連の外相モロトフが譲歩し、決裂の事実は公表されないことになりますが、以後、ソ連の対米不信は変わらず、極東諮問委員会、極東委員会*をめぐる米ソ対立は、ぬきさしならぬものとなっていくのです。

一方、日本ではどうでしょうか。江藤淳は、「［当時］言論の自由も完全に圧殺されていた」ので、この通達が報道されたとき、「それをポツダム宣言違反として批判し得る新聞はどこにもなかった」と述べています。[11] 江藤のいうとおり、これを機に、日本の降伏は国内でなし崩し的に無条件降伏とみなされるようになっていきます。

しかし、そのことは、40年前の江藤の指摘が正確なものだったことを意味しません。これは占領開始の時期に起こったアメリカのけっして誉められないどさくさまぎれのルール違反行為でした。しかし、江藤が述べたようなアメリカ政府の一貫した日本無力化の意思、日本を「精神的」に「武装解除」（バーンズ発言）しようというアメリカの隠された意図が、そこにあったわけではないのです。アメリカと日本だけが、そこでのルール・プレイヤーだったわけでもありません。代わりにあったのは、まだどこにたどりつくとも知れない、日本をめぐるアメリカ、その他の連合国、GHQという、三つの権力のせめぎあいだったのです。

＊**極東委員会**（ＦＥＣ）　日本占領管理に関する連合国の最高政策決定機関。ＦＥＣは、Far Eastern Commission の略称。１９４５年12月にモスクワで開かれた米・英・ソ３国外相会議で極東諮問委員会（ＦＥＡＣ）に代わり、日本の占領管理に関する機関として設置が決定。本部はワシントンに置かれた。委員会は、13か国（米国・英国・中国・ソ連・フランス・インド・オランダ・カナダ・オーストラリア・ニュージーランド・フィリピン、１９４９年11月からビルマ・パキスタンが加わる）の代表で構成された。１９５２年４月28日のサンフランシスコ講和条約の発効とともに消滅した。

**加えて有力な大統領候補であるマッカーサーと、アメリカ本国の対立も激化します**
**これら二つの対立の中で起こったのが、「密室での憲法草案の作成」という異常事態でした**

この時期、もう一つの主な対立である、マッカーサーとアメリカ本国、とりわけ大統領府、国務省との対立も、すでにはじまっていました。

きっかけは、９月17日に「自分は『歴史上』最も重要な軍事的および政治的戦いに勝利した」というきわめて政治色の濃い声明を、マッカーサーが本国にはかることなく、一方的に行ったことです。そこで彼は、日本人の協力をえて「占領軍の規模を約二十万人にまで『思い切って削減』」できると一方的に大向こうを狙った宣言を行い、「船舶の都合がつき次第、おそらくクリスマスまでに将兵を本国に帰還させる」ことができるだろう、とも、また「３年」以内に占領を終わらせることができるだろうとも、述べています。

ディーン・アチソン（1893-1971）（アメリカ合衆国国務省）

　それは明らかに、「ホームシックにかかっている兵士や、太平洋戦争を一日も早く忘れようとしている彼らの家族に嗅がせる」媚薬、彼に敵対する民主党議員やトルーマンの批判を先回りして潰そうとすることを狙った挑発であり、彼の本国にいる有力な支持者たちと周到に準備した、「3年」後にやってくる大統領選への出馬を見越した「先制攻撃」でした[12]。

　このマッカーサーの勝手な声明は、かねて政府が進めている徴兵延長策やヨーロッパ戦線への兵力の確保策に逆行するばかりか、これに水を差すものでもあったので、トルーマン大統領、マーシャル陸軍参謀総長、アチソン国務次官らは、困惑し立腹もしますが、おおっぴらに反論することは控え、トルーマンがマッカーサーに対して、マーシャル陸軍参謀総長を通じてただちに帰国するよう命じます。政府内に対立があることを公《おおやけ》にするわけにはいかないからです。しかし、19日、マッカーサーは「日本のデリケートで困難な情勢」を理由に、帰国を拒否します。

　同じ日、これに追い打ちをかけるように、アチソン国務次官[13]が、占領軍は政策の道具であって政策の決定者ではない、と記者会見で発言し、マッカーサーの独走を批判しますが、この発言をきっかけに、その後、長く続くマッカーサーとアチソン、ＧＨＱと国務省の対立が火ぶたを切られるのです。

　トルーマンは、10月19日にも、マッカーサーに帰国命令を出します。しかしこれもマッカーサーは拒否します。

財閥を解体するための施策にも、もともと保守的な共和党寄りのマッカーサーは非協力的で、11月6日、むしろ財閥寄りの融和的な財閥解体策[14]を採用し、アメリカ政府のめざす「基本的な経済改革計画に対して妨害工作」に出て、「ワシントンにいる大勢の政策立案者たちを啞然と」させました。[15]

そしてその4ヶ月後、マッカーサーの占領政策が連合国やアメリカ本国の意向とは違った、まったく独自のものであることが、突如、国際社会に向けて、示されることになります。

それが、1946年3月6日に日本政府が突然行った、憲法改正案の発表でした（GHQ草案の日本政府への提示は、その3週間前の2月13日に行われていました）。

それは、アメリカ国務省のまったくあずかり知らないできごとでした。

内容と文面から、その憲法改正案が日本政府のつくったものでないことは明らかでした。そして、ただちにマッカーサーがそれを支持する声明を行ったことから、その真のつくり手が誰であるかを、アメリカ本国を含む国際社会が、知ったのでした。

# 第2章 独走

## 1 助走——立法者と天皇

私の考えでは、憲法9条は少なくともその出自に関しては、憲法1条つまり天皇条項と、完全なセットになっています。

憲法9条は、その後、大きく意味を変えながら、日本の戦後を生き抜いていきますが、その初期のかたちを明らかにしようとすれば、やはり立法者としてのマッカーサーが、これに当初、どのような意味合いを与えたのか、ということが、最初の問題となります。

日本での憲法改正に向けた動きが、1945年10月4日、マッカーサーの近衛への示唆からはじまったのは、すでに述べたとおりですが、あらかじめ結論をいうと、その近衛の憲法改正の作業は、まもなくGHQ自身にはしごをはずされます。その動きがあきらかになるとすぐに、戦前、首相として日米開戦をまねいた大きな責任を負いながら、戦後なお政府の中枢にとどまり、憲法改正を担おうとする近衛の姿勢に日本の新聞から批判の声があがったのです。

それが影響してアメリカ本国でも近衛に対する非難の声が高まると、GHQも態度を一変させ、11月1日にはマッカーサーが「近衛を支持せず」という声明を出し、近衛は、GHQによって最終的に憲法改正の任から外されたあげく、今度は自分自身が戦争犯罪人として追求され、12月16日、逮捕の前日、自決してしまうのです。それまで京都大学の法学者佐々木惣一らと準備してきた憲法改正案は、そのため、結局、公《おおやけ》にされないまま終わりました。

このできごとは何よりも、マッカーサーの指示ではじまった日本の憲法改正作業から、天皇の意向が及ぶ天皇ルートと、アメリカ本国の意向が及ぶ国務省ルートがどちらも切り離されてしまったことを意味しました。近衛の憲法改正作業は、一方で天皇の意向を反映しながら、他方ではアメリカ国務省の意向を尋ねるかたちで進められていたからです。

**近衛ルートを切り捨てたあと、日本の憲法改正はGHQの意向だけで進むことになり、その結果、アメリカ政府の手の届かないブラックボックスへ入り込んでいきました**

10月4日以降、近衛とアメリカ政府の意向との、いわば連絡窓口となっていたのは、二度目の近衛・マッカーサー会見に同席した国務省出向のお目付役、ジョージ・アチソンでした。アチソンは、GHQとは別ルートで、国務省の意向を近衛に伝えると同時に、その作業によって得られた憲法改

松本烝治（1877-1954）

正の情報を逐一、本国に知らせていました。しかし、この近衛と独自の関係を築こうとした行動のなかで、アチソンはマッカーサーとの対立を深め、以後、ＧＨＱの憲法改正の作業から遠ざけられるようになります。それ以来、近衛ルートも失い、ＧＨＱ主導で進む日本の憲法改正は、アメリカ政府・国務省の手の届かないブラックボックスのなかに入り込んでしまうのです。

　マッカーサーは、近衛に憲法改正について示唆したあと、新しく内閣を組閣した幣原《しではら》喜重郎にも、同じ示唆を行います。日本の内外から、非正規な近衛ルートでの憲法改定作業に批判の声があがっていたうえ、新しい内閣に、同じことを命じない特別な理由もなかったからです。そこから、近衛の作業とは別に、10月13日、国務大臣松本烝治《じょうじ》を委員長とする憲法問題調査委員会、別名松本委員会が、幣原内閣のもとに設置され、以後、3ヶ月半以上にわたり、この委員会が日本政府のなかで、憲法改正の作業にあたることになります。

　この間、ＧＨＱと実際の松本委員会の作業のあいだにどのようなやりとりがあったのか、なかったのかは、いまなお情報がないのでわかりません。

　わかっているのは、先にふれたように、１９４５年11月くらいからアメリカ国務省内での日本の憲法改正に対する方針が定まってきて、ようやく、その内容がＧＨＱに指針として伝えられるようになったことです。以後、ＧＨＱの憲法改正への関与は、この国務省の指針によらなければならなくなります。

しかしそうした変化は逆に、ＧＨＱ側の情報隠蔽を生み、ＧＨＱ内で憲法改正についてどのような準備が進んでいるかが、外からはまったく見えなくなるという最悪の状況を生み出したのです。

## ＧＨＱ自身による密室での憲法草案の執筆は、極東諮問委員会（極東委員会の前身）の目をあざむく形で行われました

その代表的な例が、１９４６年1月に実現した極東諮問委員会の日本訪問時のできごとでした。前年12月27日のモスクワ外相会議で、ようやく米ソ間の妥協が成立し、日本の憲法改正についてＧＨＱより上位の権限をもつ極東委員会が、翌１９４６年2月末に発足することがすでに決定していました。

その準備作業のために来日した「極東諮問委員会」の委員たちが1月17日、憲法改正問題に関してＧＨＱ側と会談を行い、現時点でのＧＨＱの憲法改正への関与を尋ねたときに、担当者である民政局次長チャールズ・ケーディス大佐が「ＧＨＱはまったくこの日本政府の動きには関与していない」とシラを切って答えたのです。

また、この極東諮問委員会の委員たちが、3週間の精力的な日本視察を終えて、2月１日に横浜を離れると、まさにどんぴしゃのタイミングで、この日、松本委員会のきわめて保守的な憲法改正

案を『毎日新聞』が「スクープ」します。そしてそれを「知った」マッカーサーの指示のもと、急遽、極秘の憲法草案つくりがスタートすると、極東諮問委員会のメンバーが太平洋を横断し、サンフランシスコに到着する2月13日までには、草案の主な部分がほぼ完成していて、もう誰にも手出しできない状況が生まれていたのです。

まだあります。

さらなる問題は、GHQ草案にもとづく憲法改正案が、アメリカ本国、連合国、極東委員会にはまったく事前に知らされないまま、タテマエ上は「日本国民の自由に表明せる意思に従い」(ポツダム宣言第12項)、占領下の日本政府がみずから作成した憲法改正案として発表されたとき、ワシントンの極東委員会のメンバーたちが自分たちはダマされたといくら怒っても後の祭りになっていて、憲法という不磨《ふま》の大典に守られるかたちでいわばマッカーサーの「独立王国」が、日本の真ん中に突然できてしまっていたということです。

そこにいたる経緯は、歴史の水面から上に顔を出した部分については、憲法9条に関するほぼどんな本にも書いてあります。

教科書にもその経緯が簡単に記されているはずですが、ここでは、憲法9条の初期のかたちを明らかにするべく、この憲法の立法者(＝憲法制定権力者)であるマッカーサーに光をあて、その受け手である私たち日本国民との関係のもとにたどってみることにします。

**昭和天皇はマッカーサーの占領統治にとって、絶対に必要な存在でした**
**しかし、その免罪のためには、きわめて高いハードルを超えなければなりませんでした**

まず、マッカーサーです。

1945年10月初頭から1946年2月末まで、このときマッカーサーの前にあったのはどのような困難で、彼はそれをどんなふうに克服しようとしていたでしょうか。

彼がこのとき抱えていた課題の第一は、どのように昭和天皇の免罪と助命をかちえて、その信頼を獲得し、その力を利用して占領統治を成功させるか、ということでした。

彼は、マニラにいたころから天皇の権威を利用した間接統治による占領管理をめざしていたうえに、終戦時に天皇の指令のもと、ほぼ乱れることなく国内外の数百万の日本軍がいっせいに武装解除に応じるのを見て、天皇の力というものに強い印象を受けていました。

彼のマニラでのこうした天皇観の形成に影響をあたえたのは、軍事秘書のボナー・F・フェラーズ准将です。フェラーズは、軍人としての立場から日本人研究に入った変わり種の知日派で、ラフカディオ・ハーンに私淑し、従姉妹が日本の外交官と結婚したことから、日本の上層階級とのあいだに強い個人的なつながりをもっていました。かねてから、日本社会における天皇の力を重視し、「軍部と天皇（およびその臣民）のあいだ」に「くさびを打ち込む」ことが日本占領統治の要となると考えていました。[1]

日本に来てからは、天皇の人間宣言、のちに『天皇独白録』の名で知られる、東京裁判対策の弁論書の英語版づくりなどで大きな役割をはたします。

マッカーサーは、こうした側近たちからの影響に加え、自分自身のアジアでの経験にも学んで、まだフィリピンにいた時点ですでに「日本人の目の前で天皇を卑《いや》しめるつもりはまったくない。天皇を通せば、完全に秩序ある統治を維持できるだろうから」と口にしていました。[2] そして、早くも降伏文書調印式（9月2日）の翌日には、重光葵《まもる》外相に同行した外務省調査局長・岡崎勝男に対し、部下を通じて「天皇がマッカーサー元帥を個人的に訪問すれば元帥は喜ぶ」というメッセージを伝えさせていました。[3]

そのマッカーサーにとっての問題は、アメリカ本国をはじめ、このままいくと目の上のたんこぶ的な存在になりかねない極東委員会という、連合国の日本占領統治における最高決定機関のメンバーである諸国からも、天皇に対する警戒と反感の声が、根強くあがってきていることでした。

アメリカ本国の1945年6月29日のギャラップによる世論調査では、天皇の処遇をめぐり、33パーセントが処刑（死刑）、37パーセントが「裁判にかける・終身刑・追放」に賛成で、不問にするか傀儡《かいらい》として利用せよ、は7パーセントにすぎませんでした。[4] 戦争終結後も、議会でも何人もの議員が天皇糾弾の声をあげていました。

アメリカ国務省にも統合参謀本部にも、天皇への融和論がある一方で、その処刑論、退位論が、消えることなく残っていたのです。

## 憲法9条という「戦争放棄条項」も、昭和天皇の免罪を各国（連合国諸国）に認めさせるためにつくられたものでした

極東諮問委員会（極東委員会の前身）のメンバー国のあいだで、天皇制の存続に警戒心を表明していた国としては、ソ連以外に、オーストラリア、ニュージーランド、フィリピンなどがありました。さらに日程に上りつつあった極東国際軍事裁判で、法的、政治的にどう見ても瑕疵《かし》のある天皇の免罪、不起訴をどのような論理でかちとるかも、頭の痛い問題でした。

なかでも、マッカーサーにとって大きな気がかりは、アメリカ主導で進められていた極東（諮問）委員会の権限が、連合国最高司令官である自分の権能を大きく制約するものへと変質したことでした。

それまで、この委員会の権限は、最終的に諮問への答申、勧告にとどまるもので、「緊急事態発生」の際に意見がまとまらない場合に発動される「中間指令権*」によって、連合国最高司令官の権限は実質的に無制限だったのですが、1945年12月27日のモスクワ外相会議で、憲法改正に関することがらでは、以後、極東委員会の決定に従わなければならなくなっていたのです。

ただ、この極東委員会は、正式には活動を開始しておらず、1946年2月末に予定される第一回の会合までにまだ日があります。黙ってこのまま時を過ごせば、憲法に関する権限は自分の手から離れてしまう。一方、東京国際軍事裁判の開廷の日も近づいている。

いったい、どうすればよいか。

こういう観点に立って現時点から振りかえると、１９４５年9月2日の降伏文書調印式以降、マッカーサーの占領政策にとって第一の優先順位が、天皇を使った間接占領にむけての助命・免罪工作にあったことが見えてきます。

そして、この目的の実現が困難を増すなかで、あるとき彼のまえに、憲法改正による天皇の民主化、そしてそれが軍事化に結びつかない保障としての戦争放棄というアイディアが、突然舞い降りてくるのです。何がヒントになったかはわかりません。あるいはフィリピンでの経験もあったかもしれません。フィリピンの１９３５年憲法には、戦争放棄条項が掲げられており、副官のホイットニーはフィリピンで法律業務に従事する法律家だったからです。

このアイディアを成功させれば、すべてがうまくいくが、失敗すれば、すべてが難しくなり、日本占領の成功もおぼつかなくなる。そうすれば、１９４８年、合衆国大統領候補として凱旋帰国するというかねてからの計画も水泡に帰すしかありません。こうしてマッカーサーにとって日本の憲法改正は、彼自身の未来を開く最大のカギとなって、このとき、目のまえに現れていたのです。

**＊中間指令権**　極東委員会が決定した政策は、アメリカ政府を通じて、連合国最高司令官に指令として伝達された。同委員会の決定については、米・英・中・ソの4か国に拒否権が与えられていたが、緊急を要する問題については、アメリカ政府に、同委員会の決定を待たずに指令を発する「中間指令権」という権限が与えられていた。ただし、日本の憲政機構、管理制度の根本的変更および日本政府全体の変更については、必ず委員会の事前の決定

を必要とした。

**すべてのシナリオは、1945年9月27日の「第一回・天皇マッカーサー会談」からはじまります**

マッカーサーが占領統治を始めるにあたり、まず目指されたのは天皇との会見でした。先に述べたとおり、最初の呼びかけは、すでに9月3日に行われていました。あとは、天皇の側からの返事を待つばかりでした。

しかし、すんなりとことが進んだわけではありません。

敗戦後、はじめに国をささえる政治家として気概を示したのは東久邇宮内閣の外相となった重光葵《まもる》です。9月2日の降伏文書調印式に、本来出席すべきなのは首相の東久邇宮か、副総理でかつ元首相でもあった近衛文麿だったのですが、二人が嫌がって逃げた結果、この難役を引き受けたのが重光でした。

重光は翌3日にも、軍票を用意し日本全域に直接軍政を敷こうとしていた占領軍の方針を、みずからかけあい、ポツダム宣言の条項を逸脱していると抗議して、取り下げるのに成功しています。

その重光の目に、戦争犯罪人摘発の動きに浮き足立ち、さっそくマッカーサー詣《もう》でをはじめる東久邇宮、近衛らの姿は勝者への「媚態《びたい》」、すりよりと映ります。敗戦早々、このようなことがあるべきではない、とりわけ天皇がこのような動きに加わることだけは絶対に避けなければならない、と彼は主張します。

「もし過去の指導者にして単に責を他に嫁《か》し、みずから責を免れんことに汲々《きゅうきゅう》たるにおいては、国は分裂（略）すべく、もしそれ、陛下御自身真珠湾攻撃に責なきことを公然言明せらるるに至らば、国体の擁護は国内より崩壊をみるに至らん」（『続重光葵手記』中央公論社）

というのが彼の考えでした。

しかし、そう考え、天皇のGHQへの接近に反対していた重光は、2週間後の9月17日、ポツダム宣言を逸脱するような勢いを見せるGHQと、それに迎合する日本政府の姿勢に危機感を募らせ、部局長級の少壮者によって内閣を一新すべしと現内閣の総辞職を提議して、逆に容れられず、更迭されます。そしてかねてから、GHQへの接近に積極的だった吉田茂が重光に代わり、新しく外相に就任することで、事態はようやくGHQの望む方向に動きはじめるのです。

来たるべき裁判を見すえ、何とか天皇の免責あるいは無罪をめざす側近たちと、天皇を助命して、そののち占領統治における最大のコマとして利用しようと考えるGHQ側の思惑が一致し、両者の共同作戦が開始されます。

9月20日に新しく外務大臣となった吉田が就任の挨拶をかね、GHQの執務室にマッカーサーを訪れて天皇訪問について打診すると、話はとんとん拍子に進み、その日のうちに、待機していた藤田尚徳《ひさのり》侍従長がマッカーサーに面会し、細目を取り決めます。

## 天皇・マッカーサーの第一回会見に先立つ『ニューヨーク・タイムズ』紙との「記者会見」で、「宣戦布告なしでの真珠湾攻撃」は、東条首相の独断だったという見解が表明されました

マッカーサーとの会見に先立ち、まず肩慣らしとして準備されたのが、9月25日のアメリカの代表的な新聞、『ニューヨーク・タイムズ』紙との会見でした。あらかじめ質問書が用意され、それへの回答書が準備されたうえで儀礼的に5分ほどの謁見が行われ、回答書（回答正文）が手渡されるというかたちがとられました。そのようにして2日前に行われた「記者との会見」の記事が、ほぼそのまま、27日の天皇・マッカーサー会見と合わせて報道されるという手はずになっていたのです。

『ニューヨーク・タイムズ』紙記者との会見のきっかけは、その記者から、旧知だった近衛文麿への働きかけでした。9月12日、それに渡りに船と応じた近衛が、早くも翌13日、自分自身のマッカーサーへの最初の会見を申し入れていますが、そうした大枠での会見の手配すべてが、ＧＨＱの承認のもとに、ＧＨＱに助けられつつ、行われたものでした。

このときの記者との会見で、一つの重大な問題が明らかになります。

質問は四項目でしたが、そのなかに次のような回答があったのです。

問い「宣戦の詔書が、アメリカの参戦をもたらした真珠湾への攻撃を開始するために東条（英機）大将が使用した如くに使用される、というのは陛下の御意志でありましたか」

東条英機（1884-1948）
（国会図書館ウェブサイトより）

答え「宣戦の詔書を、東条大将が使用した如くに使用する意図はなかった」

つまり「宣戦布告なしでの真珠湾攻撃は東条の独断であって、天皇は知らなかった」というのが、この会見のため近衛らによって準備されたメッセージで、その背景には「悪くなったら皆東条が悪いのだ。すべての責任を東条にしょっかぶせるのがよいと思うのだ」という東久邇宮らの狙いがあったのですが、このインタビュー記事の内容から、『ニューヨーク・タイムズ』紙が注目したポイントは、天皇自身による戦争責任の転嫁という、道義的問題のほうでした。その結果、同紙の9月25日の一面トップの見出しには「ヒロヒト、インタビューで奇襲の責任を東条におしつける」の文字が躍ります。こうして重光の懸念が、海外の反応に裏打ちされたかたちになったのです。

**東条を名指しで批判した記者会見での回答（文書）は、近衛が書き、昭和天皇が承知したものだったという説も現れます**

日本国内においても、事情は同じでした。

内務省が、この記事の内容に驚き、当該記事を転載する日本の新聞の差し押さえに動き、ＧＨＱ

がさらにその差し押さえを解除すると、先の差し押さえ理由を問われた内閣情報局の担当者（卜部《うらべ》敏男）が、ここでも『ニューヨーク・タイムズ』紙への回答正文を示しつつ、

「天皇は決して個人を名指しで非難することがない、というのが日本の伝統である。公の問責の必要があれば、首相その他の官僚が行う。天皇は超越した存在で、決してそのようなことはしない。（記事のままだと）日本の民衆は天皇自身が東条を問責したと思う恐れがある。それは安寧秩序が乱れるもとになる」

と、重光の懸念に重なる従来の天皇観に立った答えを行ったからです（9月29日）。

このやりとりは、むろん国内に広く知られたわけではありません。しかし、天皇免罪のための作業がどのような困難をもっているかを、GHQ側と天皇側の双方に告げるものでした。

なお、このとき、卜部の示した回答正文に東条の名はありませんでした。当然卜部はこのとき、『ニューヨーク・タイムズ』紙の記事が間違っているという判断に立っていました。しかし、2006年7月、同紙記者に手渡されたこの正文の最終形が情報公開請求[6]により開示されると、会見直前に新たにその正文に東条の名が書き込まれていたことが判明します。じつは『ニューヨーク・タイムズ』紙が正しかったのです。

この問題に詳しい京都大学名誉教授の松尾尊兊《たかよし》は、この新事実を受け、何者か（たぶん近衛文麿）の手により直前に加筆が行われただろうこと、しかしそうだとすれば、「天皇の名で回答する以上、当然、天皇みずからがこの修正を承知していた」に違いない、という判断を記しています。[7]

## 2　処罰と活用

続いて、9月27日には第一回目の天皇・マッカーサー会見が行われますが、その直後にあたる10月2日に、先にふれた〝日本通〟の軍事秘書ボナー・F・フェラーズが、マッカーサーにあてて、天皇の戦争責任について、一つのメモを提出しています。

それは彼が、旧知の日本の上層階級の知人や知識人などと協議のうえで作成したものですが、天皇の責任免罪の問題点を次のように要約し、マッカーサーに今後の指針を与えるとともに、そこに難題のあることをも示唆する、興味深い内容のものでした。

ボナー・フェラーズ（1896-1973）（共同通信社）

第1

1　天皇の戦争責任は、法的に制度上からいえば、開戦の詔書に署名している以上免れ得ない。

2　しかし、最上層の、そして最も信頼しうる筋によれば、戦争は天皇みずから起こしたものでないことを立証しうる。天皇は、開戦の詔書について、東条が使用したような形〔＝宣戦布告なしでの先制攻撃〕でそれを利用させるつもりはなかった旨をみずからの口で述べた。

第2
1　アメリカ人の基本的観念では、いかなる国の国民であろうと、その政府をみずから選択する固有の権利をもっている。日本国民は、かりに彼らがそのような機会を与えられるとすれば、象徴的国家元首として天皇を選ぶであろう。彼らは天皇を敬慕している。天皇を存置しても、最も自由主義的な政府の樹立は可能である。
2　また、無血侵攻をはたすに際して、われわれは天皇の尽力を要求した。その命令によって700万の兵士の武装解除が可能になった。したがって、その彼を戦争犯罪のかどで裁けば、日本国民の目には、背信に等しいものと映るであろう。統治機構は崩壊し、たとえ武装解除されているにせよ、全国的反乱は避けられない。何万人もの民事行政官とともに大規模な派遣軍が必要となり、占領期間は延長されざるをえないであろう。（フェラーズ准将による「最高司令官あて覚書」からの著者による要約／『資料　日本占領1　天皇制』大月書店）

**昭和天皇の戦争責任は免れ得ないが、彼が戦争に反対していたことも事実である**
**しかもその免罪の功利的価値は絶大だと、マッカーサーの軍事秘書フェラーズは考えていました**

つまり、第1の天皇の法的な責任については、せいぜいのところ、情状酌量に訴えて、助命をかちとるくらいしかできない。だから結論は次のようになる。

1　天皇が法的に、制度上、責任があることは免れない。これを否定すれば、免罪論は説得力のないものになってしまう。だから、まず責任ありと認めるしかない。

2　そのうえで、「天皇は戦争に反対していたが、軍部が天皇の意思に反して戦争を起こした」。「その軍部に抗うことは、誰にも難しかった」。このことは天皇自身の証言によって立証可能である。また、「天皇が戦争に加担したという証拠はない」という論陣を張ることも可能。この二段構えによる、マイナス1（「開戦の詔書」への署名）とプラス0・51（「戦争に反対していた」云々）の論拠の積み重ねからなる、足してマイナス0・49の免罪理由をつくり、いわば〝小数点以下四捨五入でゼロに持ちこむ〟ギリギリの情状酌量の論法が、法的、道義的に天皇が免罪をかちえる、唯一の方法である（図1参照）。

一方、第2の天皇の政治的価値については、われわれの「無血侵攻」時の天皇利用の事実に立って、彼を裁判にかけた場合に生じる政治的、功利的価値を考量する必要がある。その観点に立つなら、天皇を助け、味方にすることによる価値は、今後も期待できる利用価値のプラス1と、助命することで厄災が避けられ、日本国民の信頼を得ることによるプラス1（戦争責任のマイナス1の打ち消しが可能）の双方を合計した、プラス2となる（図2参照）。

第1の観点をとれば、困難は多大だが、法的な免罪獲得がギリギリ不可能ではない。第2の観点をとれば、――天皇の側にとっての道義的問題には関知しないが――天皇の政治的、功利的な価値

図１　天皇の法的責任

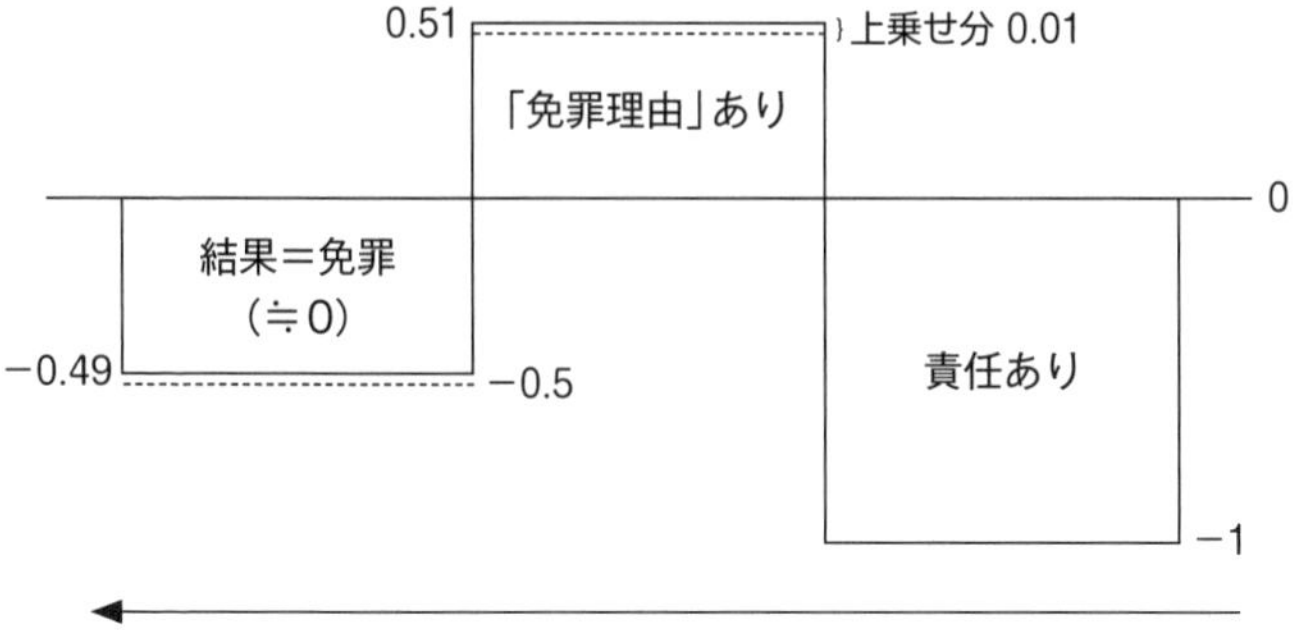


図２　天皇の政治的価値

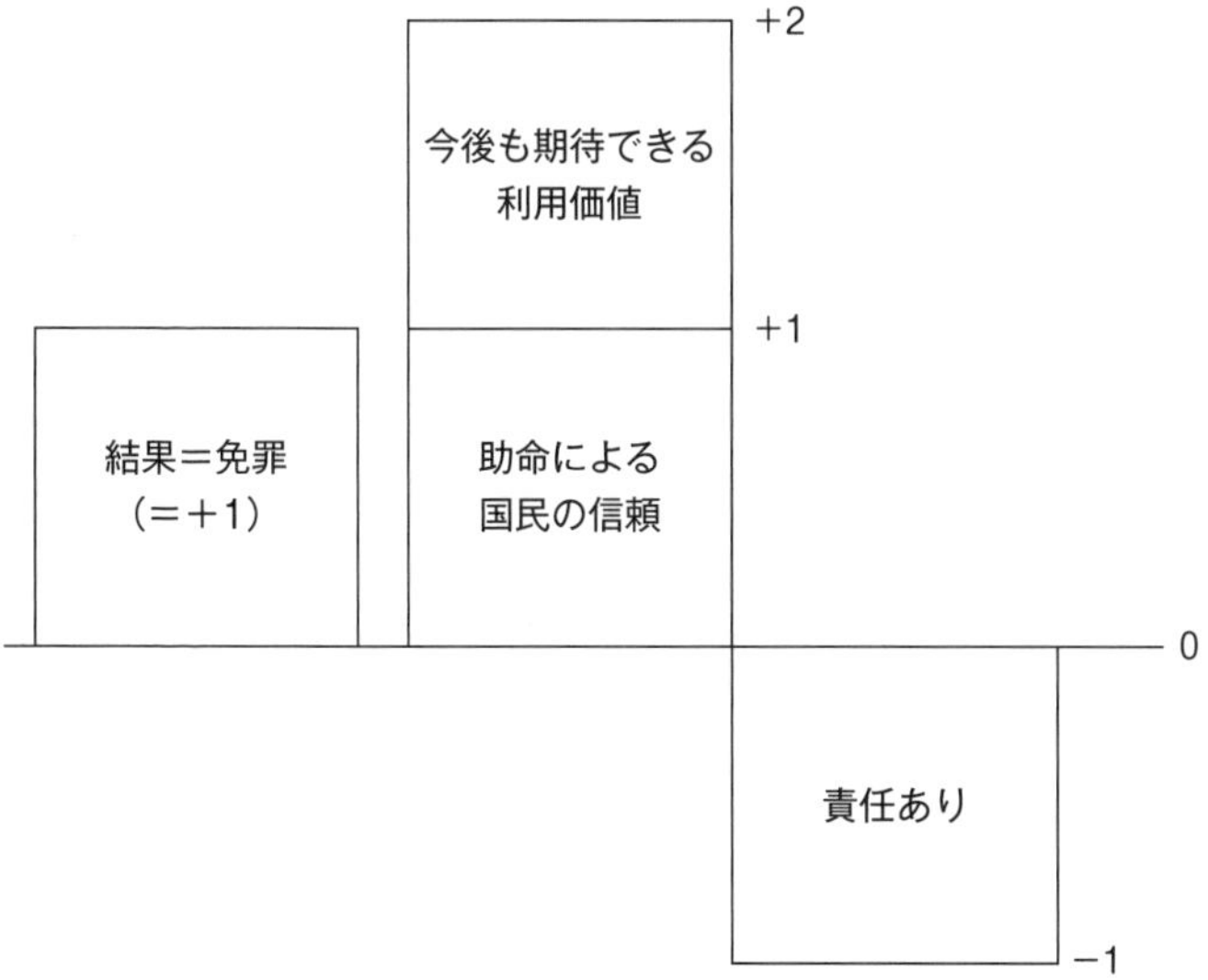

は絶大であり天皇免罪の可能性は大である。

したがって、われわれは、この第1の観点と、第2の観点を、うまく組み合わせ、第1の観点のマイナスをできるだけ打ち消し、第2の観点のプラスをできるだけ増やすことで、天皇免罪にとって最大の効果を得るよう努めるべきである。

フェラーズは、ほぼこのような進言を、マッカーサーにしていたと、まとめられます。

では具体的には、どうしろというのでしょうか。

**昭和天皇にとって、戦争に反対していたことのアピールは東条への責任転嫁と非難され、利用価値についてては、みずからアピールできないというジレンマを抱えていました**

私たちの関心からいえば、ここでの最大の問題はフェラーズの進言から、天皇の道義的な責任の問題が完全に抜け落ちていることです。

フェラーズは、いかにもラフカディオ・ハーン好きなアジア・マニアらしく、日本人に対して、ミステリアスで興味深い国民として好感を抱く一方、自分たちと同じ社会通念を共有する国際社会のメンバーというようには見ていません。彼を支配しているのは昔ながらのオリエンタリズムです。ですから、天皇の国際社会のコミュニティに対する責任、日本国民に対する道義的な責任、さらに日本国民の国際社会のコミュニティに対する責任といったことは彼の頭には浮かんでこない。あくまで、天皇も、日本国民も、彼のなかでは自分と同じ社会のメンバーというよりは、エキゾチックな他者という位置を出ていないのです。

そのため、天皇の訴追忌避、免罪追求の論理は、このあと、天皇側とGHQ側とでは、はっきりと分岐の相を見せるようになります。

GHQ側としては、自分たちから見た道義的な価値（正義）の実現のために旧敵国の王を傀儡として利用することは、政治的に正しいと迷いなくいえるのですが、天皇側にとっては、自分の利用価値を相手側にアピールすることは、自分から見ての道義的な価値（正義）に背を向けることによってしか、可能ではないからです。

自分はけっこう世界の平和に役に立つ、戦後の日本の社会的安定、占領統治に使えるゾ、とアピールするとして、そのアピールがみずからの責任逃れのためになされているのだとしたら、いったい誰が、国際社会で、まともな社会で、そのような訴えに耳を傾けるでしょう。

ですからフェラーズの進言の第2は、マッカーサーにとっては採用可能でも、天皇にとっては採用できません。第1のほうしか使えません。しかもその第1は、東条非難への『ニューヨーク・タイムズ』の侮蔑的な反応からわかるように、道義的な傷を受けることを覚悟しないでは使えない諸刃の剣なのです。

## 側近たちによる免罪工作は、「昭和天皇独白録」や「イギリス国王宛の親書」の作成など、さまざまな形で続いていきました

天皇とその側近たちは、このあとも、国際軍事裁判への召喚に備えた弁明書（のちの「昭和天皇独白録」）の準備、イギリス国王宛の親書（1946年1月29日付）の作成など、免罪のための作業を続けますが、そこでの基本的な作戦は、先に述べた第1の観点からのもの、つまり天皇の無罪を立証するために「東条に責任を押しつける」ことであり続けます。

弁明書は、戦時下の天皇の記憶に加え、「内大臣の日記や侍従職の記録を参考に」天皇の無罪を明かすべく準備され、それをもとに天皇が「独白」したものですが、そこには1928年の張作《ちょうさく》霖《りん》爆殺事件から1945年の敗戦にいたる17年の期間、いかに軍部が天皇の意思に反して独走したかの詳細が、天皇の立場から、関係する個人名をあげて述べられています。

多くの軍人・政治家たちが、肯定的に、また否定的に語られていますが、そこから浮かび上がってくるのは、戦前の天皇のあの「神」の印象からは遠い、他と変わらない卑小な人間の印象です。それは、非公開を前提とした文書だとはいえ、「天皇は決して個人を名指しで非難することがない」という伝統から遠い、「他に責を嫁す」ことに徹した文書でした。もし、天皇が裁判にかけられ、これをもって自己弁護を試みたとしても、国際社会に受けいれられたかどうかはわからない代物《しろもの》でした。

国際社会からの非難に対し、イギリス王室に側面からの助力を求めることを暗にめざして用意された短い「親書」にも、自己釈明の弁に加え、東条の名が同じ「他に責を嫁す」文脈のなかであげられていました。その内容は読む者を驚かせ、また「困惑」させるものでしたが、その気配を察知したイギリスの極東諮問委員会代表のジョージ・サンソムは、松平宮内大臣《くないだいじん》の訪問を受け、天皇に「拝謁」を受ける意思のあることを伝えられた際、賢明にもそれをやんわりと断っています。そして、さらなる来訪により1月29日、イギリス国王あての「親書」を渡されると、「これが伝達されるべきかどうか、私の判断することではないと考えます」というメッセージを付して、これをイギリスの外務省極東局に宛て、送るのです。

このときサンソムのメッセージを読んだイギリス外務省の高官は、日本のリベラル派は戦時下、「抵抗する勇気を欠いていた」が、同じことが天皇についてもいえるとの感想を付しています。結局「親書」は国王に届けられるまで、1ヶ月半、はたしてこのようなものが国王の目にふれてよいものか疑問なしとせずと受けとめられ、イギリス外務省に大きな困惑をもたらしたのでした。[9]

## GHQの天皇免罪工作は、まず敗戦翌年（1946年）1月1日の「人間宣言」として実現しました

これに対し、GHQおよびアメリカ側は、はるかに実利的に、さまざまな天皇救済のための方策

を、みずからの民主化政策、非軍事化政策と連動させるかたちで展開していきますが、やはり功利的観点からも、それだけでは十分でないことを知らされます。

１９４６年1月1日には、かねて宮中とＧＨＱ側の連絡役を務めていた学習院教師のブライスが媒介となって、天皇がみずからの神格を否定するいわゆる「人間宣言」の詔書が周到な準備のうえ、発布されます。その発端は12月3日、ＧＨＱ民間情報教育局が起案した非神道化政策でした。そこでは、軍国主義的および超国家主義的イデオロギーの除去と、天皇の神道からの切り離しが目的とされており、国家神道の廃止、政治と宗教の徹底分離をめざす神道指令と神格化否定の天皇の勅語が、対になっていました。

計画に従い、神道指令が日本政府に対して発せられた12月15日には、ブライスから学習院院長の山梨勝之進にＧＨＱ作成の英語で書かれた原案が示され、その後、天皇のほか、吉田外相、幣原首相をも巻き込む形で日本文が準備され、12月30日の閣議決定をへて、１９４６年1月1日のいわゆる「人間宣言」の詔書となったのです。ところがこの試みは、彼らにそれだけでは不十分なこと、そこに決定打となるものが欠けていることを思い知らせたのでした。

天皇の人間宣言はすぐに、海外の新聞に大きく取りあげられます。たとえば『ニューヨーク・タイムズ』紙はこの詔書により天皇は、「日本を真の立憲政治国に転換する政治改革への道をひらいた」と高く評価します。しかし、そこには、「裕仁《ひろひと》も、また裕仁以外のだれも、帝国憲法のなかで天皇にいっさいの統治権を付与し、具体的には日本国民からそれらを剝奪している、問題の〔天皇〕条項を未だに廃止していない」

というコメントが続きます。

**「人間宣言」の成功を受けて、天皇免罪のための決定打として新たに構想されたのが、天皇から政治権力を奪い（第1条）、軍事力も放棄（第9条）する、新しい憲法の制定でした**

1月4日には、国務省からのお目付役ジョージ・アチソンが、トルーマン大統領に報告書を提出していますが、そこにもフェラーズと、また『ニューヨーク・タイムズ』紙と一部重なる、観察が記されています。少し長くなりますが、引用してみましょう。アチソンは言います。

天皇については、二つの道がある。第1の道でいくなら、自分は天皇を処罰しなければならないと考える。しかしそれにはコストがかかる。起こりうる偶発事に対処するため必要な軍隊をいつまでも駐留させるだけの覚悟があるのなら、そうすべきである。しかし、そこまでやらないなら、第2の道、天皇の利用を考えなければならない。そしてその場合には、民主化を確実にする保障として、別の手段をとる必要がある。

私は、天皇は戦争犯罪人であると信じています（連合国の一部もそう主張するでしょう）。（略）したがって、私は、仮にも日本を真に民主化しようとするのであれば、天皇制は消滅させなければならないという持論を変えていません。

しかし、いくつかの事情から考えて、第二の、より慎重な政策が、現時点でとるべき最善の道であるように思えます。わが国軍隊の迅速な動員解除の結果、不利な条件が早くも生じつつあります。こういった状況のなかで、われわれは、日本を統治し、諸改革を実行するため、引き続き日本政府を利用しなければならず、したがって、天皇が最も有用であることは疑問の余地がありません。天皇は、われわれの全般的目的の遂行に協力しようとすることによって、はっきりと誠実さを示しており、また、民主的であることを、彼の周辺の人々よりも強く望んでいるように見えます。彼の『年頭詔書』〔＝いわゆる「人間宣言」〕は、われわれの意を強くしてくれるものでありました。

しかし「慎重」な政策を採用したからとて、それは消極性を意味するものであってはなりません。私は近い将来に、満足しうる、自由主義的《リベラル》な憲法改正が行われるよう努力することが重要であると考えます。〔日本の〕現政府のもとでは、民主的政府を樹立するための、実効ある、永続的な枠組みとなるような改正が完全に自発的意思で行われる見込みはなさそうです。（略）進歩党と自由党が賛成している政府案は、（略）日本国民の国体観の基礎を成す（略）君臨統治と、（略）天皇の神聖不可侵性とをうたっている条文をそのまま残すというものであります。（略）共産党を除けば、まだ少数政党である社会民主主義者だけが、天皇および統治権について、われわれとほぼ同じ立場から考えようとしているにすぎません。〔「駐日政治顧問代理〈アチソン〉

からトルーマン大統領あての報告書」『資料　日本占領1　天皇制』大月書店）

徐々に、GHQとアメリカ本国の大半の占領統治の実務家たちの目に、日本の民主化の徹底を犠牲にしても、天皇の免罪と利用が必要だと映るようになっていきましたが、それに伴い、最低限、そこで犠牲にされるものを補うための方法として、憲法改正という課題がせりあがってくるのです。そこでは憲法改正が、天皇免罪のための決定打となります。そしてそのなかで、天皇の免罪が今後、世界の平和を脅かさないことの保障として、かつ憲法改正を積極策に転じる目玉として登場することになったのが、戦争放棄という憲法9条の規定だったのです。

# 第3章　二つの神話とその同型性

## 1　マッカーサーvs極東委員会

マッカーサー主導で行われたGHQ草案の作成が、どのようなものだったかを見ていく前に、まず、マッカーサーのもとに届いていた本国からの指令書にどのようなものがあったか、次に、極東委員会とマッカーサーの憲法改正をめぐる権限のあいだにどのようなせめぎあいがあったかを押さえておきましょう。

マッカーサーが日本に赴任することが決まってから、彼のもとに本国からもたらされた指令には、主要なものとして、次の4つがありました。

1　「降伏後におけるアメリカの初期対日政策」（＝正式には1945年9月6日に大統領によって承認され、同月22日に発表されることになる三省調整委員会作成の文書）〔以下「初期対日政策[1]」〕

の内示版で、マッカーサーはこれを日本への赴任の直前、8月29日に本国から受けとっていた。

2　「降伏後の日本本土における軍政に関する基本指令」〔以下「基本指令」[2]〕（＝のちに11月3日、正式に統合参謀本部より送付）の内容をあらかじめ記載した文書で、マッカーサーはこれも、右の「初期対日政策」の内示版と一緒に受けとっていた。

1、2の文書には、マッカーサーの占領統治の目的、権限、方法について大枠の初期指針と基本指令の概要が示されていました。当初の彼の占領統治は、この二つの文書に記された方針に従って進められますが、そこに憲法改正をめぐる指示は入っていませんでした。

3　「連合国最高司令官の権限に関する伝令書」〔以下「伝令書」[3]〕（＝三省調整委員会をへて大統領名で9月6日、マッカーサーのもとに送られてきた文書）。ここには連合国最高司令官の権限が、連合国と日本のあいだの「ポツダム宣言による契約的基礎」にではなく、アメリカと日本のあいだの「無条件降伏」にもとづくことが記されていた。先にふれた経緯で、ヤギさん郵便のような回遊をへて、当初たんなる一内部文書だったものが、最終的にはアメリカ政府の名による公的伝令書として、9月26日、ブーメランのように返ってきて日本の新聞に発表された。

4　「日本の統治機構の改革」〔以下「統治機構の改革」〕[4]（＝GHQによる憲法草案の作成を考えるうえでの最重要文書）。1946年1月7日に三省調整委員会から「情報（インフォメーション）」というレベルの文書としてマッカーサーに送られてきたもの。マッカーサーによる憲法改正は、主に、また直接的に、この文書にもとづいて行われた。

最後の文書4について、憲法制定過程研究の第一人者古関彰一は、「GHQで〔憲法草案の〕起草をはじめた二月六日の民政局会合では『拘束力ある文書として取り扱うべきである』ことが確認され」ており、「『日本国憲法の原液』との評価すらある」と述べています。その内容は「要約すれば、あらゆる統治権に国民の意思が反映され、基本的人権が保障されること、したがって天皇制の廃止または改革が必要である、というもの」でした。[5]

もっとも、文書4の初期形のものは、すでに国務省内で9月から検討がはじめられ、10月17日には国務省派遣のGHQ政治顧問ジョージ・アチソンに訓令電報として送られ、同時にマッカーサーにも「情報」として伝えられています。

また、アチソンには、それよりも早く、10月初旬ころには非公式にその内容が伝えられていました。それが10月22日に国務省提出文書となり、その後三省調整委員会の検討をへて、1946年1

月7日、マッカーサーに送付されてきたのです。

ですから、ここまでに記した憲法改正をめぐるマッカーサーによる日本側への示唆も、大きくはこの国務省の憲法改正の方針の枠内で進められていました。10月4日に近衛と会見した際、マッカーサーが国務省からのお目付役であるアチソンを同席させたのも、国務省との協力態勢を配慮してのことだったことがわかります。

**1945年12月末から、突如、憲法改正がGHQの最重要課題に浮上します**

**理由は同月27日に、翌年2月末に極東委員会の活動がスタートしたあとは、憲法改正の権限がアメリカとGHQの手から離れることが、正式に決まったからでした**

いずれにせよ、1945年9月から12月にかけて、マッカーサーにとってもGHQ全体にとっても、主要な任務は全体的な占領政策の遂行であって、そのなかで最重要の課題が、天皇の免罪の実現でした。憲法改正のほうは、もっぱら日本政府に作業が委ねられ、アメリカ側はそれを静観するかたちだったのです。

ただし、松本委員会案の骨格は「かなりはやい段階」からアメリカ側に把握されており、たとえばアチソンはバーンズ国務

ジョージ・アチソン（1896-1947）

長官あての11月29日の電信で、日本側の憲法草案は「一月中旬に発表される見通しであるが、大日本帝国憲法の一条から四条に変更はないであろう」と報告しています。[6]

けれども年が明けると、これまで水面下で動いていた日本の憲法改正問題が、俄然、国際社会のもとでクローズアップされるようになります。

理由の一つは、天皇制の民主化、非軍事化を「憲法に書き込む」ことが天皇の免罪に欠かせないということが、『ニューヨーク・タイムズ』紙など各方面の指摘などから、次第に明らかになってきたことです。

しかしより重大な理由は、1945年12月27日、モスクワの外相会議で極東委員会の設置が合意され、そのなかで同委員会の活動が正式にはじまったあとは、憲法改正の権限がアメリカとGHQの手から離れることが、正式に決まったことでした。

極東委員会は、米英中ソという連合国の主要4国を中心に、オランダ、カナダ、フランス、オーストラリア、ニュージーランド、インド、フィリピンの7つの対日交戦国を加えた11カ国によって構成されますが、このうち、半数近くの国が、天皇を免罪することに反対の姿勢を明らかにしていました。天皇制そのものに反対するソ連のほかに、オーストラリア、ニュージーランド、フィリピンが、天皇制が温存されることで再び日本が軍国主義化することを警戒しており、中華民国も天皇の責任が問われないことに批判的でした。

そうした状況のなかで、マッカーサーの占領統治政策は天皇に甘すぎるのではないかという懸念が、第1章でふれた1946年1月の極東諮問委員会の日本訪問（視察）の一つの理由にもなっていたのです。

GHQの憲法草案作成作業はすでに述べたとおり、2月1日、この極東諮問委員会のメンバーの離日の当日から、はじめられます。当時は船旅ですから、このあと2週間、サンフランシスコに着くまでは洋上に隔離される計算です。離日の前日、1月30日にマッカーサーがこの委員会のメンバーに向け、

「憲法改正については、当初の指令では、私に管轄権が与えられていましたが、モスクワ合意によって、その問題は私の手から取りあげられました。私は、若干の示唆をなし、日本人は、この案件につき作業するための委員会をつくりました。私は、いかなる行動も中止しました」

と言明していたため、のちにGHQによる憲法草案作成のことを知った委員たちが、ダマされたと激怒したのも無理からぬことでした。

**1946年2月1日の『毎日新聞』の「スクープ」によって、日本政府の旧態依然とした憲法改正案を知ったGHQが、そこから独自の憲法草案の作成に乗り出したというのは、ほぼまちがいなくフィクションだといえます**

このことに関し、マッカーサーが2月1日以前から、すでにGHQ自身による憲法草案作成へと

毎日新聞
憲法改正調査會の試案
立憲君主主義を確立
國民に勤務の權利義務

松本委員会の「憲法調査委員会試案」をスクープした『毎日新聞』の記事。（毎日新聞社）

舵を切っていたのではないか、という説が唱えられていますが、私も、それは疑いようのない事実だと思っています。

理由の第1は、フェラーズの覚書にある考えを発展させていけば、必然的に憲法改正によって天皇の大権を廃止し、天皇制の民主化を決定づけることが、神道指令、天皇の人間宣言の次にくる最終解決策となるからです。ジョージ・アチソンのように天皇を戦争犯罪人と考えようと、ボナー・フェラーズのように天皇を愛すべき平和主義者と考えようと、占領政策における天皇の利用価値という点で一致していれば、この解決策で合流できます。

アチソンやフェラーズからすれば、天皇の戦争責任という問題、そこにひそむ道義の問題は、〝彼ら〟当人（＝天皇と日本人）の問題です。当人でない〝われわれ〟（＝アメリカ人・連合国人）は関知しないし、また関与できません。ですから国際コミュニティー（〝われわれ〟）としての義務を〝彼ら〟に求める——天皇の法的責任を追求する——ことさえ放棄すれば、問題はとても簡単になるのです。

天皇を安全に利用するため、神格化の危険をあらかじめ除外しておけばそれでよい。そしてそのための最終解決策が、憲法の改正なのです。

理由の第2は、こうです。2月1日、『毎日新聞』の「スクープ」により、日本政府の旧態依然とした憲法改正案が紙面に出ます。同時期、マッカーサーは副官のホイットニー准将に対し、自分に憲法改正の権限があるかどうかの報告書を書かせているのですが（のちにケーディスが、実際に書いたのは自分だと証言しています）[7]、この報告書がマッカーサーに提出されたのが、同じ2月1日なのです。さらに問題の極東諮問委員会（のちの極東委員会）のメンバーが日本を離れ、彼らが日本の情報を入手できなくなったのも、やはり2月1日です。

これを「たんなる偶然」と考えるには、かなり無理があるというしかありません。GHQ自身による憲法草案作成という大プロジェクトは、もちろん2月1日以前にスタートしていたものと考えてまちがいないでしょう。

## 極東諮問委員会・フィリピン代表との間で「やらせ」のような質疑応答が行われています

では、いつから準備されていたか。

極東委員会の権限拡大により、急がないと、マッカーサーの手で憲法改正ができなくなるとわかってからでしょう。つまり、モスクワで極東委員会の権限の拡大が合意された1945年12月27日以降。また、これに呼応するように、アメリカ本国から正式に憲法改正の手引きともいうべき文書

コートニー・ホイットニー
(1897-1969)（アメリカ陸軍）

チャールズ・ケーディス
(1906-1996)

「日本の統治機構の改革」が届けられる1946年1月7日以降のことだろうと思います。このとき、アメリカ本国はこの文書を「情報」という下位カテゴリーで送付していますが、明らかにこれを「指令」として送るとそれが右のモスクワ合意に抵触するかもしれないための配慮でした。

さらに、来日した極東諮問委員会の委員との1月17日の会合で、GHQの民政局次長で、憲法草案執筆の現場責任者となるチャールズ・ケーディス大佐が、極東（諮問）委員会の委員（トマス・コンフェソール・フィリピン代表）から、ほかでもない憲法改正作業について、現在それを行っているかどうかとあけすけに質されているのも、不自然です。

古関彰一は、このときの質問者がじつはフィリピンでマッカーサー、ホイットニー、ウィロビーというGHQの「三巨頭」と旧知のごく親しい人間だったのに、その事実が表に出ていなかったこと、さらに両者のやりとりが、

コンフェソール「あなた方は、憲法改正について検討（considering）していますか」

ケーディス「していません（No）。民政局は、憲法改正は（略）貴委員会の権限に属するものと考えております」

といったあからさまなものであることから「どうも不可解」として、このやりとりがいわば「やらせ」だったのではないかと推測しています。[8]

この時期あたりまでに、ＧＨＱの担当官、またマッカーサー周辺は、すでに述べたとおり日本政府の松本委員会の憲法改正作業が、「大日本帝国憲法の一条から四条に変更はない」ものであることを知っていたこともあり、もうそろそろ自分たちの手で天皇の民主化をやらなければ天皇の助命にも支障を来すと、次の行動に出ることを決めていたのでしょう。

すでに述べた、2月1日にホイットニーからマッカーサーに提出された覚書には、極東委員会が活動をはじめれば、日本の憲法改正の権限は完全に同委員会に移るが、それ以前、まだ委員会の活動が開始されておらず何ら「政策決定がない」行われていないあいだは、貴官（マッカーサー）の権限には「何らの制約もない」という結論が記されていました。[9]

**天皇制の廃止ではなく、その民主化によって天皇主権を否定することと、**
**天皇制が存続することで懸念される軍国主義復活の可能性の排除が、**
**ＧＨＱによる憲法改正の基本方針でした**

こうして、ようやくこの本も憲法9条の戦争放棄条項というところにたどりついたわけですが、もし憲法9条がこの本の述べてきたような経路でこの世に現れてきたとすれば、その特徴は、それが平和条項なら極端な平和条項である、戦争放棄条項なら極端な戦争放棄条項である、というその「極端さ」にある、ということになるでしょう。

なぜならそれは、現人神《あらひとがみ》である天皇から大権を剝奪する、そして戦争犯罪人である天皇から大罪を免じる、という国内社会と国際社会の双方で、二様に「神をも恐れぬ」行動に出ることと釣り合い、相殺しあう、もう一つの「神をも恐れぬ」、「極端な」条項でなければならないからです。

この憲法改正の第1の狙いは、そこに天皇の大権の剝奪、つまり天皇主権の否定と、それに代わる国民主権の開始を書き込むことでした。しかもそれを、天皇と天皇制の否定によってではなく、天皇制の民主化ともいうべきものを通じて実現することでした。

それこそが、フェラーズが示唆し、それとは逆の立場からアチソンもまた指摘していた、天皇の占領統治への利用を可能にする唯一の方法だったのです。

では、どうすれば、それを日本政府に呑ませることができるか。また、呑ませることができたとして、この天皇制を民主化する憲法改正に、何を加えれば、天皇制の存続による日本の再軍国化を恐れる太平洋近隣諸国（オーストラリア、ニュージーランド、フィリピン、中華民国）を説得し、その反対を押し切ることができるのか。

このような文脈で、戦争放棄、それも極端な戦争放棄条項を新しい憲法に盛り込むという発想が、マッカーサーによって考え出されたのでした。

**本国からの指示は、憲法改正への強制は日本国民には知られてはならないと書かれていましたところがマッカーサーは、その本国にも秘密にしたまま、憲法草案の作成に踏み切ったのです**

すでに述べたとおり、2月1日、マッカーサーはホイットニーからの覚書を読んで、2月末にワシントンで第一回の会合を予定している極東委員会の、活動開始までの「空白の3週間余り」のあいだであれば、日本の憲法改正の基本的な作業を、連合国最高司令官としての権限の範囲内でやりおおせることを知ります。

その自分の権限を基礎づけているのは、国際協定であるポツダム宣言、降伏文書と、主要連合国であるアメリカ本国からの二つの指令書（三省調整委員会「初期対日政策」と統合参謀本部「基本指令」）、マッカーサーの権限をポツダム宣言ではなく無条件降伏の上に置くとした大統領通達（「伝令書」）、それから憲法改正の原則・詳細を記した本国からの「統治機構の改革」でした。

そのうち、「基本指令」は万が一、天皇を排除することになるときだけは本国に通告し承認を得なければならないと指示していました。また「統治機構の改革」は、憲法改正等の改革の実施の命令は「最後の手段」に限られると釘を刺し、「本文書は公表されてはならない」と述べていました。なぜなら新しい憲法の制定が「強制だと知られれば、将来、日本国民が「それを」承認し支持する可能性は著しくうすれる」からだと書かれています。

天皇の排除はこの時点ですでに問題外でしたから、あとは、憲法改正への積極的な関与を行うとして、「最後の手段」としてこれを秘密裏に遂行することだけが、ＧＨＱが守るべき本国からの指示の要点でした。ところがマッカーサーは、その本国アメリカにも秘密にしたまま、みずからが憲法草案を作成することを決めたのです。

## 2　天皇の「全責任」発言——二つの『マッカーサー回想録』神話（1）

ところで、ここまで私が追ってきた憲法９条の誕生までの前史は、その後長く日本の戦後を呪縛する、二つの『マッカーサー回想録』神話のあいだに興味深い一致があることを示唆しています。

その一つは、１９４５年９月27日、第一回の天皇・マッカーサー会見のおりに語られたとされる天皇の「全責任」発言です。

そしてもう一つは、１９４６年１月24日、マッカーサーと幣原喜重郎首相との会見のおりに語られたとされる、幣原の「世界に先がけての戦争放棄」発言です。

### 昭和天皇の「全責任」発言とは何か

まず、昭和天皇の「全責任」発言とはこういうものでした。

1945年9月27日、天皇がアメリカ大使館にマッカーサーを訪問します。むろん極秘の訪問ですが、降伏直後の外相重光葵の強い反対で停滞していた両者の会見が、9月17日の重光更迭によって実現へと向かい始め、その10日後の会見となったのでした。

天皇は9月20日に、新しく外務大臣になったばかりの吉田茂を使ってマッカーサーの内諾を受けた後、藤田尚徳侍従長をマッカーサーに表敬訪問させ、その占領統治に協力するとの天皇の意思を、あらかじめ伝えていました。

会見は、マッカーサーの居室で日本側通訳の奥村勝蔵のみの陪席で行われます。そのときの両者の写真が、二日後、先にふれたアメリカ人記者との天皇会見の記事とともに新聞に掲載され、国民に大きな衝撃を与えます。

天皇が正式にモーニングコートを着用していたのに、マッカーサーは上着も着用しない開襟シャツだけの普段着であり、長身で65歳のリラックスした元帥のかたわらに緊張の面持ちで直立不動する43歳の天皇は、まるで教師の横に立つ転校生のようでした。

1945年9月27日、昭和天皇マッカーサー連合国最高司令官と会見。（アメリカ陸軍）

このときのやりとりは、公表されませんでした。

しかし、主にマッカーサーの周辺から、その後、徐々に洩れ伝わるようになり、最終的に1964年公刊の『マッカーサー回想録』で、当事者の一人であるマッカーサーの口から明らかにされます。そこに、天皇が全ての責任は自分にある、私は我が身を連合国の裁きに委ねるためにここにきた、と述べたので自分は大いに感動した、というくだりがあったため、その後、天皇の道義心の高さを示す感動的なエピソードとして、末長く語り継がれることになるのです。

よく引用されているのは、次の発言です。『マッカーサー回想録』[10]によれば、天皇はこういったというのです。

「私は、国民が戦争遂行にあたって政治、軍事両面で行なったすべての決定と行動に対する全責任を負う者として、私自身をあなたの代表する諸国の裁決にゆだねるためにおたずねした」

この意外な発言に接し、マッカーサーは「大きな感動にゆさぶられ」ます。

死をともなうほどの責任、それも私の知り尽くしている諸事実に照らして、明らかに天皇に帰すべきではない責任を引受けようとする、この勇気に満ちた態度は、私の骨の髄までも揺り動かした。私はその瞬間、私の前にいる天皇が、個人の資格においても日本の最上の紳士であることを感じとったのである。

## 2002年に公開された外務省の記録には、「全責任発言」は書かれていませんでした

しかし、このとき通訳奥村勝蔵が記録し、長い間外務省に保管されていた会見の記録が2002年10月に公開されると、どこにもそんな発言はありませんでした。記録されていたのは、

「この戦争については、自分としては極力これを避けたい考えでありましたが、戦争となるの結果を見ましたことは、自分の最も遺憾とする所であります」

という「遺憾」発言で、そこには「死をともなうほどの責任」どころか「責任」の言葉一つ、なかったのです。(外務省公開文書「「マッカーサー元帥」との御会見録[11]」)

ところで、この奥村の会見録が公開された2ヶ月前に、公開のきっかけとなったかもしれないある文書の存在が明らかにされていました。奥村のあとに天皇・マッカーサー会見の通訳を勤めた外務省の松井明の書いた未刊行文書のコピーがそれで、これを入手した『朝日新聞』が特集として掲載していたのです(8月5日)。

松井は1994年に没していますが、生前、天皇とマッカーサーの会見にふれた極秘メモの出版(『天皇の通訳』)を志したものの、宮内庁からの反対に会い、断念していました。朝日新聞側は先に

会見録の不開示に対する不服申し立てを行っていたのですが、この松井文書の『朝日』紙上での紹介・一部公表を受けてか、９月20日に内閣府の情報公開審査会が外務省に対し、開示すべきとの答申を出します。そして10月上旬に、この松井文書のコピー（著作権を理由に文書自体は非公開）を閲読した天皇・マッカーサー会見研究の第一人者である歴史家の豊下楢彦《ならひこ》の手になる、「昭和天皇・マッカーサー会見を検証する（上）」[12]と題するこの「松井文書」の詳細な検討と分析が発表されると、その２週間余りあと、奥村による天皇・マッカーサー第一回会見の記録（１０９ページ）が、外務省から57年ぶりに「公開」されたのです。

そのきっかけとなったかもしれないと思われるのは、松井がメモのなかで、第一回会見の奥村の記録（「御会見録」）には一部「削除」した個所があると証言していたことです。豊下によれば、そこには、先の天皇の「全責任」発言に関連して、実際はあったが記録にはないとされる「天皇が一切の戦争責任を一身に負われる旨の発言は、通訳にあたられた奥村氏に依れば余りの重大さを顧慮し記録から削除したが、マ元帥が滔々と戦争哲学を語った直後に述べられたとのことである」と書かれていました。[13]

マッカーサーの『回想録』はかねてから信憑性に乏しいと指摘されてきたこともあり、この天皇の「全責任」発言がほんとうにあったかどうかには、疑問が示されてきました。主要なメディアは、これを相変わらず真実として扱い続けたものの、昭和天皇の没後、研究者のあいだでは、誇張あるいは捏造されたものとの見方が一般でした。そのため、会見録の公開が強く望まれていたのですが、この松井の証言が見つかったことにより、会見録に書かれていなくても、存在しなかったことの証明にはならない。そうわかったところで、はじめて、外務省から奥村の会見録が公開されたのでした。

## 記録から削除された天皇の発言は何だったのか①
## ――豊下楢彦の仮説

天皇の「全責任」発言はあったのか。

この問いが答えを得られないまま、今度は、公開された奥村の会見録は事実どおりか、そこには「削除」があったのか、「削除」があったとすればどんな発言が「削除」されたのか、という問いに引き継がれることになりました。

この新しい問いに、ここでもめざましい答えを提示したのが、この問題の研究をリードしてきた豊下楢彦です。豊下は、これまでの研究と分析から明らかに天皇の口から語られたはずの先の「東条非難」の個所が、この奥村の会見録に見られないことを理由に、ここで削除されたのは松井の想定した「全責任」発言ではなく、「東条非難」発言のほうだったのではないか、という大胆な推測を行います。もしその推測が正しいとすると、マッカーサーは、天皇の口から「東条への責任転嫁」の言葉を聞かされたが、『回想録』ではそれを隠して、代わりに天皇の事実無根の「全責任」発言を加えたことになります。

先のフェラーズ覚書の論理（82〜83ページ）になぞらえていえば、天皇の道義心におけるいわば「東条非難」のマイナス0・5（＝情状酌量不可）を消して、それを強く光り輝く「全責任を取る」発言のプラス１に差し替えたかたちです。法的な責任は「免れがたい」という批判に対し、臣下に罪を転嫁するどころか法的な責任をいさぎよく認め、さらに臣下の罪まで自分が負う、と「全責任」を認めるのですから、今度は道義的な責任を完璧にはたす光輝ある天皇像が、生まれてくることになります（図３参照）。

しかし、もしこれがほんとうだとしたら、当然東京裁判を前に、表に出すことはできません。本人が法的な罪を認めているのですから、表に出せばそのまま罪に問われてしまうからです。裁判が終わり、日本に独立が戻ったいまだから、こうして『回想録』に書くのだ、というのがマッカーサーの言い分だったのでしょう。

図３　天皇の道義性１

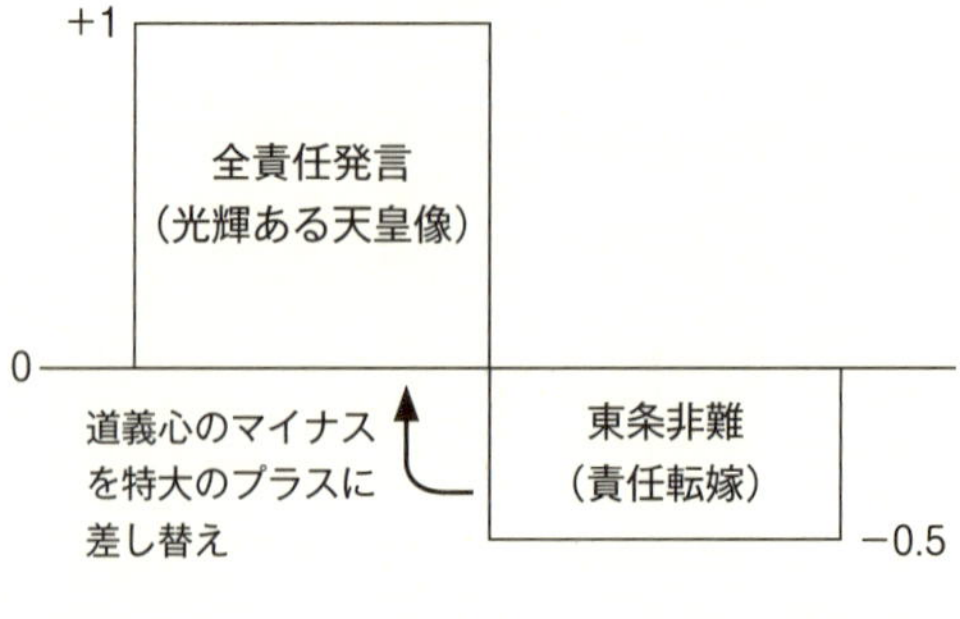

ところがじつは、マッカーサーはこの「全責任」発言を、占領下にあってもいわば〝裏金〟としてちゃっかりと流通させていました。おそらく側近の口を通じてでしょうが、1945年12月6日に来日した東京裁判の主席検事予定者ジョゼフ・キーナンに、いち早くその〝情報〟を伝え、キーナンが1946年5月にこの「全責任」の「天皇美談」を使ってもと陸軍兵務局長田中隆吉を「感激」させ、強力な検察側証人に仕立てる、というのがその〝裏金〟を使った結果起こったできごとでした。

素朴な田中は、このとき天皇が「戦犯者はみな釈放して、私だけ処罰してもらいたい」とマッカーサーに提案したとキーナンに〝耳打ち〟され、「この時ほど私は感激したことはなかった。私は死を賭して、天皇を無罪にするため、軍部の行動について、知る限りの真実を証言しようと決心したのである」とそのときのことを回想しています。[14]

マッカーサーは、東京裁判対策用に〝表舞台〟では天皇の「反対の意思はあったが阻止できず遺憾でした」という発言を紹介しつつ、〝裏舞台〟では「全責任」発言をひそかに流布させ、東京裁判を有利に運んだ、というのがこれらの事実を仔細に調べあげた末の豊下の結論です。

つまり、豊下によれば、天皇はマッカーサーに対し、じつは『回想録』にある「最も遺憾とする所」発言のほかに、「東条非難」という「他に責を嫁す」言動を行っていた。ところがマッカーサーはそれを隠し、代わりに東京裁判対策用の「全責任」発言を〝裏情報〟として周囲に流し、その「全責任」発言が、裁判終結後は、一人歩きして〝表情報〟となっていった。

やがて、マッカーサー周辺、天皇周辺にそれがまことしやかに広がり、マッカーサー自身も『回想録』を書く。松井はこれを信じて、先輩の奥村が削除したのは、当時、裁判を前に表に出すわけにいかない「全責任」発言だと考える。しかしじつは、削除されたのは、表に出せば別の意味で天皇の人格について国民に深刻な疑念を呼びかねない「東条非難」のほうだった、というのが豊下説の概要です。[15]

## 記録から削除された天皇の発言は何だったのか②
## ——松尾尊兊の仮説

これに対し、天皇の会見問題をめぐるもう一人の有力な研究者である松尾尊兊《たかよし》は、天皇が「東条非難」のような発言を行うとはいかにしても考えられない、として別の結論を示します。

松尾は当初、天皇はやはりマッカーサーとの会見では、責任回避発言こそ行ったかもしれないが東条の名前は出していない、と推測します。先に情報局の卜部が述べたように「天皇は決して個人を名指しで非難することはない」からです。また、マッカーサーの応答に天皇の「当時の胸中を察します」という旨の発言があるところから、やはり「遺憾」だけではなく「責任」への言及もあったはず、と考え、実際の発言は次のようなものだったろうと、こう記しました。

「開戦について言えば、宣戦布告に先だって真珠湾攻撃を行うつもりはなかった。私は戦争回避のため極力努力したが、結局は開戦のやむなきに至ったことは、まことに遺憾である。その責任は日本の君主たる私にある」（「考証　昭和天皇・マッカーサー元帥第一回会見」『戦後日本への出発』松尾）

しかし、先にふれたように、２００７年に外務省からの文書公開により、『ニューヨーク・タイムズ』紙記者会見での天皇回答に「東条非難」発言が加筆されていたことが明らかになります。たとえそれが近衛による加筆だとしても、天皇自身が承認裁可したものである可能性は打ち消しようもありませんでした。この松井文書の出現と、『ニューヨーク・タイムズ』紙記者会見での「東条非難」発言の確認を受け、松尾は、これを見ると、やはり「東条非難」発言はあったようだ、この点では豊下楢彦説に「服さざるを得ない」として自説を修正します。しかし、大筋としては、松井文書でむしろ自分の推定は「裏付けられた」とし、東条非難の一点を修正したうえで、なお、自説の大枠を堅持すると述べています。[16]

## 真実は中間にある――加藤の仮説

ところで、この二人の先行する研究者の結論に対する私の考えは、そのいずれでもなく、答えはその中間にあるのではないか、というものです。論拠は、一見したところ、ささいな点に関わります。「全責任を取る」ではなく、「責任を取る」と天皇はいったのではないか、というのが私の答えなのです。

理由は以下のとおりです。マッカーサーは、天皇の発言について「全責任を負う」、そしてみずからを「諸国の裁決にゆだねる」と述べたといっています。ここには道義心高い天皇がいます。ですから、この同じ天皇が東条非難をするわけにはいきません。その結果、マッカーサーの『回想録』には、天皇の「東条非難」は出てきません。

この理解は、松井明の証言でも同じです。「天皇が一切の戦争責任を一身に」負う「全責任発言」をしたと考える松井にとって、その天皇が「東条非難」を行うなど考えられません。ですから彼は、「余りの重大さを顧慮し記録から削除」されたのは、天皇の「全責任発言」(だけ)だったと、想定しています。

しかし、いまや天皇がマッカーサーに「東条非難」の発言をしたことが、明らかになっています。『ニューヨーク・タイムズ』紙における天皇インタビューの回答正文が公開されたことにより、このことが疑えなくなったのです。これは、冷静沈着で考証の厳密を尽くす松尾すら「服さざるを得ない」と兜《かぶと》を脱いだ、ほぼ確定ズミの歴史的事実といえます。

しかし、そうだとすれば、松尾が推定する天皇の発言(115ページ)は、松井文書によって裏付けられるどころか、松井文書と〝対立〟してしまうのではないでしょうか。松井の考えでは、

「全責任発言」を行う天皇が「東条非難」を行うことはありえません。彼の推定はその確信に立っています。しかし、修正後の松尾説では、天皇は「君主としての責任」を認めつつ、同時に「真珠湾攻撃は東条のせいだった」と「東条非難」をも行うからです。

つまり、松尾も、また豊下も同一視しているのですが、臣下の代わりに自分が「全責任を負う」ことは、特別のこと（プラス1）であり、卓越した天皇の道義心を示す発言ですが、単に「君主としての責任」を負うことは、普通の君主のふるまい（プラス0・5）であって、特別のことではない、この普通の君主のふるまいとなら、臣下に責任を転嫁する「東条非難」は両立できます。ですから、松尾の説では、天皇は「君主としての責任」を述べつつ、東条非難をも行っているので、それは、豊下の説（天皇の責任発言なし）とも、松井の説（天皇の全責任発言あり）とも、大きく違っているのです（図4参照）。

図4　天皇の道義性2

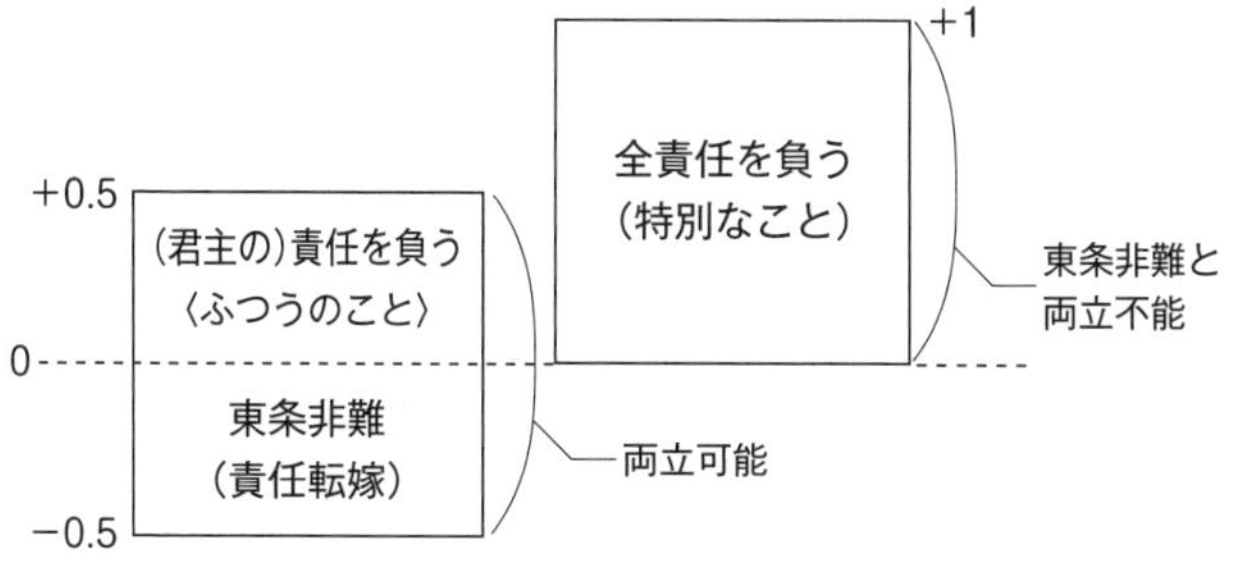

そして、私の考えをいえば、私は、この松尾の自覚していない、松井説とは0・5だけ違う、松尾修正説に賛成です。ここでのポイントは、「全責任を負う」ことと、「ただの責任を負う」ことの違い、プラス1とプラス0・5の違いです。「ただの責任」発言となら、特定の臣下への責任転嫁(「東条非難」)は両立します。天皇は「東条非難」を行い、かつ「君主としての責任」にも言及したということです。

## ABCD、4つの天皇発言

この私の説にはいくつかの傍証をあげることが可能です。

これまでさまざまな形で伝えられてきた、マッカーサーとの会見における天皇発言には、

「全責任」発言(A)
「ただの責任」発言(B)
「反対の意思はあったが阻止できず遺憾」発言(C)
「東条非難」発言(D)

の4つがあります。これを松尾に従い、時期順にあげれば、こうなります。

まずマッカーサーは、軍事秘書の側近フェラーズにはDの「東条非難」発言（１９４５年10月２日）、政治顧問のジョージ・アチソンにはDの「東条非難」とBの「ただの責任」発言があったことを（10月27日）、伝えています。

それから、年が明けて、極東諮問委員会一行の前では、Cの「反対の意思はあったが阻止できず遺憾」発言を（１９４６年１月29日）、次の年には、皇太子家庭教師ヴァイニング夫人にAの「全責任」発言を（１９４７年２月）、日本学者オーティス・ケーリ叔母のアメリカ組合キリスト教会極東担当理事にもAの「全責任」発言を伝え（１９４７年）ています。

また、東京裁判の終わった在任最後の時期には、ジャーナリストのジョン・ガンサーにCの「反対の意思はあったが阻止できず遺憾」発言を語ったあと（１９５０年末）、１９５１年の解任後は、訪米した参議院議員加藤シズエ（１９５１年５月～９月）と、ついで外相重光葵に、Aの「全責任」発言（１９５５年９月２日）を語り伝えています。[17]

**まずAの「全責任」発言は、虚偽ないし誇張だと考えられます**

これらのことを、現在明らかになっている事実と照らし合わせてみましょう。天皇は事実としてAの「全責任」発言を行っていません。というのもDの「東条非難」を行ったことがほぼ確実視されている以上、その天皇の口から同時に「全責任」は自分にあるという発言がなされることはありえないからです。つまりあのマッカーサーを感激させたとされる「全責任」発言は、マッカーサーの虚偽ないし誇張だということです。

その虚偽ないし誇張が最初に行われるのは、１９４５年12月6日以降のことで、それをマッカーサーは間接的にか直接的にか、キーナンに伝えています。キーナンはそれを天皇側近の松平康昌に伝え、二人で口裏を合わせてこの「神の如く」崇高な天皇の自己犠牲の弁を、単純な気性の元陸軍兵務局長の田中隆吉に別々に〝耳打ち〟し、この単純な気性でかつ記憶力抜群の軍人を検察側証人へと籠絡したことは、先に述べました。

しかし、それ以前、虚偽・歪曲の必要がない１９４５年10月の時点で、マッカーサーが側近、政治顧問に伝えているのは、天皇がDの東条非難を行ったということ（フェラーズ）、また、その東条非難とともにBの「指導者としての責任」を述べたということ（アチソン）で、そこにAの「全責任」発言はありません。

また、その「全責任」発言は、天皇が東京裁判にかけられず、さらに裁判が東条ら7人の絞首刑で終了したあとも、マッカーサーの口から語られ続けます。それは、占領下での連合国最高司令官在任中にそうであり、また帰国後も変わりませんでした。

そのことは、マッカーサーの「全発言」の捏造ないし誇張のなかに、東京裁判対策にとどまらない、別の動機があったことを示しているでしょう。裁判対策から離れても、マッカーサーにとってそれを示すことが、自分に都合がよかったということになります。

**加えてＤの「東条非難」発言は確実に存在した**
**そして、Ｃ（「遺憾」発言）、さらにはＢ（「ただの責任」発言）までも**
**存在しただろうというのが、私（加藤）の考えです**

ここで人格攻撃にならぬよう注意しながら指摘しておくと、マッカーサーには先にあげた性的ないし私的なスキャンダルのほかに、フィリピン政府から不正な巨額の報酬を受けとったという疑惑も指摘されています。副官のアイゼンハワーが、その受けとりを拒否したと述べる文書からもその信憑性の高さが指摘されています。[18] たしかな反証がある場合、マッカーサーの回顧録を信じる理由は、ほとんどないのです。

そのうえで、Ａ（全責任発言）はないと推定できる、またＤ（東条非難）があったことは確実である、と考えてみましょう。これを受けて、さらにさまざまな局面で、マッカーサーの口からＢ（ただの責任発言）もＣ（遺憾発言）も紹介されていること、また、その確度の高さを信頼できることを考えあわせると、Ｂ（ただの責任）、Ｃ（遺憾）、Ｄ（非難）の一連のグレーゾーンの〝共存可能性〟に立脚する松尾の説のほうが、Ａ（全責任）とＤ（非難）の白黒のはっきりした〝対立〟に基本構造をおく豊下の説よりも柔軟で説得力に富むことがわかります。

つまり天皇は、もっとも重要なポイントとして「東条非難」（Ｄ）の内容をマッカーサーに訴えたのですが、その際つい、（Ｄ）および「遺憾」発言（Ｃ）に加え、「君主としての責任」（Ｂ）までを口にすることになったのではないでしょうか。その（Ｂ）がマッカーサーに、私の仮説にいう０・５の道義性のプラスの印象を与え、その後、その印象が呼び水となって、裁判対策として、プラス１の大きさをもつ「全責任」発言への誇張を彼に発想させているのではないでしょうか（117ページ図４参照）。

私は、そんなふうに考えています。

**マッカーサーが、政治顧問ジョージ・アチソンに語った、第一回会見における昭和天皇の発言が、もっとも事実に近いと私は考えています**

これを別の言い方で表現すると、先にあげたこれまでのマッカーサーからの伝聞のなかで、二番目の10月27日付けの政治顧問ジョージ・アチソンの国務省あて極秘電に書かれた、マッカーサー談による第一回会見での天皇発言が、事実を正確に伝えている、という結論になります。

アチソンは、国務長官に向け、次のように報告しています。

マッカーサー元帥が本日私に語ったところによれば、天皇裕仁は、元帥をたずねたさい（一九四五年九月二七日）、マッカーサーが待っていた大使館応接室に入ってきて、深ぶかとお辞儀した。両者が握手し、すわったあと、天皇は、アメリカ政府が日本の対米宣戦布告を受け取る前に真珠湾攻撃をするつもりはなかったのだが、東条が自分をあざむいたのである、と述べた。天皇は、責任を回避するためにそのようなことを口にするのではない、自分は日本国民の指導者であり、したがって、日本国民の行動には責任がある、と語った。（「マッカーサー元帥・アチソン会談覚書――対米宣戦の時刻設定に関して東条が天皇を詐ったとする天皇の陳述」『資料　日本占領　1　天皇制』）

この極秘公電によれば、マッカーサーは会見から1ヶ月後、アメリカ国務省との窓口（兼お目付役）であるアチソンに、天皇との会見にふれ、天皇は自分に二つのことをいったと伝えています。それは、奇しくも松尾の――豊下説によって修正を余儀なくされたあとの――「修正説」とまったく同じです。つまり、一つは「東条非難」、もう一つは「君主（＝指導者）としての責任」です。しかもここでは天皇の発言が、真珠湾攻撃は東条のせいだが、責任回避のためにこれをいうのではない、指導者としての責任は自分にある、となっていて、よりくっきりした論理的構成をもってすらいるのです。

もし豊下の考えるようにそこに何ら「責任」という言葉が出ていないなら、なぜ会談1ヶ月後という段階で、かくも輪郭のはっきりした「責任」という言葉が、マッカーサーから出てくるのか、説明ができません。この時期、マッカーサーが本国にことさら虚偽を加えた報告を行う理由がないこと、奥村が「余りの重大さを顧慮」したと松井に「削除」の理由を述べていることと考え合わせて、私は、このとき天皇の口から「責任」の言葉も出たのだろうと考えます。したがって、豊下の「東条非難」説を加えた松尾修正説が、もっとも妥当な推論ではないかと考えるのです。

　すると、こうなります。

　もし、天皇の発言が、会見１ヶ月後にマッカーサーがアチソンに伝えているとおりのものだとすると、その後、１９６４年に刊行される『回想録』とのあいだに、マッカーサーの手により大きな変更が加えられていることがわかります。

　つまりマッカーサーは、「東条非難」は消す。その一方で「君主としての責任」を自己犠牲的な「全責任」へとかさ上げする。つまり虚偽を加えるのでも捏造するのでもなく、色を加減し、光輝を加える。自分の経験した歴史的事実をもとに、脚色することで、意味を変えているのです。

　先のフェラーズ覚書（82～83ページ）の論理を応

図５　天皇の道義性３

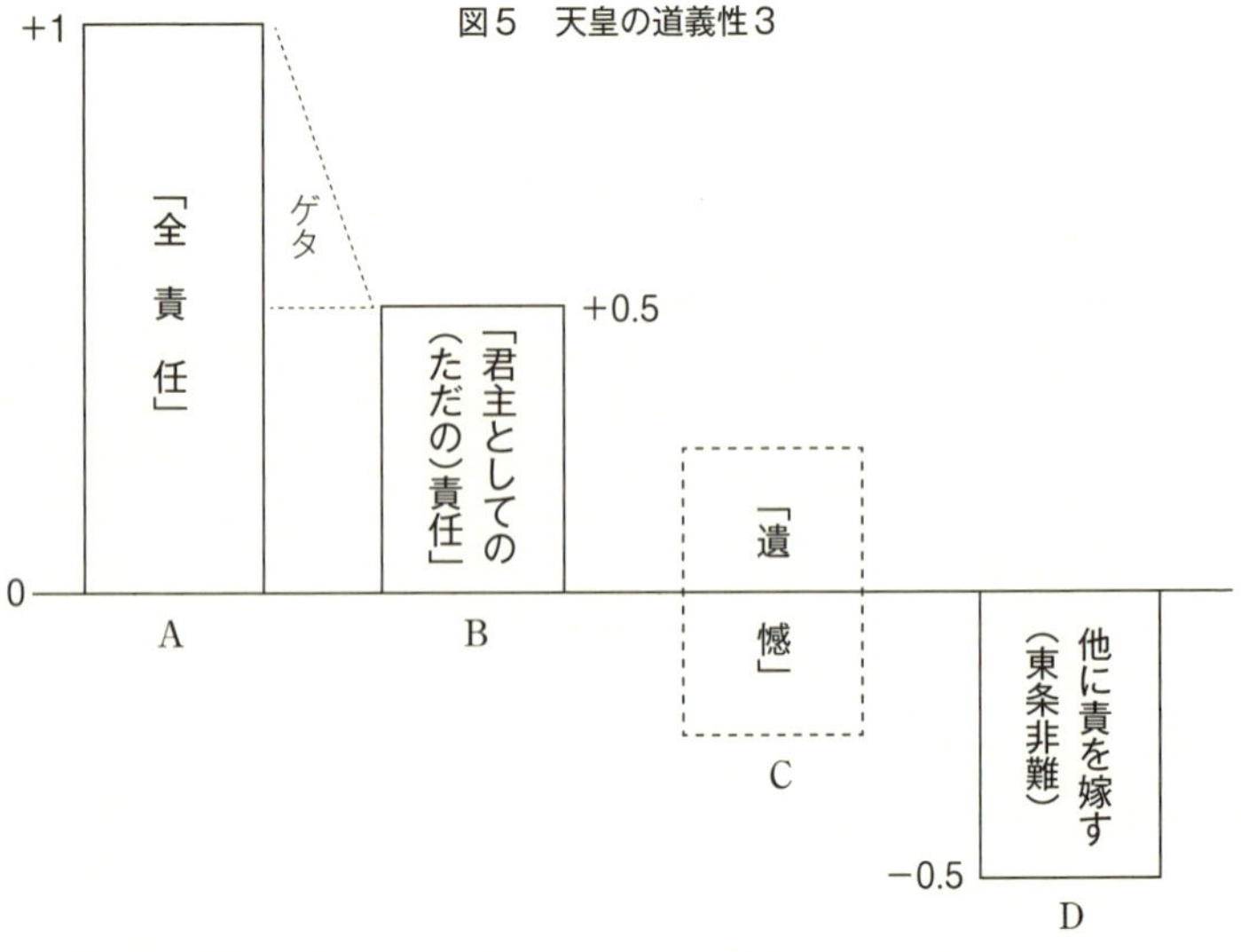

用すれば、「他に責を嫁す」（D）道義的なマイナス0・5は削除したうえ、「君主としての責任」（B）を明言する道義的なプラス0・5にゲタをはかせ、これを「全責任」（A）へと格上げすることで、輝けるプラス1とする。ただの「責任」を「全責任」とすることで、それを極端なもの、光輝あるものに変えているのです（124ページ図5参照）。

## 3　幣原の「戦争放棄」発言――二つの『マッカーサー回想録』神話（2）

さて、私がこの事実についてこれほどくわしく述べたのは、戦後日本におけるもう一つの『マッカーサー回想録』神話である、憲法9条の戦争放棄の起源説話についても、これとまったく同じ特徴が指摘できるからです。

これでようやく、話が本題につながります。

こちらはマッカーサーが、当時の首相、幣原喜重郎に対して発言したものです。なぜ、日本国憲法に戦争放棄、それも一方的な徹底した戦争放棄の条項が加わることになったのか。マッカーサーは、同じく『マッカーサー回想録』のなかで、こう述べています。日本の首相、幣原喜重郎は、1946年1月24日に自分が用立てたペニシリンの礼をいいにGHQの執務室にやってきた。そのとき、幣原が何かを言いたげだったので、促すと、そこで首相は、新憲法を書き上げる際に、いわゆる「戦争放棄」条項を含め、その条項では同時に日本は軍事機構は一切もたないことにきめたい、と提案した。そうすれば、旧軍部がいつの日かふたたび権力を握るような手段を未然に打消すことになり、また日本には再び戦争を起こす意志は絶対にないことを世界に納得させるという、二重の目的が達せられる、というのが幣原氏の説明だった。

この幣原の発言に対するマッカーサーの反応も、先の天皇のケースとほぼ同型です。

私は腰が抜けるほどに驚いた。長い年月の経験で、私は人を驚かせたり、異常に興奮させる事柄にはほとんど不感症になっていたが、この時ばかりは息もとまらんばかりだった。戦争を国際間の紛争解決には時代遅れの手段として廃止することは、私が長年熱情を傾けてきた夢だった。

（略）

私がそういった趣旨のことを語ると、こんどは幣原氏がびっくりした。氏はよほどおどろいたらしく、私の事務所を出る時には感きわまるといった風情で、顔を涙でくしゃくしゃにしながら、私の方を向いて「世界は私たちを非現実的な夢想家と笑いあざけるかも知れない。しかし、百年後には私たちは予言者と呼ばれますよ」といった。（『マッカーサー回想記』）

憲法9条をめぐるこれまでの、最大の論点は、これが「押しつけ」なのかどうか、ということでした。そしてそのことに関わって、当初から問題とされたのが、この条項のアイディアは、どこからきたか、ということなのでした。

なぜ、このことが問題になったかといえば、当初から、この点に関しては二つの説があったからです。それが、当事者の一人から、明確で決定的なかたちで語られたのが、マッカーサーの『回想録』におけるこのくだりでした。

**9条の発案者が、マッカーサーなのか、幣原なのか、という問題は、現在まで長らく、改憲派と護憲派の間で議論の的となってきました**

戦争放棄の発案者が現在まで長らく問題になってきたのは、二つの矛盾した事実があったからです。

ひとつはこれがマッカーサーの指令によること、それも「マッカーサー・ノート」という3項目のメモを示して、直接指示したものであることが、GHQ民政局自身の刊行した『日本の政治的再編』によって、すでに日本国外では1949年の時点で明らかになっていたという事実です（日本国内ではGHQによる憲法草案の執筆は、検閲によって占領中、厳重に秘匿されており、知っていたのは政府周辺のごく一部の人たちだけでした）。

しかしその一方、もう一人の当事者である幣原喜重郎首相とその関係者たちが、憲法9条の戦争放棄条項は「自分の発案によって入れることにした」という趣旨の発言を行う、という事実もありました。

この二つの発言の相反性は、時を経るにつれて、大きな問題になっていきます。幣原は、1951年に死去するのですが、没後もいよいよ、さかんに論じられるようになっていきます。

幣原喜重郎（1872-1951）
（幣原平和財団）

理由は、どちらが発案したかということが、憲法9条の「押しつけ」の真相を、大きく左右するものとみなされるようになったからです。

憲法9条の「押しつけ」論は、その戦争放棄という内容についての国民の受けとめ方と、大きく関わりながら議論されていきます。

そもそも戦争放棄には、二つの大きな受けとめ方がありました。一つは、これを日本がもう二度と戦争を行えないよう無力化するための規定だとするものです。保守派のうち、戦前の価値を強く信奉する人々の目に、戦争放棄の条項はそのように受けとめられました。

もう一つは、これをこれまでの戦争違法化の規定をさらに進めた、先端的な平和条項とする受けとめ方です。革新派のうち、戦後に新しい価値を認め、戦前の軍国主義への反省を旨とした人々が、これをそのように受けとめました。

現在の憲法９条が、まずＧＨＱによって草案を作成され、それを少し変更してつくられたものであることは、すでに述べたとおり、ＧＨＱ自身が本に書いている疑いようのない事実です。つまりは「押しつけ」ということです。

しかし、もしもそれが日本側から提案され、それがＧＨＱに受け入れられて憲法の条項となったのなら、それは日本人みずからが平和主義の理想を憲法に書き込んだものとなり、「押しつけ」の意味は空洞化します。たとえ、そこに日本の無力化というアメリカ側の意向が働いていたとしても、それとともに、日本人の願いがそこに生きている、ということになるからです。

こうした事情のために、この発案者が、幣原なのか、マッカーサーなのか、ということが大きな問題になり、幣原であるとする護憲派の人々と、マッカーサーであるとする改憲派の人々のあいだで、長く論議がかわされてきたのでした。

先に紹介したマッカーサーの『回想録』の記述は、天皇の「全責任」発言説と同じく、幣原「９条」発案説の重要な論拠とみなされるようになるのです。

**マッカーサーの二つの重要発言についての「歴史の脚色」は、まったく同じパターンで行われたものでした**

ところで、私がここに、『マッカーサー回想録』出自の二つの戦後起源説話を並べて論じるのは、ここにマッカーサーの脚色・かさ上げによる同じパターンの意味の変容（または捏造）が生じていると思われること。加えて、その同型性を通じて、天皇の「全責任」発言と同じく、この「戦争放棄」発案問題についても、これまでの議論の行きづまりをブレイクスルーする手がかりがあると考えるからです。

ここに顔を出している憲法9条問題の核心は、発案者がマッカーサーであるか、幣原であるか、ということとは違うのではないかというのが、私の考えです。では何か、というと、これまで何度か述べてきた、プラス0・5からプラス1へのかさ上げ、脚色であり、その間の0・5の違いです。

マッカーサーの『回想録』のなかでは幣原が、戦争放棄について提言し、それを聞いたマッカーサーが「腰が抜けるほどに」驚き、「息もとまらんばかり」になるのですが、ここでも、じつは問題の核心は、そこで幣原の口にしていることが、「特別の戦争放棄」か、それとも「ただの戦争放棄」か、ということだったのではないかと思うのです。

先に、マッカーサーに描かれた天皇の「全責任」発言の場面では、天皇が「全責任」発言をしたのか、しなかったのかが問題になり、私の考えでは、天皇は、そのいずれでもなく、「ただの責任」発言を行っていたのだろうと書きました。ところがそれをマッカーサーが、自分の天皇免罪の方針を正当化すべく、天皇を道義心高い紳士と描くために、『回想録』のなかで「全責任」発言を行ったとかさ上げし、脚色していたのでした。

**9条は、単なる戦争放棄の条項ではありません**
**それは「軍事力を一切もたない」「日本だけが世界に先駆けて実行する」**
**特別の戦争放棄なのです**

つまり、ここで私たちが注目すべきなのは、幣原が戦争放棄の提案を行ったか否かではなく、『回想録』のなかの幣原が行っているのが、単なる戦争放棄とは異なる、「軍事機構を一切もたない」いわば「特別の戦争放棄」の提案だという点なのです。またマッカーサー自身が「マッカーサー・ノート」に記していたのも、単なる戦争放棄ではなく、「自己の安全を保持するための手段としての戦争」をも放棄する「特別の戦争放棄」でした。

『回想録』でマッカーサーは、幣原がこの「特別の戦争放棄」を提案したのに対し、自分も同じようなことをかねて考えていたことから大いに共感し、これを採用して、みずからも「特別の戦争放棄」を発案することにしたと述べるのですが、ここでも同じ種類の脚色が行われていたのだろう、というのが、私の指摘したい第一点です。

つまり幣原は、「ただの戦争放棄」を口にし、もしそこから一歩踏み出し、「同時に軍事機構を一切もたない」態勢へと全世界が抜け出ていくことができたら、どんなにすばらしいだろうか、と自分の長年の夢を語り、それが同様の夢をもってきたマッカーサーを感激させたのではないか。

それをマッカーサーは、幣原が「軍事機構を一切持たない」態勢に、日本だけが世界に先がけて一歩踏み出す、といったとその発言をかさ上げし、脚色しているのです。126〜127ページの引用の前半は、「全世界が（軍事機構を一切持たない）」という箇所がないところを除けば、幣原の発言のとおりですが、後半の幣原が涙で顔をくしゃくしゃにしながら、「世界は私たちを非現実的な夢想家と笑いあざけるかも知れない。しかし、百年後には私たちは予言者と呼ばれますよ」といったという部分は、大いなる脚色だろうというのが、私の考えです。

そして、次が指摘の第二点ですが、ここで幣原の「ただの戦争放棄」提案が「特別の戦争放棄」提案へと意味変容しているわけですが、その要点は、「いわゆる『戦争放棄』を含め」「同時に軍事機構を一切持たない」ことだけではありません。すでに指摘したとおり、「全世界がそうなればいい」が、「日本だけが世界に先がけて」に変わっているのです。そしてじつをいえば、この二つの「特別さ」の合体にこそマッカーサーの力点はあった、それを日本国民が熱狂的に支持したところから、いまに続く憲法9条の基本問題の一つがはじまった、というのが、もう一つの私の観点なのです。

こう考えてはじめて、憲法9条の「押しつけ」問題の全構成のなかで、これまで戦争放棄の発案に関し、支離滅裂と思われてきた幣原の発言が、だいたい合理的に説明できるようになります。と同時に、9条問題の核心が、ここに顔を見せている「ただの戦争放棄」と「特別の戦争放棄」の違いにこそあることが、見えてきます。

以下、これを「押しつけ問題のありよう」、「戦争放棄発案者問題」、「〝ただの戦争放棄〟と〝特別の戦争放棄〟の違いから見えてくること」、の順に考えていきます。

## 「押しつけ」までの経緯

憲法9条の「押しつけ」問題とは、次のようなできごとをさしています。問題の発端は、ここまで見てきたように、1945年12月27日のモスクワ合意により極東委員会の発足が決まったことでした。これにより、マッカーサーの憲法改正の権限にタイムリミットが課せられます。この会の発足後は、憲法改正の決定権が、アメリカと連合国最高司令官の手から、極東委員会へ渡ることに決まったからです。

この会の第一回開催予定は翌年2月26日でした。もしアメリカとGHQ主導で憲法改正を行うなら、それまでに作業の決定的プロセスを終了しておかなくてはなりません。

こうした状況の変化を受け、日本政府の松本委員会案が旧態依然のものであることを知らせる政府憲法改正案の「スクープ」が、1946年2月1日に『毎日新聞』によりなされたことを〝奇貨〟として、マッカーサーは翌日、GHQ自身による憲法草案作成という強硬手段に出ることを決定します。本国には一切、相談をもちかけない彼の独断でした。

マッカーサーはこの日、憲法改正の3原則（「マッカーサー・ノート」）を決め、それを3日、副官ホイットニーに手渡し、ホイットニーの口から憲法改正案の作成が民政局に指示され、民政局を中心に4日から草案つくりが徹夜態勢で行われるようになります。そしてこの草案は12日に完成し、翌13日、日本側に提示されます。この間、国務省からのお目付役、ジョージ・アチソンはまったくの蚊帳の外におかれていました。

この日、日本政府の代表はホイットニーの口から青天霹靂《へきれき》の事実を知らされることになりました。つまり、『毎日新聞』の「スクープ」によって明らかになった日本政府の憲法改正案では、ポツダム宣言の要求に照らして、とうてい話にならない、ついては、自分たちが日本政府に代わり草案を用意したので、これをもとに憲法改正を進めてもらいたい、というのです。

そして日本政府は、その場でGHQ草案を手渡され、この申し出を受けいれられるかどうか、すぐに返事してほしい、といわれます。これが世にいうGHQによる憲法の「押しつけ」というできごとなのでした。

ところで、この「押しつけ」問題には二つの力点がありました。草案第1章（現憲法第1条）の天皇条項をめぐる「押しつけ」の問題と、草案第2章（現憲法第9条）の戦争放棄条項をめぐる「押しつけ」の問題です。この二つは別々の問題ですが、ともに「天皇の安泰＝東京裁判での不起訴」と結びつくかたちで関係しあっていました。そしてその後、時間の経過とともに、その関わりの意味が変容することを通じて、次の戦争放棄発案者問題にも関わってくるのです。

しかし、話の順序として、第1章の天皇条項と第2章の戦争放棄条項から見ていきましょう。

## 次期大統領選をも視野に入れた、マッカーサーの個人的野望が、強引な憲法草案の作成と、その「押しつけ」を生みました

マッカーサーが憲法改正を急いだ理由は、すでに述べたとおりです。日本の憲法改正それ自体は、ポツダム宣言にもとづき、連合国が極東委員会の手で行うことになっていました。予定どおりにいけば、ドイツやイタリアの憲法、基本法におけるように、もっと十分に時間をとって検討された、より穏当なものとなったことでしょう。しかしその機先を制して、不公正にも、マッカーサーが独断で自分のイニシアティブによる改正をめざしたのは、天皇を利用して、占領統治をできるだけ本国に有利に、実行しようとしたからでした。天皇の地位の安全を確保し、天皇を免罪し、みずからとの関係を密にすることで、天皇の権威を最大限利用して、米軍の負担のないかたちで占領統治を進めようとしたのです。

加えてもう一つ、大きな理由があります。連合国最高司令官というアメリカ大統領にも並び立つ権威を背景に、本国の鼻をあかして、次期大統領選をも視野に入れた、光輝ある占領統治を完成させるためでした。そのためマッカーサーは、極東委員会を出しぬき、本国に無断で、かなり過激な憲法改正を行います。そうした彼の強い野望が、無理を承知で強引にことを運んだ結果としての、「押しつけ」を生むことになったのです。

ですから、マッカーサーのめざす憲法改正のポイントは、まず天皇の東京裁判からの保護、そし

て本国と世界に向けての画期的な憲法の提示でした。その結果として、彼は憲法改正作業のための基本原則を三つに絞ります。

その憲法改正のメモ（「マッカーサー・ノート」）には、次の三つの項目があげられていました。

1　天皇は、国の元首の地位にある。皇位の継承は、世襲である。天皇の職務及び権能は、憲法にもとづき行使され、憲法の定めるところにより、国民の基本的意思に対して責任を負う。

2　国権の発動たる戦争は、廃止する。日本は、紛争解決のための手段としての戦争、さらに自己の安全を保持するための手段としての戦争をも、放棄する。日本は、その防衛と保護を、今や世界を動かしつつある崇高な理想に委ねる。日本が陸空海軍をもつ権能は、将来も与えられることはなく、交戦権が日本軍に与えられることもない。

3　日本の封建制度は、廃止される。皇族を除いて華族の権利は、現在生存する者一代以上に及ばない。華族の授与は、爾後どのような国民的または公民的な政治的権力を含むものではない。

予算の型は、イギリスの制度に倣うこと。

**自衛戦争まで禁じた「マッカーサー・ノート」の第2項については、憲法草案作成の責任者であるケーディス大佐自身が「前代未聞」と考えていました**

第1は、天皇制の民主化をへての堅持。

第2は、天皇制を残しても、それが軍国主義と結びつき、再度侵略行為をもたらすことがないようにするための戦争放棄という歯止め。

そして第3が身分制の廃止です。

マッカーサーの指示は、ここにあげられた三つの基本方針を柱に、あとは、本国からの憲法改正指令である「日本の統治機構の改革」に準拠し、憲法草案を作成するというものでした。もちろん、この三つの方針は、本国アメリカの方針と強く関係づけられてはいましたが、右に見るように、特に第2項目で「自己の安全を保持するための手段としての戦争」をも否定し、戦力の「将来」にわたる不保持と、交戦権の否定にまで踏み込むなど、本国からの指令書から一部逸脱したマッカーサー独自の観点を、色濃く打ち出すものでした（なお、第3項目は、封建制度の廃止を掲げていましたが、明治にはじまる華族制度とそれ以前の士農工商の身分制度の違いをやや混同したもので、憲法改正においてさしたる影響力をもちませんでした）。

このうち、第1の象徴天皇制の規定には、マッカーサーの天皇制擁護の狙いが最終的なゴールのかたちで示されており、ほぼそのままGHQ草案の天皇条項となります。

これに比べると、第2の戦争放棄は、それが「特別の戦争放棄」になっている分、どこから来たのかそのルーツが読めないものとなっていました。「ただの戦争放棄」なら不戦条約、大西洋憲章、国務省の憲法改正指令（「日本の統治機構の改革」）から来ているとわかります。しかしそうではなかったため、GHQの係官にも、唐突の感をもって受けとめられました。

この戦争放棄条項（のちの第9条）の条文化は、草案作成チームの責任者である民政局次長のチャールズ・ケーディス大佐が担当しますが、彼を困惑させたのはまさに、マッカーサーの指示に、日本は「自己の安全を保持するための手段としての戦争をも放棄する」とあることでした。しかも「自衛戦争の放棄」までを含んだその条項を、法律家（本業は弁護士）として国際法にも通じていたケーディスは、前代未聞のものと受けとめていたのです。

## 武装解除か、世界に先がけた平和理念か

さて、GHQ草案を提示された日本側の議論のうち、天皇条項の「押しつけ」では、当初、それが日本を思ってのことなのか、日本を自分たちの都合に合わせて変革するためなのか、というアメリカの意向が問題とされました。

草案を手渡すとき、GHQ民政局長のホイットニーは、これが日本を思ってのこと（天皇の安泰をはかるため）であることを強調していました。それは、当時のGHQ側の記録にも明らかで、[19] 1

961年の憲法調査会の報告でも、記録によればGHQの説明は、天皇の助命のためにどうしても必要だという意味だったと解されると結論しています。[20]

しかし一方で、当事者の一人、憲法改正の責任者だった松本烝治がこのときのやりとりを評し、GHQ草案が受け入れられなければ天皇の身（パーソン）の安全は保障できない、という脅迫めいた受け入れ強制であったと主張し、その後も意見を変えなかったことなどから、先に述べた「押しつけ」論が、その後も根強く語り継がれることになります。

たとえ天皇の安泰のためだとしても、天皇主権の剝奪（国民主権＝象徴天皇制の導入）は何とも受け入れがたいのに、これが受け入れられないなら天皇を法廷に連れ出す、などと脅迫めいた言を弄するのは不届き千万、というのが当時の保守派の人々の気分だったでしょう。

いずれにせよ、このとき日本政府と日本社会の関心は、天皇の身の上にあり、戦争放棄（日本無力化）は二の次だったのですが、やがて、象徴天皇制がそれなりに定着し、「押しつけ」の比重が、天皇（国民主権の下での象徴天皇制）から戦争放棄（日本無力化）に移ってくると、この「押しつけ」の意味も変わってきます。〝天皇の身の安全を条件に天皇主権の剝奪を「押しつけ」てきた〟の「押しつけ」が、〝天皇の身の安全を条件に国家主権剝奪の戦争放棄を「押しつけ」てきた〟の「押しつけ」に、変じてくるのです。

さて、この変容のなかでせりあがってくるのが、ここにいう「極端な戦争放棄」が日本を武装解除するための条項なのか、そうではなく、日本に世界に先がけて平和理念をあたえるための条項なのか、というもう一つの論点です。

前者は、主に改憲論者の「押しつけ」論の論拠となり、後者は、主に護憲論者が９条は「押しつけ」ではないと主張する場合の解釈の基盤となります。そして、この二つの論点が、「特別の戦争放棄」の発案者は、マッカーサーなのか、幣原喜重郎首相（当時）なのか、という憲法制定当時からささやかれていた問いに重ねられるようになったのです。

## マッカーサーの証言

憲法９条の平和条項が、マッカーサーの意向から発したものであることは、１９４６年３月６日の日本政府による日本国憲法改正要綱の発表時から、うすうす多くの人間に察知されていたことでした。

ところが、厄介なことがありました。朝鮮戦争の勃発後、マッカーサーが、この「特別の戦争放棄」のアイディアは、最初、日本の首相である幣原が言い出したもので、それに賛同した自分が、これを憲法改正案に反映させたのだという意味のことを公開の場で語り始め、さらにはすでに見たように『回想録』でもその趣旨をくり返しました。

もう一人の当事者である幣原もまた、正確な時期は特定できないものの、「いろいろの機会において、多くの内外人に対して、戦争放棄条項はまったく自分の発案によって入れることにしたのであるという趣旨」を語り始めます。[21]

しかし、GHQ憲法の「押しつけ」と「受け入れ」の過程で幣原とともに行動した当事者のほとんどが、この幣原の発言の信憑性に強い疑念を示し続けました。当時の幣原の言動からして、そんなことは絶対にありえないというのです。それだけではありません。当の幣原自身が、のちに、自分の先の発言をくつがえすような発言を行っているからです。

さらにそれだけで話は終わりません。のちに1961年の憲法調査会で「押しつけ」問題に関し、この戦争放棄の発案者問題が取りあげられた際には、この発言はたしかに自分が行ったという旨の幣原発言を伝える、ごく親しい友人の談話メモが提出され、やはり発案者は幣原だったのではないかという見方が再び勢いを増しました。

この問題について、はっきりした答えは今なお、わからないのです。

具体的に見てみましょう。まずマッカーサーですが、彼は、1949年末の新聞記者団との会見で、戦争放棄の発案者は日本の首相幣原であり、自分ではないと明言します。当時、冷戦が激化する国際環境のもとで、日本は逆コースのさなかにあり、憲法9条はお荷物視されていました。なぜ、このようなものをつくったのか、日本に「押しつけ」たのか、という声が本国でもあがっていました。そういうなか、これを考えたのは自分ではない、と釈明するのです。

さらに1951年、解任されて帰国した5月5日の上院軍事・外交合同委員会でも、戦争の廃絶の可能性について聞かれた際、日本の例をあげて、「彼ら〔＝日本政府〕は自分の意思でその憲法のなかに戦争放棄の条項を書き込みました」と述べ、そのほぼ２ヶ月前、３月10日に死去していた幣原について、こう続けました。

首相〔＝幣原〕が私のところに来て、「私は長い間考えた末、信ずるに至りました」といいました。彼はきわめて賢明な老人でした──最近亡くなりましたが──。「長い間考えた末、この問題に対する唯一の解決策は戦争をなくすことだと信じます」といったのです。[22]

そしてさらに13年後、１９６４年に刊行される『回想録』でもマッカーサーは、この同じ物語を一貫してくり返すのです。

## 幣原発案説

これに対し、幣原の言は、きわめてわかりにくい曲折を示します。当時の日本政府による憲法改正に関与した幣原周辺の当事者たち、吉田茂（外相）、楢橋渡（内閣書記官長）、佐藤達夫（法制局局長）、白洲次郎（外相補佐）らは、ひとしく、たとえ幣原が戦争放棄のような考えをもっていて何かマッカーサーの前で口にしたことがあったとしても、それを憲法に書き込む提案まではしなかっただろう、と答えています。またともに憲法改正の任にあたった松本委員会の松本烝治にいたっては、絶対にそのようなことはありえない、といっています。もしそうなら、GHQ草案の受け入れを強要されたときに、幣原が反対したはずがないというのです。

さらに、当時のGHQ関係者が、幣原が、戦争放棄の考えをマッカーサーに話したことはあるが、その規定を憲法に入れることまではいっていない、と述べたと証言してもいます。

しかし、これに対し、幣原がこの戦争放棄条項の発案者だとみずから述べたとする証言も、数多くあります。たとえば、幣原の親友として知られる枢密官大平駒槌《おおだいらこまつち》の娘、羽室《はむろ》ミチ子が父からの聞き書きを記したというメモでは、幣原は自分が「世界中が戦力を持たないという理想論を始め、戦争を世界中がしなくなるようになるには、戦争を放棄するということ以外にはない」と述べると、マッカーサーが立ち上がり、「その通りだ」と共感を示したと述べたことが詳しく記されており、これはかなり信憑性の高い証言と受けとられているのです。(『日本国憲法制定の由来』憲法調査会小委員会報告書　時事通信社)

また、文書を作成した日時や、どの程度、発言が「整理」されたかは不明ながら、長年にわたり幣原の秘書役をつとめた平野三郎(当時衆議院議員)の聞き書きによる「平野メモ」(「幣原先生から聴取した戦争放棄条項等の生まれた事情について」)などもあります。

### 混乱の原因は、「ただの戦争放棄」と「特別の戦争放棄」の違いにあります

ところで、このことに関する私の考えは、ここでもポイントは、プラス０・５とプラス１の違い、「ただの戦争放棄」と「特別の（極端な）戦争放棄」の違いをしっかりと押さえることにある、というものです。

憲法９条の戦争放棄に関しては、これまでこの二つの違いに、さしたる注意が払われてきていませんでした。しかし、天皇の「全責任」発言の場合とまったく同じく、ここでも「戦争放棄」がただのそれなのか、特別の、極端なそれなのか、という違いがきわめて重要です。この点に注目することで、戦争放棄の発案者問題に、誰もが納得できる答えが得られるからだけではありません。そもそも「戦争放棄」の条項を憲法に書き込み、平和をめざすということがどういう行為であるのか、ということに、この０・５の違いが、大きく関わっているのです。

まず、戦争放棄の発案者は誰か、という問題です。

### 『マッカーサー回想録』に出てくるマッカーサーと幣原の会見は１月24日に行われています

たぶん、ここで両者のあいだに、戦争放棄の話が出たのだろうと私は考えます。それでマッカー

サーは『回想録』にそのことを記しているのです。このとき戦争放棄の話題が幣原の口から出たとしても、不思議ではありません。幣原は平和主義者として知られてきました。彼が外相を務めた1920年代の日本の国際協調路線は「幣原外交」の名で知られています。彼が1928年の不戦条約にいう戦争違法化の徹底こそが、今後の世界の平和のために望まれることだといったとしても、何の不思議もありませんし、それにマッカーサーが共感を示したということも、十分にありうることでしょう。

ただし、ここでのポイントは、おそらくそこで語られたのが「ただの戦争放棄」に関わる話だったということです。

つまり、ここでも天皇の「全責任」発言と同じことが起こっているのです。幣原は、「ただの戦争放棄」について話したのですが、マッカーサーにかかると、そこに脚色が加えられ、「徹底した未曾有の戦争放棄」の憲法への書き込み、という提案になる。その時点で、意味が大きく変わってしまうのです。

それによってつけ加えられるのが、先にいう「世界中が」の代わりに「日本だけが」軍事力をもたないというポジションに置かれるというかさ上げ、脚色です。その結果、日本に求められるのが、「精神的リーダーシップ」というまったく別の要素になってしまうのです。

**マッカーサーが、もっとも強調したのは、**
**「敗戦国である日本こそが、世界平和へ向けた精神的リーダーシップをとるのだ」**
**ということでした**

1946年2月の段階で、戦争放棄の条項に関し、GHQにより、またマッカーサー本人によって強調されるのが、この「精神的リーダーシップ（moral leadership）」という言葉です。

1946年2月13日の有名なGHQ憲法草案の受け入れ要求の場面でも、マッカーサーの代理人である民政局長ホイットニーの言葉として、早くもこの言葉が現れています。ホイットニーは、戦争放棄の条項を念頭に、

「みなさん、最高司令官は、敗戦国である日本に、世界の他の国々に対し恒久的平和への道を進むについての精神的リーダーシップをとる機会を提供しているのであります」

と述べています。

そしてこの言葉は、草案の日本政府への提示後、初の幣原とマッカーサーの会見でも、マッカーサーの口からくり返されます。2月13日のGHQ草案の提示を受けて、19日にようやく幣原内閣は閣議を開くのですが、このとき、議論は混乱をきわめます。結局、21日、マッカーサーの真意を確かめるべく、首相の幣原がマッカーサーを執務室に訪問するのですが、ここで問題になるのが、このこと、つまり「ただの戦争放棄」と「特別の戦争放棄」の違いなのです。

この時のやりとりは、翌22日の閣議で報告され、それを記録魔の厚相、芦田均が日記に書き残しています。それによれば、幣原との会見の場で、マッカーサーはまず、天皇の安泰についてふれ、象徴天皇制と戦争放棄条項がＧＨＱ草案のベイシック・フォーム（基本型）だと説明しています。そしてそれに続けて、日本は戦争放棄の声明を世界に向けて発して「モラル・リーダーシップを取るべきだと思う」というのですが、すると、これに幣原が「リーダーシップといわれるが、〔日本が戦争放棄をしても〕おそらく誰もついて行く者（フォロアー）はないだろう」と応えるのです。

（『芦田均日記』第一巻　岩波書店　１９８６年）

ここで問題になっているのは、法律的概念にいう「相互主義の留保」という考え方です。たとえば、他の国も同様に交戦権を国連に委譲するという条件で、われわれも交戦権を国連に委譲する、というような場合に、ここには「相互主義の留保」がある、といわれます。そして、「相互主義の留保のもとに交戦権を国連に委譲する」というようにいわれます。

フォロワーがある、他の国と一緒にやる、という条件でなら、自分もそれをやる、という行動のあり方をさします。

それに関わる指摘を、のちに私たちは日本の有名な民間憲法の作成者の９条に関する感想のうちに、見ていくことになります。また、それに類する表現を、イタリア憲法11条や、ドイツのボン基本法24条のなかにも見ることになるでしょう。

## マッカーサーは、「たとえフォロアーがなくても日本は失うところはない」と語っています

しかし、それは後の話として、マッカーサーと幣原の会見の場に戻ると、このとき、幣原の主張に、マッカーサーはこう返します。

「たとえフォロアーがなくても日本は失うところはない、これを支持しないのは支持しないものが悪いのだ」

芦田の日記はそのように、幣原の証言によるマッカーサーの言葉を記録しているのです。（同前）

ここにハッキリと現れているのは、幣原が、いわば「ただの戦争放棄」を主張しているのに対し、マッカーサーが「特別の戦争放棄」でなければならない、と述べていることです。この時期のマッカーサーの発言には、このような、日本の戦争放棄が、従来のパリ不戦条約や、大西洋憲章の枠内から「一歩踏み出た」、これまでに類例のないものだという強調が、陰に陽につきまとっています。1946年4月5日、自分の独走に憤懣やるかたない怒りをもっているはずの極東委員会対日理事会での演説でも、マッカーサーは日本の戦争放棄の「特別」ぶりについて語ります。

この戦争放棄はある意味においては、日本の戦力破砕に続く論理的帰結に外ならないが、さらに一歩を進め（go yet further）、国際的領域において、戦争に訴える国家の主権の引き渡し

(surrender) にまで至ろうというのである。日本はこれによって、普遍的な社会的並びに政治的道徳の正しく寛容で実効的なルールによって支配される国際社会に信任を表明し、かつ自国の安全をこれに委託するのである。(『日本国憲法制定の由来　憲法調査会小委員会報告書』時事通信社/ただし原語に照らし、一部訳語を訂正した)

あるいは、

これ〔戦争放棄の日本の提案〕は、途《みち》(the way) を——ただ一つの途を指し示すものである。国際連合の機構の意図は賞賛すべきであり、目的は偉大かつ高貴だが、それも、日本がその憲法によって一方的に (unilaterally) 達成しようと提案しているもの、すなわち国家主権としての戦争の廃絶 (abolish) を、すべての国家を通じて実現せしめ得る場合にのみ、その意図と目的とを生き延びさせることができるのである。(同前)

**「ただの戦争放棄」ではない、「特別の戦争放棄」の発案者は、まちがいなくマッカーサーでした**

当時は、日本側もどのような方法でか、わかりませんが、おそらくそれに口裏を合わせることを要請されていたのでしょう。この時期、すなわち１９４６年５月には、幣原のあとに政権を担う吉田茂も、新しく帝国憲法改正委員会の委員長に就任する芦田均も、憲法担当国務大臣となる金森徳次郎も、この憲法９条の一歩進んだ絶対平和主義的側面、その「捨身」の理想主義への加担、「特別の戦争放棄」ぶりを国会で口をそろえて自賛しています。

天皇を人質に取られたかたちの東京裁判は、１９４６年５月に開廷し、１９４８年11月に結審します。そうした時期に政府の首脳たちが、右のような発言をくり返し述べていたことに、不思議はないのです。幣原もまた、他の日本政府要人と足並みを揃え、ひとえに天皇の助命だけを心にかけ、マッカーサーに口裏を合わせていたのでしょう。

幣原は１９４６年３月20日、枢密院で政府草案を説明する際、極東委員会との関係にふれてこう述べていました。

「マ司令官は極めて秘密裡に、この草案の取りまとめが進行し、全く外部に洩れることなく成案を発表し得るに至ったことを非常に喜んでいると聞いた。これらの状勢を考えると今日この如き草案が成立を見たことは日本のために喜ぶべきことで、もし時期を失した場合には我が皇室の御安泰の上からも極めておそるべきものがあったように思われ、危機一髪とも云うべきものであったと思うのである」

しかしその後、事情は変わります。１９４８年11月、東京裁判が終わり、天皇の安泰は確保されます。他方、冷戦が激化し、逆コースがはじまり、憲法９条はマッカーサーにとってもお荷物のように感じられます。

誰が憲法9条の戦争放棄を発案したのか。憲法9条の戦争放棄が、パリ不戦条約、大西洋憲章と地続きの「いわゆる『戦争放棄』」にすぎないなら、あるいは、相互主義の留保をつけた、他の国々もこれを行うという条件の下で「戦力の不保持」「交戦権の否定」「自衛権の放棄」に踏み切ると述べる、その意味でやはり「ただの戦争放棄」にほかならないとしたら、その発案者は、幣原だったかもしれません。

しかし、現実にはそれは、「ただの戦争放棄」ではないことを最大限に強調した「特別の（極端な）戦争放棄」の条項でした。そして、いま私たちが憲法9条として理解する戦争放棄の意味も、前者ではなく、後者のカテゴリーに入るといわなければなりません。だとすれば、その発案者が誰かは、はっきりしています。それは、幣原ではない、マッカーサーです。憲法9条の発案は、幣原から出たのでも、日米合作で行われたのでもなく、そのような見かけを偽装しつつ、マッカーサーから出てきたと見るのが妥当なのです。

## 幣原の子息、道太郎氏の証言

幣原にとって、自分の述べたこととは、マッカーサーの述べていることとは、似て非なることでした。

幣原の子息の幣原道太郎（元獨協大教授）が、先の羽室メモの記述にふれて、「父は一月二十四日元帥に、万邦同時の多辺的戦争放棄を語り、二度も〝世界中が〟とくり返したのに、その後〝世界中が〟という文句が削除され、日本だけの片務的放棄論にすりかえられた」と述べたという話が伝わっています。[23]

私はこの道太郎氏の指摘が、戦争放棄条項の発案者問題の核心をついていると考えます。「世界中が」と「日本だけ」の間には、相互主義の有無という決定的な違いがあります。その「一歩」のかさ上げのなかに、「ただの戦争放棄」から「特別の戦争放棄」へというマッカーサーの「すり替え」を観てとった。それは、鋭い指摘でした。

## 幣原にとって、すべては天皇の安泰のためでした

ここまでをまとめれば、こうなるでしょう。

幣原は、1946年1月24日の会談では、1928年の不戦条約に続く、あるいはそれを一歩踏み出した、しかし相互主義的な留保をもった戦争放棄の提言について、マッカーサーに語ったことでしょう。そしてそのときは、マッカーサーもそのようにこれを聞いたのだろうと思います。両者はほんとうに手を取り合ったかもしれません。しかし、その後、これをマッカーサーは〝一方的（片務的）な〟「戦力不保持」「自衛権否定」の特別の戦争放棄条項にすり替えてしまう。

ですから後日、それがGHQの草案として条文のかたちで差し出されたときには、憲法としてあまりに非現実的、冒険主義的、かつ強引な規定であると感じ、幣原が一転、閣議の席でこれに否定的な態度をとったということは十分に理解できます。それで閣議翌日、2月21日の会談では、マッカーサーのいう「精神的なリーダーシップ」論に対し、そのような「一方的な」提案には「フォロワー」がないだろう、非現実的だ、と答えたのに違いありません。

しかし、すべては天皇の安泰のため、というのが幣原の信条です。象徴天皇と戦争放棄を基本型とするマッカーサーの憲法改正を足場に、天皇の東京裁判不起訴をたしかなものとする作戦を成功させるためには、マッカーサーと共同戦線を張らなければなりません。日本政府がGHQ草案を呑んだあと、彼はマッカーサーのウソの「憲法9条・幣原発案説」に口裏を合わせるのです。

けれども冷戦が激化し、憲法9条がお荷物となり、マッカーサーへの風当たりが強くなり、東京裁判が終わったあともまだ、マッカーサーがみずからへの批判をかわすために幣原発案者説をいいつのるのを聞くと、幣原は、いつまでも非現実的な「特別の戦争放棄条項」の発案者とされ続けるのは、「迷惑」と感じるようになるのです。

## 私たちにとって、ほんとうは「特別の戦争放棄」よりも、「ただの戦争放棄」のほうが、大切なのではないでしょうか

憲法制定過程研究の第一人者、古関もまた、松本烝治（憲法改正担当国務大臣）をはじめ、吉田茂、白洲次郎など、当時幣原内閣での憲法改正案作成に関与していた人たち全員が、幣原がもしそのような提案をしていたなら、どこかで自分たちに対してもその意思表示があったはずだと述べていることなどから、幣原発案説は絶対にありえないと指摘しています。

そもそもＧＨＱ草案を手渡された最初の閣議で、幣原自身がその受け入れについて反対し、その後、抵抗むなしく受け入れを決めた閣議でも、戦争放棄の規定について「全然このようなことなどは、そのときまで日本は考えたこともなかったといっていいと思う」と述べていたというのです。（古関、前掲）

政治的立場は大きく異なりますが、保守派の代表的な憲法制定過程研究者である西修（駒澤大学名誉教授）も、ほぼ同じ結論に達しています。

しかし、幣原は、戦争放棄についてマッカーサーに語ったのではないか、という9条幣原発案説についても、すでに述べたとおり、幣原の友人である大平駒槌の娘、羽室ミチ子など、多数の関係者の証言があるのです。何もない、たんなるマッカーサーのウソなら、これだけ異なる情報源からなる広範な証言が生まれるはずはないのです。

けれども、たしかに戦争放棄の話はしたが、「精神的なリーダーシップ」をとろうなどとはいわなかった。日本が「軍事機構を一切もたない」という夢にも言及したが、それは世界中がいっせいにそのように転じる、という前提での話だった、というなら、どうでしょう。そのうえで、幣原のマッカーサーへの迎合（口裏合わせ）が、東京裁判結審までのあいだ、ほかの日本の政治家たちのそれと同様、天皇助命のための方便、苦肉の策として行われていたと考えるなら、どうでしょう。問題は解決します。と同時に、新しい問題がここに顔を見せていることに気づきます。

それは次のような問題です。

天皇「全責任」発言問題と、幣原「戦争放棄」発案問題に共通していることが一つあります。つまり、1と0・5の違い。

前者は「臣下をかばう」「特別の責任」と「臣下に責任転嫁もする」「ただの責任」の違い。後者は「日本だけが行う」「特別の戦争放棄」と「世界中が同時に行う」「ただの戦争放棄」。そのいわば0・5の違いについて、これまで私たちが正確に意識してこられなかったことが、これほど大きな問題について、70年以上もただ混乱を続けてきた原因だといえるでしょう。

しかし、ほんとうは「特別の戦争放棄」よりも、「ただの戦争放棄」のほうが大切なのではないでしょうか。私たちは、2階建ての建物に、まず1階の玄関から入り、次に2階に上るかどうか考えるように、戦争放棄の問題でも、まず「ただの戦争放棄」がどのような考え方のなかで成立するかを知ったうえで、もしそうするなら、「特別な戦争放棄」へと進まなければならなかったのではないでしょうか。

## 4「特別の戦争放棄」と「ただの戦争放棄」

そもそも、憲法9条の戦争放棄は、どこが「特別の戦争放棄」だったのでしょうか。

2月3日に用意された「マッカーサー・ノート」の第2項の戦争放棄をめぐる指示を読んで、草案づくりの現場責任者として第9条（GHQ原案では第8条）を担当することになったチャールズ・ケーディスが前代未聞と感じたのは、それが自衛戦争までを禁止すると記していた点でした。これをそのまま憲法の条文にするのはなじまない、と考えたケーディスは、——彼自身のいうところを信じれば（この点については後に再考します）——、この部分を条文から削除します。

ですから、2月13日に日本政府に提示されたGHQ草案の戦争放棄条項には、「マッカーサー・ノート」にはあった「自衛権の否定」は書き込まれませんでした。

では、何が、なおもそこに残る「特別さ」だったのでしょうか。

それに気づいたのが、当時、幣原など一部の外交の専門家だけではなかったことを、古関彰一が伝えています。

古関によれば、終戦直後、日本で最も先進的な憲法改正案を準備した民間組織である憲法研究会の中心人物の一人、憲法史研究家の鈴木安蔵は、憲法９条について、次のような感想を述べています。

> 政府案が発表されるまえ、自分たちの用意した「憲法研究会案」では、「戦争の惨禍と全軍隊の武装解除と国民全体の当時の心情からみて、軍に関する規定をおくことは全然考えていなかった」
>
> そのため、政府発表の憲法改正草案に「戦争放棄」条項があることがわかっても、その理想主義に動かされるということはなく、「憲法研究会では何の主張も」出なかった。
>
> また、自分としてもこの「戦争放棄」条項にむけて「ただちに全面的共鳴にはいたらなかった」。というのも、これについては「フランス第四共和国憲法、イタリア憲法などに定められたように『相互的であることを条件として』との規定をおくことが当然であると考えられた」。しかるにその当然の規定がそこには欠けていたからである、と。（鈴木安蔵『憲法制定前後』青木書店）

## 主権の制限（戦争放棄）は、あくまで「相互主義の原則」のもとで行われる必要があります

「相互的」とは聞き慣れない言葉ですが、改めて説明すると、こういうことです。

このとき、ほぼ同時並行的に、ヨーロッパでも同じような――交戦権など国家主権の制限にかかわる――戦争放棄条項が憲法に盛りこまれようとしていました。鈴木たち憲法研究会のメンバーが日本政府の憲法草案中の「戦争放棄」条項を知るのは、政府草案の発表によってですから、1946年3月6日のことです。そしてそれが国会で審議され、11月3日の公布をへて施行されるのが1947年5月3日ですが、ちょうどこの頃、たとえばフランス第4共和国憲法（1946年10月27日制定）の前文には、

「フランス共和国は、征服を目的とした、いかなる戦争も企てないし、その武力をいかなる国民に対しても決して使用しない」

「フランスは、相互主義の留保の下に、平和の組織と防衛に必要な主権制限に同意する」

という規定が記されていました。

自分たちは、「平和の組織と防衛に必要」ならば、「主権の制限」にも同意しよう。戦力の不保持が必要となれば、国家主権としての交戦権を放棄しよう、しかしそれは「相互主義の留保の下に」であって、他の国もそのことに同意して、われわれのフォロワーになる場合に限られる、というのです。

また、1946年12月3日には、このフランス憲法に着想を得て、日本と同じ敗戦国のイタリアの憲法の本則に、こういう戦争放棄条項の原案が提出されようとしていました。のちに1947年12月、イタリア憲法第11条となる条項案ですが、それは、

「国は、征服または人民の自由の侵害の手段としての戦争を放棄する。国は、相互的であることを条件として平和の組織及び防衛に必要な主権の制限に同意する」

というのです。

ところで、ここに傍点を付した「相互主義の留保の下に」とか「相互的であることを条件として」というのは、先に述べたとおり、相手国も一部主権を制限するという条件のもとに、自分たちも同等の主権の制限を行う、という相互的な主権制限規定のあり方をさしています。国際連合などの国際機関に対し、加盟国が一部主権をみずから制限し、これに委譲するという場面が予期されるなかで、戦後、ほうぼうにこういうあり方が生まれてきているのを、鈴木たちはよく知っていました。それが政府案、ひいてはそのもとになったＧＨＱ草案を前にしての、この感想となったのでした。

## 同じ敗戦国であるドイツとイタリアの憲法にはあった「相互主義の原則」が、日本の憲法9条には存在しませんでした

前にも少しふれましたが、第2次世界大戦の枢軸国は、イタリア、ドイツ、日本の順で降伏しています。しかし、敗戦後の憲法公布は、日本、イタリア、ドイツの順で、日本だけが、異様な短期間のうちに改正案の提出、制定議会での審議をすませ、公布にいたります。

それぞれの降伏日は、イタリアが１９４３年９月８日、ドイツが１９４５年５月７日、日本が１９４５年９月２日です。これに対し、それぞれの憲法（ないし基本法）公布日は、日本が１９４６年11月３日、イタリアが１９４７年12月27日、ドイツが１９４９年５月８日（ボン基本法の議会評議会採択）です。それまでの期間をとれば、日本が１年２ヶ月、ドイツが４年、イタリアが４年３ヶ月、です。

ちなみにボン基本法には、相互主義の規定は明示的にはありません。しかし別のかたちで同じ精神が反映されています。まず、第１条の「人間の尊厳」としてですが、「人間の尊厳は不可侵である。これを尊重し、保護することは、すべての国家権力の義務である」として、これが自国のみならず「世界中の」国にとっての義務であると宣言されています。そして、国連などの「国際機関」との連携における主権の制限を、

第24条（国際機関）
1　連邦は、法律によって主権的権利を国際機関に委譲することができる。

と「主権の委譲」という形で示し、さらにそれが州と連邦の主権委譲の関係と同型であることを明らかにすることで、相互主義的な原理に立つことをみずから語っているのです。この条項は、以下、こう続きます。

1a　州が国家的権限の行使および国家的任務の遂行の権限を有するときには、州は連邦政府の同意を得て、国境近隣関係の制度に関する主権的権利を委譲することができる。

2　連邦は、平和を維持するために、相互集団安全保障制度に加入することができる。その場合、連邦は、ヨーロッパおよび世界諸国民に平和的で永続的な秩序をもたらし、かつ確保するような主権の制限に同意する。

むろん、侵略戦争の禁止、戦力の保持制限の規定もあります。

第26条（侵略戦争の準備の禁止）

1　諸国民の平和共存を阻害するおそれがあり、かつこのような意図でなされた行為、とくに侵略戦争の遂行を準備する行為は、違憲である。これらの行為は処罰される。

2　戦争遂行のための武器は、連邦政府の許可のあるときにのみ、製造し、運搬し、および取引することができる。詳細は、連邦法律で定める。

けれども、あくまで全体が国際法の枠内にあることが前提です。自国だけ「一歩踏み出す」姿勢は、厳に慎まれています。

第25条（国際法と連邦法）

国際法の一般原則は、連邦法の構成部分である。それは法律に優先し、連邦領域の住民に対して直接、権利および義務を生じさせる。

すなわち、そこでは、戦争の放棄、侵略戦争の禁止が、日本同様に規定されますが、いずれの場合も、「自国だけ」という姿勢は抑制され、「相互主義」の規定のもとにとどめおかれるのです。

これに対し、日本の憲法9条には、この「相互主義」の規定がありません。鈴木が指摘したのは、そのことに発する9条の規定の脆弱さなのです。というのも、法的な規定は「相互主義的」であることで、互いに結合され、支えられ、強くなるからです。相互主義的であることで、憲法の規定は、他と「足並みをそろえた」ものとなり、「ただの規定」に近づきます。

ところがここで重要なことは、国際的な法的規定は一国だけが隔絶した「特別な規定」であるよりも、他国との関わりを重視する「ただの規定」であるほうが、もちろんその強度を保障されるということです。外交の専門家である幣原は、国際連合の創設に呼応してはじまりつつあったこのような憲法制定の動きに、当然通じていたでしょう。先の1946年2月21日のマッカーサーとの「精神的リーダーシップ」と「フォロワー」をめぐるやりとりで、幣原が問題にしたのが、まさにこの点だったのです。

## では、なぜ日本だけがその「特別の戦争放棄」を受け入れたのでしょう　それが憲法9条の出自をめぐる最後の謎となります

憲法9条に「特別な戦争放棄」が書き込まれることになった事情と、日本の憲法だけが異例の拙速さで強引に決められた事情とは、互いに関連しあっています。

ここまで述べてきたことが、その理由を明かしているでしょう。憲法公布までのプロセスが異例に早く進んだのは、この憲法改正によって、占領当局が間接統治をスムーズに進めるべく、天皇を助命したうえで自分たちのほうに引き入れ、いわば傀儡《かいらい》化しようとしたからでした。また、それを首尾よく行う上で、極東委員会との関係で時間的な制限を課せられたからでした。

その前提として、イタリア、ドイツと異なり、日本の占領においては、アメリカが冷戦の開始を見越し、ほかの連合国を出し抜いて、占領の独占をはかろうとしたということがありました。日本が最後の敗戦国となり、敗戦が戦争全体の終結と重なったこと、それに原爆という最終兵器の使用が用いられたことも、そこには関係していたでしょう。

他方、条文が「徹底した戦争放棄」となったのには、それが徹底した、誰をも納得させるものでなければ、天皇制の存続が日本の軍国主義の再現につながるのではないかという、周辺諸国の不安をなだめられない、という事情がありました。日本側が、日本を無力化するための条項であることを懸念しながらも、あえて受け入れざるをえなかったのも、そのためでした。

しかし、それだけであれば、まだ、この「徹底した戦争放棄」をできるだけ国際的な法規のネットワークのなかに位置づける、「正常化《ノーマライゼーション》（ふつう化）」の修正をこれに加えることが可能だったでしょう。ドイツの基本法の制定にいたる多国間協議が非常に紛糾したのも、そこでの規定をできるだけ国際法のネットワークのなかに穏当に着地させたいと、ドイツ側が「正常化」に向けた抵抗の手をゆるめなかったからでした。イタリアも「相互主義」の意義に気づき、いち早くフランス第4共和国憲法からそのアイディアを借用します。

しかし、日本の場合、そのような「相互主義化」ないし「正常化（ふつう化）」に向けての努力は、見あたりません。GHQの側にも、日本政府、日本社会の側にも、具体的な憲法制定のプロセスのなかに、そのような動きを見出すことが難しいのです。

いや、そういうだけでは正確ではないでしょう。むしろ、その逆の動き、「特別化」への動きが、それを「与えた」GHQのマッカーサーと、それを「受けとった」日本国民の側、双方に特徴的に見られるというのが、ドイツ、イタリアと比較した場合の日本だけに見られる特徴なのです。

なぜ、こうなるのでしょうか。

それを「与える」側（マッカーサー）と「受けとる」側（日本国民）との双方に、平和条項として世界の先頭に立つ、日本が精神的リーダーシップを取るための〝光輝ある〟「特別の戦争放棄」を必要とする理由があったからだ──。

私の仮説をいえば、そうなるのです。

# 第4章　天皇の空白を9条の光輝が満たす

## 1　大統領と国体

憲法9条の核心が、これまでの戦争放棄の考えを一歩抜け出た、先駆的な「特別の戦争放棄」にあることは、誰にも否定できないところです。

それは、二つの側面をもっています。

一つは、1928年のパリ不戦条約以来の従来の戦争違法観に立つ「戦争の放棄」に加えて、「戦力の不保持」「交戦権の否定」にまで踏み込んだ、徹底した規定となっていることです。そこに「マッカーサー・ノート」にはあった「自衛権の否定」は明記されていませんが、1970年代初頭まで、日本政府は、1項と2項の規定を合算するとここには「合わせ技」で、「自衛権の否定」も書き込まれているという解釈に立っていました。

もう一つは、これらの規定を、日本が相互主義の留保なく憲法の条項に掲げたことです。第2次世界大戦をへて、国連をはじめとする国際安全保障機構による集団的安全保障体制をつうじて平和実現の模索がはじまるなか、日本だけでなく、これまでに見ただけでもフランス（第4共和国憲法）、イタリア（共和国憲法）、旧西ドイツ（連邦共和国基本法）でも、平和実現のために国際組織へ、主権の一部を制限あるいは委譲することを憲法に明記するようになります。しかしこれらは原則的に相互主義のもとで、この制限と委譲に合意するというものです。相互主義なしに一方的に主権の一部の「放棄」「否定」を宣言した例はなく、これは世界史的にもはじめてのできごとでした。

## 「自衛権の放棄」も「相互主義の放棄」も、どちらもマッカーサーが発案したものでした

ところで、そのいずれについても、その発案主がマッカーサーであったことを歴史的事実が示しています。第1の戦争放棄の徹底性、第2の捨身的な殉教性の両方です。

第1の「軍備機構の保持の否定」まで踏み込んだ戦争放棄については、最初の提案が幣原から出た可能性は否定できませんが、さらにこれを自衛権の否定、交戦権の否定まで押し進めた徹底性と、それを第2の相互主義の留保なしに憲法に書き込むという過激さは、すべてマッカーサーの発案と意欲によって実現されたことだったのです。

では彼はなぜ、ここにこれだけ踏み込んだ規定を盛り込んだのでしょうか。

ここまで私たちが見てきたところからいえるのは、天皇助命のために周辺国を安心させる思い切った戦争放棄条項が必要だったこと、そして、大西洋憲章、ポツダム宣言に述べる旧枢軸国無力化方針を徹底しようとしたことの二つです。このうち前者は占領統治の責任者、後者は連合国（戦勝国）の代表としての利害関心からくる要求項目です。

しかし、それだけではなかったのではないでしょうか。

というのも、彼は、日本の首相の幣原に、このことが天皇の助命に必要で、日本はそのことによって「精神的なリーダーシップ」をとって世界の先端に立つことができると述べただけでなく、反対の立場に立つ連合国代表である極東委員会対日理事会のメンバーを前にしても、日本無力化の徹底のためにこのことが必要だということのほかに、やはりこの規定の先駆性について、その理念的な輝きをまじえて、同様に強調しているからです。

問わず語りに、それを実現へと促したのは、自分であると言明していたのです。

そして、こうした思いは私たちを、第3の要求項目のほうへと連れてゆきます。それは彼が、次期大統領選に出馬して、アメリカ大統領になりたいという、きわめて大きな野望です。

**かつての敵国に、理想主義的な「精神的リーダーシップ」を与えた偉大な指導者**
**それこそが、大統領をめざすマッカーサーが求めた崇高な自己イメージでした**

そして、この第3の観点に立つと、こんな仮想的な問いが浮かんできます。

マッカーサーは、自分をアメリカ大統領に負けない高貴な権威の体現者とする必要を感じていたのではないか。

そのために地球の裏側で「今や世界を動かしつつある崇高な理想」の受け皿として活動を開始しつつあった国際連合の理念と、自分をつなげようとしたのではないか。

そのためにみずからの手で改正憲法に、国連の本来の理想につながる一歩ふみだした「戦争放棄」の理念を盛り込もうとした。それも、相互主義の留保をおかず、ひとり「精神的なリーダーシップ」をとろうとする孤高さをも強調する。こうしたいわば理想主義の輝きを、世界に、とりわけアメリカ本国にむけて、アピールしようとしたのではないか。

その場合、彼は国際社会とアメリカ国民のまえに、日本を「無力化」する峻厳な処罰者であると同時に、日本に理想主義的な「精神的なリーダーシップ」を与える崇高で偉大な指導者として現れることになります。

峻厳な正義の実行と高邁な理想の追求の両者を兼ね備えることが、アメリカ大統領の必須条件なのですが、それを彼は、アメリカ内とは別のところから持ってこなければならない。さもなければ、アメリカに居座る現大統領のトルーマンには勝てません。国際連合の「崇高な理想」につながり、同時に先駆的で徹底した旧敵国の戦争放棄規定は、海の向こうの枢軸国を完膚なきまでに叩きのめす一方、その再生に向けて導きの手をさしのべる、またとない一石二鳥のアイディアとしてつかまれているのです。

## 1949年初頭に完成した『日本の政治的再編』は、そのころ大統領になっているはずのマッカーサーの権威を高めるためのものでした

マッカーサーが、おのれのキャリアの最終目標として究極的にめざしていたものが、次期大統領のポストであったこと、具体的には日本の占領統治を成功させたうえでアメリカに凱旋すること、それも、できれば強力な次期大統領候補として凱旋することだったことについては、多くの傍証があります。

なにより彼は、1930年代半ば以来ずっと、共和党に強力な支持者をもつ大統領選出馬候補者でした。彼がアメリカ本国の民主党政権の指導層たちにとって、なかなかいうことを聞かせられない厄介者であり続けたのも、その理由からでした。

アメリカではルーズヴェルトが異例の4選をはたした結果、民主党政権が1933年以来、47年まで続きます。マッカーサーは、先に述べたとおり、30年にフーバー共和党大統領に任命されて50

歳の若さで陸軍参謀総長に登りつめたあと、政権が民主党のルーズヴェルトに移ると、40年の大統領選以来、44年、48年と潜在的な共和党の大統領候補として、ルーズヴェルト、トルーマンと民主党の現職大統領に脅威を与える手強い幻の対抗馬であり続けるのです。

その彼は、35年10月に軍事顧問としてフィリピンに赴任すると、以後、一度本国に一時的帰還を行ったほかは、ほとんど帰国しません。姿を見せないまま、太平洋を隔てた戦場にあって巧みに報道機関を操る彼は、多くのアメリカ国民にとっては幻のカリスマでした。ですから公然とマッカーサーを批判することは、民主党の大統領にとっては危険な賭けだったのです。

ひるがえって、このことは、マッカーサーの占領政策にも大きく影響します。彼が、その政策に大方の予想を裏切ってニューディーラーふうの理想主義的色合いをもたせたのも、さらに47年3月には早期講和論の「爆弾発言」を行い、国際社会を混乱させるのも、すべて48年に次の大統領選が予定されていることを見据えてのことでした。本国を出し抜いて、あっというまに憲法改正をはたし、その成果をいち早く本国に示そうと49年初頭には公式占領文書を刊行して奇怪の念を一部に抱かせたのも、48年後半に予定される大統領選出馬に歩調を合わせての準備だったのです。

この対日占領公式記録『日本の政治的再編』の原題は"*Political Reorientation of Japan: September 1945 to September 1948*"です。1945年9月から48年9月まで、「3年」の占領統治が、当初の約束どおり、成功裏に遂行されたさまを逐一報告するもので、その巻頭を飾るのは1948年9月2日、つまり降伏文書調印3周年目の日付をもつマッカーサーの荘厳な肖像写真でした。

この時期、このような文書が出れば、日本の憲法がＧＨＱの手で書かれたことが一目瞭然で、日本でも、アメリカでも、占領統治に支障を来すことが明白でしたが、マッカーサーはまだまだ途上にある占領統治のさなか、膨大な労力と費用をかけてＧＨＱにその編集を命じます。結局、空振りに終わったものの、もし彼が48年暮れの大統領選に出馬し、49年1月、首尾よく大統領になった場合、その彼の業績を称える、時機を得た刊行物となるはずの、きわめて政治的な刊行でした。

憲法９条の「特別な戦争放棄」は、こうした彼の野望の高邁な理想主義的側面を示す、国際社会との連携の象徴として、なくてはならないものだったのです。

## 日本国民にも「特別の戦争放棄」が必要なわけがありました

一方、それを受けとる日本国民の側にも、それが「特別の戦争放棄」であるほうがよいという理由がありました。

その理由はこうです。

１９４５年、戦争の末期、連合国から降伏に向けた最後通牒としてポツダム宣言をつきつけられたとき、日本の指導者たちは、はじめて自分たちにとってただ一つ守らなければならない価値が何であるのかを思い知らされます。彼らはそれに国内で呼び慣わされていた名をあて、「国体」の護持と呼び、最終的に「国体が損なわれないとの理解のもとに」この宣言を受諾すると答えます。

けれども「国体」とは、いったい何でしょうか。１９３５年にこの言葉が政治的な焦点となり、美濃部達吉がその天皇機関説を理由に著書を発禁とされたうえ、貴族院議員の地位を追われます。政官民を動員した国体明徴運動*なるものも起こります。それによれば「国体」とは、「天皇が統治権の主体である」国のかたちをさし、「日本が天皇の統治する国家である」ことの基本をなす原理であるとのことでした。

しかし、そういわれてもわかりません。当時、文部省からは『国体の本義』なる本まで出て、それが詳しく説明されていたのですが、それは、

「大日本帝国は、万世一系の天皇皇祖の神勅を奉じて永遠にこれを統治し給ふ。これ、我が万古不易の国体である。而してこの大義にもとづき、一大家族国家として億兆一心聖旨を奉体して、克く忠孝の美徳を発揮する。これ、我が国体の精華とするところである。この国体は、我が国永遠不変の大本であり、国史を貫いて炳として輝いている」

とはじまるもので、読んでもわかったような、わからないような気持ちになるだけの、雲をつかむような代物《しろもの》だったのです。

**＊国体明徴運動**　１９３５年、憲法学者美濃部達吉の唱える天皇機関説テロ事件から発した政治問題。美濃部攻撃に便乗して、政友会は岡田内閣打倒のため軍部と結託し、天皇機関説排撃の世論操作を行った。このため政府は

美濃部の『憲法撮要』など三著を発禁処分とし統治権の主体は天皇にありとする訓令を発するにいたった。

## 日本国民は敗戦によって、心の中心だった「神である天皇」を失おうとしていました

ただはっきりしていることは、国の中心に天皇があり、「天皇が中心にいる」ことを国の誰もが誇りに思うことのうちに、日本という国のまとまりが成立しているという考えが、日本の支配層に根強くあったことです。その大前提となる「天皇の地位の安泰」が、最終的に「国体護持を条件にポツダム宣言を受諾する」という日本側の回答となったのでした。

けれども、その条件が認められるかどうかは、実際に日本がポツダム宣言を受諾して降伏したあとも、誰にもわかりませんでした。続いて、この戦争を起こした責任を問う国際裁判（のちの東京裁判）が予定されており、すべてはその結果次第だったからです。1945年11月からは海の向こうでドイツの指導者たちの罪を問うニュルンベルク裁判もはじまっていました。

このとき、何とか天皇の命を助け、占領の間接統治のかなめにしようと考えていたのがマッカーサーです。そのためのカギは、来たるべき国際裁判における天皇の起訴を絶対に回避することであり、そのための決定打と考えられたのが「象徴天皇制」と「戦争放棄条項」を「ベイシック・フォーム（基本型）」とするGHQ主導の憲法改正だったのです。

マッカーサーはそのために、１９４５年12月の神道指令に続き、１９４６年1月1日には、天皇の人間宣言の詔勅という手も打っていました。天皇の戦争責任についての本国からの問い合わせに対し、1月25日には、アイゼンハワー参謀本部長にあてて、天皇に戦争開始の決断に「大きく関与した明白な証拠となるものはなかった」[1]という報告を出し、本国を説得しています。あとは、極東委員会、国際世論、アメリカ本国の国民世論をなだめ、日本の民主化と非軍事化を保障するだけのところにこぎつけていたのです。

そして、最終的に１９４６年5月3日に東京裁判がはじまるまでに、天皇が起訴されないことが確定し、天皇の身はほぼ安泰で、天皇制の存続にもはっきりした道筋がつけられます。その二つが、この時期、東京裁判の審理と新憲法の制定議会での審議により、同時に進行していました。

しかし、天皇の身こそ安泰で、天皇制も廃止をまぬかれたとはいえ、天皇が統治する国のかたちとしての「国体」が堅持されたのかどうかは、はっきりしませんでした。国民の関心は、日々の生活をどう生き抜くかということに集中していましたから、そのことが社会的な問題になることはありませんでしたが、ここで非常に重大だったのは、天皇の権威、さらには国のまとまりの基本とされていた天皇への国民の敬慕の気持ちに、大きな「空白」が生じつつあったことでした。

つい最近までは、神として信仰の対象であったはずの天皇が、いまやマッカーサーのかたわらに転校生のように直立不動で立ち、人間宣言を行いながらも、開戦責任を問う東京裁判の免責についてはロをとざしている。その天皇の姿は、国民からとても小さなものに見えていたはずです。

天皇は新たに平和国家の建設を唱えますが、そこに生じていた道徳上の空白は、国民自身がたとえそれに気づかなかったとしても、広大だったでしょう。たとえ自分ではそのことを意識していなかったとしても、日本の国民は、天皇の変わり果てた姿に、敬慕の念は失わないまま、大きな失望を感じていたのです。

## 9条のもつ「特別な光輝」は、天皇が失った道義的な空白を埋めるものだったのではないでしょうか

そのことを一方に念頭において、はじめて、なぜ当初は意外に思われ、次にはおだやかな賛同の対象となった憲法の戦争放棄条項が、ほどなくたちまち国民の熱烈な支持を受けるようになったかが理解されます。また当初は、戦争放棄条項に当惑と衝撃の色を隠せなかった政府の当事者たちが、その後、競い合うようにして平和条項のもつ、世界に先んじた理想主義的な「光輝」を訴え、これこそが新日本の原理であると強調して国民と共同歩調をとるようになるのか、その理由が了解できるようになります。

日本国民は、世界に冠たる万世一系の天皇を誇りとしてきました。そのかつての国民神話においては、天孫民族としての誇り、ナショナリズムの核心に、天皇を現人神《あらひとがみ》として崇める「国体」信仰がありました。それが、天皇の権威失墜、道義的な空白化、人間宣言によって、崩壊させられてし

まいました。多くの国民が、日々の生活に追われながら、はっきりとした自覚のないまま、深く失望し、その結果、日本の国民の心の中には、エリートと非エリートを問わず、政府要人と一般庶民を問わず、大きな空白が生まれていました。そのとき、天皇に替わる新しい支配者マッカーサーから手渡された戦争放棄の平和条項は、何よりもその特別な光輝によって、その空虚を埋めることに成功したのです。

**こうして与える側の「大統領」への野望と、受けとる側の「国体」喪失の空白の、不思議な共生関係が成立することになりました**

1946年2月13日に手渡されたGHQ草案を、日本語化したうえで少し手直しをし、GHQの承認をえて3月6日に政府から発表された「憲法改正草案要綱」での憲法9条は、こうなっていました。

「第9条　国の主権の発動として行う戦争および武力による威嚇又は武力の行使を他国との間の紛争の解決の具とすることは永久に之を抛棄すること。
陸海空軍その他の戦力の保持は之を許さず国の交戦権は之を認めざること。」

そして国の内外で、この条文が驚きをもって迎えられたのは、何よりもそれが理想主義的な色彩にみち、当時の感覚からいえば、非現実的だったからです。1945年8月と、もっとも遅く降伏した日本で、まだ占領中にもかかわらず、イタリア、ドイツに先んじて早くも1946年3月に憲法改正案が発表されたことの唐突さもあったはずです。

前文に明記された、まだ海のものとも山のものともつかない国際連合に安全保障を委任するという姿勢にも、疑問が示されました。外務省総務局が3月18日付けでまとめた「憲法草案要綱に対する内外の反響（其の一）」によれば、3月7日の『ニューヨーク・タイムズ』紙の評価は「新草案が陸海空軍を全面的に廃止し、日本は今後その安全と生存を世界の平和愛好国の審議に依存すべしと宣言するにいたっては、余りに『ユートピア』的であって、むしろ現実的な日本人をして草案を軽んずるに至らしめるであろう」というものでした。

**当初は、この条項が自衛権を認めたものとする意見もありましたが、やがてそうした声は消えていきました**

同じ時期、国内でも、驚きの声があがり、肯定的な声が寄せられる一方、「現実的」な見解の表明も見られました。たとえば法学者の横田喜三郎は、その後、見解を変えるのですが、発表直後は、これを「不戦条約第一条にひとしい」とし、「字句の違いはあるが実質的には意義は同じものだ。

不戦条約でも国際法上自衛のための戦争は禁止されていないし、自衛権発動の場合の戦争を放棄するものではない」。また9条2項の規定をもってしても「自衛権の発動、国際協力の場合には兵力の使用は可能」と述べていました（『毎日新聞』3月9日）。

2ヶ月半後、毎日新聞が5月に行った最初の世論調査（2000人対象）でも、「戦争放棄の条項を必要とするか」という問いに対して、「必要あり」が1395人（70%）、「必要なし」が568人（28%）でした。さらに尋ねると、「必要あり」のうち、しかし修正を加えて「自衛権保留規定を挿入せよ」が278人で、合計864人、つまり全体の42・3%が、戦争放棄はよいが自衛権は留保せよ、と答えており、戦争の惨禍をくぐってなお、『ニューヨーク・タイムズ』紙のいう「現実的な日本人」の意見にはなお根強いものがありました。[2]

しかし、ほどなく、国内での評価が変わります。政府案発表の直後こそ、「現実的」な反応も見られたとはいえ、戦争放棄条項はやがて理想主義的な色合いに染められ、そこに明記されていないにもかかわらず、やがて「自衛権まで否定する」特別な戦争放棄として、いわば世界に冠たるその「特別」ぶりを賞賛されるようになるのです。

たとえば、右の世論調査がそのよい例です。答えでは現実性がなお堅実に反映されているとはいえ、設問は、完全に自衛権否定の戦争放棄条項として憲法9条の是非を問うています。くり返しますが、そこに明記されていないにもかかわらず、いつのまにか憲法9条の戦争放棄条項は、自衛権までも否定するいわば「捨身」の人類の理想への投身行為のようなものとして示され、受けとめられることで、日本国民のなかに受け入れられていくのです。

そこには与える側の「大統領」への野望と、受けとる側の「国体」喪失の空白の、不思議な共生関係が成立していました。

## 2 ケーディスの「故意の言い落とし」

日本に与えられる戦争放棄規定が自衛権の否定までを含むというアイディアは、もともとマッカーサーが考えだしたものでした。先に見たように、その原型が、1946年2月3日にGHQの憲法草案作成チームに示された彼のメモ、いわゆる「マッカーサー・ノート」の第2項として書かれた「日本は（略）自己の安全を保持するための手段としての戦争をも放棄する」という条項だったのです。

それが草案に入らなかったのは、その条項の執筆を担当した憲法改正プロジェクトの責任者であるチャールズ・ケーディスが、彼自身の説明によれば、「この規定は、現実離れしている」と感じたからでした。彼の考えでは「どんな国でも、自分を守る権利がある」。それは個人にも人権があるのと同じだ。彼は「自分の国が攻撃されているのに防衛できないというのは、非現実だと考え」、「皆で議論していたら、一週間かけても結論は出ない」と思われたので、9条については一人で担当することを決めます。そして、上司のホイットニーに相談し、同意を得たので、これを削除したというのです。[3]

しかし、このあと、不思議なことが起こります。

こうしてケーディスが削除したにもかかわらず、この「自衛権の否定」という内容が、当初のマッカーサー・ノートの規定どおりに、憲法9条の正当な解釈として、一人歩きをはじめるのです。

## 幣原首相は「特別の戦争放棄」を強く支持する政治的立場をとりました

すなわち、政府改正案の発表から1ヶ月たった1946年4月、国会（制憲議会）での審議がはじまると、首相の吉田、副総理の幣原、新任の憲法問題担当大臣の金森徳次郎、文相の田中耕太郎、さらに衆議院特別委員会の委員長芦田均ら、政府の要職にある者たちが、戦争放棄条項が「自衛権をも否定する」、「一方的」で徹底した「捨身」の宣言であって、世界のどこの国にも例を見ない「特別のもの」であることを、なぜか、競うように語りはじめるようになります。

そして、いつからそのような言説がはじまっているのかと調べてみると、意外にも、そのはじまりは、幣原なのです。すなわち、3月20日、1ヶ月前には「フォロワー」がないだろうといっていた幣原が、枢密院での非公式な場で、戦争放棄の条項を説明し、こういう趣旨のことを述べています。

「第九条は、どこの国にも例はないと思う。日本が戦争を放棄して他国がこれについて来るかどうか、自分は今日ただちにそうなるとは思わないが、戦争放棄は正義にもとづく正しい道であって、日本は今日この大旗をかかげて国際社会の原野をひとり歩いてゆく。／（略）今日のところ世界はなお武力政策にこだわっているが、他日原子爆弾以上の新たな兵器の威力により、短時間のうちに交戦国が悲惨な被害を見るようになれば、そのときこそは、諸国は目をさまして戦争の放棄を真剣に考えるようになるであろう[4]」

また興味深いことに、これも先にふれた発言ですが、当のマッカーサーが4月5日、対日理事会第一回総会で、極東委員会のメンバーを前に、3月の米紙の批判を念頭に、自衛権の否定とまではさすがにいわないものの、戦争放棄という考えを「皮肉家は夢のごとき理想」への「信仰」とみるだろうが「実際家は、これをもっと深い意味に見るであろう」と述べています

この条項は、日本が単なる戦力不保持から「一歩を進めて」「戦争に訴える国家の主権を放棄」するもので、それは「国際連合の理念」を先取りしてその理想を「一方的に」実行するものだというのです。「故に私は、戦争放棄の日本の提案を、世界全国民の慎重なる考察のため提供する」

ただし彼は、日本の戦争放棄については、これはいま始動しつつある国連の意図を「一方的に達成しようと提案するもの」といいつつ、その「戦争放棄は、同時かつ普遍的でなければならない」とも述べ、これが相互的留保を外したものか、そうでないのかについては言葉を濁しています。し

かし、それでもはっきりと、世界の平和に一歩先んじて精神的なリーダーシップを取ろうとする日本の再生の企てを、自分が先導していることを彼らに印象づけるのです。[5]

**不思議なことに、9条に書かれていない「特別の戦争放棄」や「捨て身の平和主義」が、政府当局者の間で強調されるようになりました**

さて、事態はその後、次のように進みます。1946年4月10日の総選挙で、幣原の進歩党が第2党となり、曲折をへたあと、5月22日、自由党の吉田茂内閣が成立、幣原は副総理で入閣します。それより先、4月17日に政府発表の「憲法改正草案」の審査が枢密院ではじまり、6月8日、本会議で美濃部達吉一人の反対で可決、20日には第90回帝国議会が開会され、いよいよ改正案の審議がはじまります。25日に衆議院に上程、28日、本会議から憲法改正の特別委員会（帝国憲法改正案委員会）に付託され、7月25日から小委員会で共同修正案作成のための審議がはじまります。

4月17日発表の草案の憲法9条の条文は、以下のようでした。

「第九条　国の主権の発動たる戦争と、武力による威嚇又は武力の行使は、他国との間の紛争の解決の手段としては、永久にこれを放棄する。

陸海空軍その他の戦力の保持は、許されない。国の交戦権は、認められない」

9条の戦争放棄を「特別のもの」にする前述した2点、自衛権の否定と相互性なしの明記はここには書き込まれていません。しかし、先に述べたように、議会審議がはじまると、政府当局者の誰もが、これがいかに自己保身を顧みない「捨身」の平和主義的決断であるか、自衛権をすら放棄した「特別の戦争放棄」であるかを強調するようになります。当初、政府が衆議院の開会前に準備した「想定問答集」では、自衛権をめぐる問答は、シブく、こうなっていました。

問　自衛権は、認められるか。

答　戦争放棄に関する規定は、直接には自衛権を否認していないが、一切の軍備と国の交戦権を認めていないので、結果において自衛権の発動として、本格的な戦争はできないこととなる。

しかし、早くも6月28日、日本共産党の野坂参三が侵略戦争と自衛戦争とは分けられるべきで、9条は一般的な戦争放棄ではなく、「侵略戦争の放棄」としたほうが的確ではないかと質問すると、これに吉田は、その想定枠を大きく逸脱して、

「私はかくのごときこと〔国家正当防衛権による戦争＝自衛戦争〕を認むることが有害であると思うのであります。近年の戦争は多くは国家防衛権の名において行われたることは顕著なる事実であ

ります。故に正当防衛権を認むることがたまたま戦争を誘発するゆえんであると思うのでありま す」

と答え、憲法9条が自衛権を否認するものであると、明言します。（衆議院議事速記録[6]）

また、7月1日には、憲法問題担当大臣の金森が、9条について、

「これこそ我が国みずから捨身の態勢に立って、全世界の平和愛好諸国の先頭に立たんとする趣旨を明らかに致しまして、恒久平和を希求する我が大理想を力強く宣言したのであります」

とそれが相互主義を排する一方的宣言であることを確言します。（衆議院帝国憲法改正案特別委員会での金森の説明[7]）

さらに7月15日には、のちに最高裁長官として日米安保条約・違憲を述べた東京地裁の伊達判決をくつがえすことになる、当時文部大臣の田中耕太郎が、こう述べます。

「戦争放棄をなぜ致したかと申しますと、西洋の聖典にもございますように、剣を以て立つ者は剣にて滅ぶという原則を根本的にみとめると云うことであると思うのであります。（略）抵抗しないで不正義を許すのではないかと云う疑問を抱く者があるかも知れない。（略）決してそれはそうでない」

続いて8月25日には、特別委員会委員長の芦田が、

「我が新憲法のごとく全面的に軍備を撤去し、すべての戦争を否認することを規定した憲法は、恐らく世界においてこれを嚆矢《こうし》とするでありましょう」

と述べ、9条の意義について、

「改正憲法の最大の特色は、大胆率直に戦争の放棄を宣言したことであります。これこそ数千万の人命を犠牲とした大戦争を体験して、万人のひとしく懇望する所であり、世界平和への大道であります。我々はこの理想の旗を掲げて全世界に呼びかけんとするものであります」

と、その世界に冠たる意義を強調したのです。（衆議院本会議議事録[8]）

このような流れを受けて、先の政府案発表直後、憲法9条の条文は「不戦条約第一条」と同じで、「国際法上、自衛のための戦争は禁止されていない」と冷静に指摘していた横田喜三郎までが、1947年に入ると一転して、政府の「憲法普及会」の理事に就任し、「戦争の放棄」について、「徹底的な平和主義を採用し、全面的に戦争を放棄」した「世界史的な重要さをもつ」〝特別な〟条項であり、「自衛の場合にも、戦争を認めない見解である」と前説をくつがえすようになります。（横田喜三郎他『新憲法の誕生』有斐閣[9]）

その背景には、横田をメンバーに含み、宮沢俊義を長とする東京帝国大学法学部憲法研究委員会の、政府見解を補完するための憲法学者たちによる〝暗躍〟があるのですが、これはのちに取りあげます。

### なぜ、条文からは消えたはずの「自衛権の否定」が、日本政府に受け入れられたのか

しかし、なぜ、こうなるのか。

もし、先のケーディスの証言にあるように、ＧＨＱ内部ですでに「自衛権の否定」を非現実的であると考えて、カットし、そして当然、マッカーサーもそれを追認したのであれば、これが日本側で勝手に一人歩きしてしまうというのは、おかしなことではないでしょうか。

じつは当時、これと同じ疑問を感じた人がいます。英文学者で知識人としても活躍した中野好夫です。彼は「マッカーサー・ノートにはあった、はっきり自衛戦争否定の一節が、どうしてマ草案〔＝マッカーサー草案〕ではすでに落とされていたか」という事実に注意を喚起したうえで、幣原首相や吉田外相は、当時「マッカーサー・ノート」の存在は知らなかったはずだが、「終始ＧＨＱとの連絡はとっておられたはず」で、そのような接触のなかでマッカーサーの意向とでもいうべきものを「なんらかの形で察知されていたんじゃないか」と、「証拠はないわけですが」と断りながら、こう「推測」しています。

「そうしますと、少なくとも「マッカーサー・ノート」にあったような意味、それは第九条にこそついに明記されませんでしたが、条文を超えたところでは、日本政府にもそれとなく伝わっていたということはなかったのでしょうか。（略）どうもそんな気がしてならないのであります」（「憲法九

条ができるまで」『憲法と私たち』岩波書店）

私も同感で、ここにあったのは、GHQの側の次のような思惑だったのだろうと考えています。

マッカーサーの「特別な戦争放棄」には、日本から徹底的に軍事化能力を奪うという日本「無力化」の目的と、自分に理想主義の「光輝」を与えるという大統領選向けの目的の二つがありました。

しかし、法律の専門家であるホイットニーとケーディスの助言を受け、「自衛権の否定」を明記するかたちで条文に書きこむと、マッカーサーは、それが日本政府の「自発的な意図」に出たものではなく外部者に強制されたものと国際社会で受けとられる恐れがある、と考えたのでしょう。ふつうに考えて、ケーディスがいうように、「どんな国でも、自分を守る権利がある」。それなのに自分から、一方的に「攻撃されて」も「防衛」しないと憲法に明記し、国外に宣言する国があろうとは考えにくいからです。

しかしだからといって、これを地味な「ただの戦争放棄」にしてしまえば、天皇の助命に向けた日本非軍事化（無力化）の保障としても、次期大統領選に向けた理想主義的アピール（光輝）としても大きく迫力を失います。

そのため、マッカーサーはこれを憲法には明記せず、代わりに第1項と第2項の合わせ技でこのような解釈が下せる形に条文を準備したうえで、これを日本政府のしかるべき要職にある者が、みずから世界に向けて「精神的リーダーシップ」をとるかたちで宣言する、という遠隔話法ないし腹話術的手法に出ることにしたのでしょう。

日本が世界に先んじて、高貴な理想のために「精神的リーダーシップ」を取ってはどうか、というマッカーサーの幣原に対する言葉は、その意味での〝助言〟であったと考えると、すべてが合理的に了解できます。

**「特別の戦争放棄」によって、日本は世界平和の先駆的な使徒になるのだという、マッカーサーが創作した〝物語〟に、日本人は思わぬ熱狂ぶりを示しました**

ケーディスは、自分とホイットニーで決めたと述べ、その証言だとマッカーサーには断らなかったという意味になりますが、これだけ重要なことをマッカーサーに断らずに決めることはありえません。また、これだけ安易にマッカーサーの原則がくつがえされることもありえません。ケーディスは意図的に、マッカーサーの真意に関わる部分を「言い落とし」ているのです

それよりも、この遠隔話法ないし腹話術的手法が、意外にも〝助言〟の相手である日本側から積極的に受け入れられ、予想以上の成功を手にいれているところにこそ、問題の核心はあるといわなければいけません。日本の国民は、このマッカーサーの〝助言〟によって方向を示されると、「自衛権の禁止」にまで踏み込んだ特別の戦争放棄規定が、日本に平和の先駆的使徒としての地位を与えるというマッカーサーが創作した〝物語〟に、思わぬ熱狂ぶりを示すようになります。

我が身を省みず「捨身」で究極の平和理念を世界に先がけて実行する、という姿勢への熱狂は、

護国の鬼となって「捨身」で敵への特攻を敢行するカミカゼ攻撃の自己犠牲への熱狂に通じます。じっくりと理性的に考えをめぐらすのではなく、光り輝く高貴なもののために身を挺して「捨身」で事に当たる、そのことへの讃美と陶酔の形が同じなのです。これは私たち日本国民につきまとう、最大の落とし穴といえるかもしれません。

マッカーサーが「大統領」という野望のために必要とした独自の理想主義的な平和主義の輝きが、日本国民に受けとられると、彼らの心の中で失われた「国体」の空虚を満たすようになります。

私は、そこに私たちにとっての憲法9条の出生の秘密、問題の核心が、顔を見せていると思っているのです。

# 第2部

## 「平和国家」と冷戦のはじまり

### 9条・天皇・日米安保

### （1948〜51年）

サンフランシスコ平和条約（右）と日米安全保障条約（左）の批准書
（朝日新聞社）

# 第5章　戦争放棄から平和国家へ

## 1　補償作用

憲法9条は、国際社会の力のせめぎあいのもとで、いわば象徴天皇制と戦争放棄規定とが、マッカーサーを父とし、日本社会を母として双生児のかたちで生み落とされるなか、そのかたわれとして生みだされます。

ここで戦争放棄と天皇の民主化（象徴化）が一対の存在だというのは、二重の意味をもっていますす。これまでいわれてきたのは、天皇の生命と〝引き替え〟に、日本を無力化する戦争放棄条項を「受けいれ」なくてはならなかったという憲法9条の「押しつけ」神話です。これについてはもう説明の要はないでしょう。しかし、これに並行して、天皇の民主化によって生まれた道義心の「空白」を、戦争放棄の理想の「光輝」によって〝埋め合わせ〟するという、もう一つの動きが起こっていました。

ここにいう道義心の「空白」の、理想の「光輝」による〝埋め合わせ〟は、これまであまりいわれてきていません。ですから、第一部に述べたことですが、もうすこし、説明してみます。

## 絶対的な道義（モラル）の源泉だった天皇が、戦争で敗れ、占領者のもとにひれふしたことで、日本人の心に大きな空白が生まれました

私の考えでは、天皇がこれまでの「現人神《あらひとがみ》」としての権威を失ったために、戦後、多くの日本人の心のなかに道義心の「空白」が生じました。なぜなら、これまで多くの日本人にとって、天皇は、道義（モラル）の源泉だったからです。敗戦当時の大部分の日本人は、大正、さらには昭和に入ったころから、小学校以来、この国は天皇の祖先がつくったもので、天皇は神で絶対なのだと教わってきました。憲法にも「大日本帝国は万世一系の天皇がこれを統治す」「天皇は神聖にして侵すべからず」と書いてありました。学校には御真影《ごしんえい》という天皇・皇后の写真があり、それを毎朝、礼拝させられ、具体的な道徳の源泉として教育勅語を日々、暗誦させられたのです。

天皇の正しさは絶対であり、天皇は神であり、その天皇の命じることは絶対的な善でした。子どものころから、多くの日本人がそう教えられてきたのです。ですから、なかには半信半疑の人もいたかもしれませんが、多くの人がその天皇の命令だというので、戦争に赴き、天皇陛下のためだといって、死んでいったのです。

戦後、そういうことはウソだ、ということに徐々に日本人は気づいていきます。しかし、最初はそうではありませんでした。戦争が終わった当時は、多くの日本人が天皇をなお、神と信じ、その存在の神々しさ、この世のものならぬ気高さを疑わないままでしたから、その天皇が新しい占領者のもとにひれふし、みずからを「現人神」ではないと宣言し、裁判に引き出されもせず、道義的にも戦争の死者への責任を取らないように見えたときには、自分でも意識できないくらい、道義とか道徳とかモラルとか信念といったものを、どう考えればよいかわからなくなっていたはずなのです。

さらに天皇は、かつての敵に命を助けられ、その敵に協力する姿勢も見せていました。ジョン・ダワーの本には、あれだけ十分に軍国主義の傀儡《かいらい》になった天皇が、今度、民主主義の傀儡になれないことはないだろう、というアメリカ側の判断があった話が出てきます。[1]

たぶん、そこには一般の国民にはわからない、さまざまな事情があったのだろう。しかし、天皇は兵士に戦場に赴くことを命じ、多くの兵士が天皇の命令のもとに死んでいった。その事実は動かない。そのことを天皇はどう思われているのだろうか。そうして考えてみると、何を信じていけばよいのかわからない、という気持ちになる。そんなふうに、多くの日本人の心のなかに道義的な「空白」がぽっかりと生まれたのです。

**一切の戦力を持たず、交戦権も否定した憲法9条の「光輝」は、そうした日本人の心にあいた道義的な空白を埋める役割をはたしました**

そこに、思いもよらない形で、天皇が今後、「現人神《あらひとがみ》」であることをやめ、主権者の位置から転落して、新主権者たる国民の統合の「象徴」に変わるという憲法の条項ができました。同時に、日本国は以後、戦力を持たず、交戦権も否定し、全面的な戦争放棄を実行して平和国家をめざすのだという新しい目標が与えられます。そしてそれは、世界に類例のないほど徹底した戦争放棄の条項だというのです。

もし、このときの日本人がもう少し冷静であったなら、つまり右のような道義的な「空白」をもっていなかったなら、最初に幣原首相が洩らしたように、いくらそんなもので「精神的なリーダーシップ」を取ろうとしても、誰も「フォロワー」にはならないだろう、あまりに非現実的だ、と醒めた反応で返したでしょう。ごく初期には、そんなクールな9条観も、示されないではありませんでした（たとえば横田喜三郎など）。

しかし、すぐにそうではなくなります。自分たちの空っぽの道義の「空白」には、いま、そのようなものこそが、必要なのだ、自分たちはそれをこそ求めていたのだ、と考え、その条項を全面的な賛同の気持ちで受けいれることにした。このとき起こったことが、そうした側面をもっていたとしたら、それは、戦争放棄の「光輝」によって行う、天皇の民主化の「空白」の〝埋め合わせ〟（代償作用）だったのだろうと私は思うのです。

**もともと、もちろん人間だった昭和天皇が、このとき体験した道義的試練についても、私たちはもっと真剣に考えてみる必要があったのではないでしょうか**

では、このとき、占領軍のコマとして使われた天皇は、何を感じたのでしょうか。どう自分を考えたのでしょうか。そして、何をしようとしたのでしょうか。

私は、たとえかつて「現人神」だったにしろ、ＧＨＱの手でその神性を剝奪され、戦後一人の「人間」となった天皇が、このときどう物事に対処したか、何を考えたか、ということを、それまで彼を道義心の源泉と考えた日本人なら、天皇に思いをはせ、考えぬくべきだったろうと思います。そのようなやり方でしか、道義心、モラルというものは、人間のなかに生き延びられないと思うからです。

たとえば、昭和天皇は「人間宣言」の詔書の原稿を示されたとき、もともと神ではない自分が「私は神ではない」「人間だ」と宣言するのはおかしい、と抗弁したそうです。たぶん彼は、自分を一度も神と思ったことはなかったのでしょう。名高い１９３５年の天皇機関説事件のときも、天皇は国の最高の機関であるという天皇機関説に自分は賛成だと述べています。しかし、もし、国の元首たるべく幼少時から教育されてきているのなら、自分が私的にそう考えているとしても、公的にはそうでない超越的な存在として機能してきたという自覚が、同時になくては、あまりにナイーブ（素朴）な自己認識といわざるをえません。

この1945年12月時点での昭和天皇の発言を読むと、それではだめではないか。もっと深く考えておかなければ、とてもこの人にこのあと襲いかかることになる、困難をきわめる道義的試練に立ち向かえないのではないか、と私は心配になります。

　では、どのように困難をきわめるのでしょうか。

## 泣きはらした天皇の姿
## ──一人の人間として、彼はどのように追いつめられていたのか

たとえば、彼は1948年12月23日、東条以下7名の自分の忠臣たちが絞首刑にあった日、泣きはらした姿を侍従に見られています。その後、退位したい、と側近に洩らすようにもなります。しかし、なぜ彼はマッカーサーに命を助けられたのか。マッカーサーが彼を、自分の占領統治の要として利用しようとしたからにほかなりません。それがマッカーサーにとどまらず、アメリカ本国の熟慮の末の決定でもあったのです。

　そのようにして確保した便利なコマに、簡単に「退位」されてはたまったものではありません。マッカーサーが「天皇の退位」を受けいれないことは誰の目にも明らかです。つまり、彼は、退位しようにもそれができない。少なくとも占領期、これではとても一個の人間として生きていけない、というところまで追いつめられた──かもしれないのです。ですから、この時期、彼がカトリック

教に接近したことをとらえ、たとえば歴史学者の原武史が昭和天皇について「退位か改宗か」という問いを提示しているのは、[2] 必ずしも思われるほど荒唐無稽な仮説ではない、というのが私の判断です。

ほんとうは、この問題を掘り下げるには、天皇の責任は「免れがたい」が、彼を裁判の場に引き出せば日本人が「黙っていない」だろう、それより協力者として「活用できる」し、したほうがよい、というフェラーズ・メモの論理（82～83ページ）、また天皇を「処罰」するか、「利用」するか、というジョージ・アチソンの二択の論理（91～93ページ）まで立ち戻り、彼らの「検討」にさらされた渦中の天皇その人のなかで、どのような道義的な試練が生じていたかを考えぬかなければならないのですが、その作業は、あとに回すことにします。

**憲法1条（天皇制の民主化）によって生じた空白が、憲法9条（戦争放棄）の理想の輝きによって埋められることになりました**

憲法9条の出生の秘密とは、そこにモラルにおける一種の補償作用が働いていたということです。敗戦後の日本人は、天皇の権威崩壊によって生まれた道義的な「真空」を持ちこたえることができず、外から戦争放棄の道義的優位性という「光輝」をちらつかせられるや、その誘惑に抗しきれず、それにとびついてしまったということです。

その結果、天皇の道義的な崩壊によるモラル上の「空白」が、外から与えられた戦争放棄による「精神的なリーダーシップ」の理想の輝きによって置き換えられることになりました。それが世にいう「護憲論」の生まれてきた産道なのです。

また同時にそれは、最初の「改憲論」が挫折したあと、ルサンチマン（怨念）にうちひしがれた第２の改憲論の生まれてくる産道でもあります。

憲法第１条の天皇制の民主化によって生じた「空白」が、第９条の戦争放棄の「道義」性によって埋められるのです。

当初、この代償作用は、ＧＨＱの意向を忖度《そんたく》する政治と学問の支配層（指導層）が舞台を仕掛け、国民に呼びかけることを通じて、一種の集団ヒステリア的な新憲法への熱狂として現れます。占領期初期のこの新憲法普及活動にふれて、古関彰一は、

「しかし公布（１９４６年11月）から普及活動を経て施行（１９４７年５月）にいたる約半年間の国民の熱狂的体験は、ほどなくして国民自身から忘れ去られ、歴史書にも姿を現すことがほとんどない。これは一体なにを意味しているのであろうか」（『日本国憲法の誕生』）

と述べていますが、それはＧＨＱへの迎合と、ＧＨＱが生んだ戦争放棄条項への歓迎と、その戦争放棄条項がもつ理想主義的な「光輝」への熱狂とのアマルガム（結合）であって、やがて48年、東西冷戦の兆しが現れ、「逆コース」が動かしがたい流れとなると、すぐに姿を消します。迎合者は過去を打ち消し、歓迎者からは関心が失せ、熱狂者は自分の過去をけろっと忘れるのです。

ではそのような補償作用としての新憲法熱が生じるまえ、政府の憲法改正案が現れた直後はどうだったか。

9条の「ただの戦争放棄」を、発表のすぐあと言葉どおりに醒めた目で受けとめたのは、先の法学者、横田だけではありませんでした。

**護憲派が「憲法9条は日本人が書いた」とする根拠によく使われる、憲法研究会（民間団体）のメンバー、森戸辰男でさえ、憲法9条を、誇るべき条項ではなく、敗戦国への罰として受けとるべきと書いています**

相互主義の留保の有無について述べた鈴木安蔵（157ページ）とともに、民間の憲法研究会案の作成に参加していた経済学者の森戸辰男は、3月12日、「憲法改正草案要綱を評す」と題し、こう書きました。

だが率直にいえば、われわれはこの平和国家を民主的・社会的・文化的国家からの自然の流露として追求したかったのである。なぜなれば、民主的な平和国家としては、誰しもかような行き方を望むことであろうし、平和国家もこれらの基礎なしには安泰ではあり得ないからである。しかるに、突如として、天皇の次に一章〔第9条〕として規定されている「戦争の放棄」

がわれわれに与える印象は、かような積極的なものであるよりも、むしろ過去の軍国主義的罪悪に対する懺悔といったものではないであろうか。しかも却ってその方が現実事態に即した観方のようである。

したがって、われわれはこの規定を改正憲法の光輝ある条章として誇るよりも、敗戦国家としてその軍国主義的罪悪に加えられている無形の刑杖《けいじょう》として受取るべきではあるまいか。というのは、平和国家への真の転換は、私の考えによればかような深刻な省察と懺悔の後にのみできうるのであって、われわれは昨日までの軍国国家が憲法の改正によって、ただちに光栄ある平和国家に早変わりできるというような安易な考え方に陥ってはならないのである。（『朝日新聞』）

森戸のいう戦後の「平和国家を民主的・社会的・文化的国家からの自然の流露〔＝自然な現れ〕として追求」する仕方は、彼らのつくった憲法研究会案によく示されています。憲法研究会というのは、敗戦直後に民間の学者たちが自分たちで憲法を作ろうと組織した研究会です。戦争が終わったとき、在野にあって研究生活に従事していたのは、戦争中に逮捕されたり、官立大学の教授職を追われたり、みずから職を辞して民間の研究機関、ジャーナリズムなどに研究の場所を見つけた社会主義系の学者、専門家たちです。

中心人物は、東大教授を辞して大原社会問題研究所をつくった高野岩三郎で、高野が自由民権な

森戸辰男（1888-1984）
（広島高等師範学校五十年史より）

鈴木安蔵（1904-1983）
（朝日新聞社）

ど明治期の憲法史を研究する鈴木安蔵に声をかけ、高野と同じく１９２０年代に東大を追われ、大原社研に移っていた森戸や、評論家の室伏高信、政界の黒幕ともいわれた岩淵五郎なども参加し、２ヶ月ほどの集中的な共同作業により、１９４５年12月の末近く完成し、完成草案が日本政府とＧＨＱに提出されました。

　政府で、公認の学者、政治家を擁して憲法改正作業を進めていた松本委員会はこれをほぼ無視していましたが、ＧＨＱはかねてこの研究会に注目していたこともあり、数日でこの草案を翻訳し、年明けから仔細に検討して、鈴木を中心に作成されたこの憲法案を高く評価したうえ、上に報告しています。護憲派がよく、後のＧＨＱ草案にこの憲法研究会案が影響を与えたと主張するのは、そのためです。

　**一方、憲法学の最高権威、美濃部達吉（東大教授）は、改正憲法の第1条を「日本帝国は連合国の指揮を受けて天皇これを統治す」とせよと、述べていました**

　ところで、鈴木、森戸らの憲法研究会草案には、先の鈴木の感想にあったように、戦争放棄というような過激な考えは採用されていません。戦争と軍隊に関する規定もありません。しかし、もう軍隊はすべて解体されていたうえ、何しろ食べるものがない。さらに主権が奪われた占領下でしたから、そこに、戦争放棄のような発想が生まれること自体が、ありえなかったのです。ですから、彼らのつくった憲法草案には、その代わりに、補則として、「此の憲法は公布後遅くも十年以内に国民投票による新憲法の制定をなすべし」とあり、これが時限憲法であることがはっきりと示されました。

同じ例が、条文の最後にそのことを記した西ドイツのボン基本法（ドイツ連邦共和国憲法）に見られます（「第１４６条　この基本法は、ドイツ国民が自由な決定で決定した憲法が施行される日に、その効力を失う」）。

また、政府の改正草案に枢密院でただ一人反対し、占領下に制定される憲法は虚偽を排して現実に即し、その第１条を、

「日本帝国は、連合国の指揮を受けて、天皇これを統治す」

とせよと論じた美濃部達吉にも、同じようなリアリズムが感じられます。美濃部は「憲法改正の方向は現在のような制限主権状態を前提として定められるべきものであるのか、永久に陸海空軍を無くして良いのであるか」と論じ、このとき若手の知識層から「オールド・リベラリストの限界」と非難されました。

## しかし、森戸や美濃部の初期の正論は、その後の憲法9条に対する熱狂の時期に呑み込まれていきます

　しかし、平和について考えるというなら、この森戸や、さらには美濃部らの考えのほうが、その意見の方向はさまざまでも、考え方としてはナチュラルなのではないでしょうか。彼らの考えた条文のほうが、ＧＨＱ案や、大日本帝国憲法を小手先だけで変えようとした当初の政府案（松本委員会案）よりも、ポツダム宣言にいう「日本国民が自由に表明せる意志」を述べた憲法案となっているはずです。平常心を保ち、国際社会の常識と地続きに過不足なく考えた平和のかたちとは、そういうものでしょう。

　もし、マッカーサーがあんなにも早く、敗戦後半年という慌ただしさで憲法改正を日本に促したのでなかったら、またそこにあのように極端な戦争放棄条項を書き入れたのでなかったら、日本における平和論の地平は大きく変わったのではないでしょうか。外からの働きかけがなくても、戦争に敗れた国民の間からは、いずれ平和への希求がやや紋切り型な形ではあれ、自然と生まれてきたはずだからです。

　もう戦争はこりごりだ、これからは平和だと。そのかたちは類型的だったかもしれません。しかし、その場合、平和は、もう少し一人一人の違った顔の集合で、ゆっくりと日本社会に大きな姿と形をとどめたでしょう。そしてそのときには、鈴木が述べたように、他の国々との「相互主義」の

感覚こそが、つまり考え方としては「特別の平和主義」ではなく、「ただの平和主義」こそが、基本となったのではないかと、そんな気がするのです。

しかし、この政府による憲法改正草案要綱の発表直後の、つかのまの醒めた対応のあとに、そこに盛られた「特別な戦争放棄」案に対する迎合と歓迎と熱狂のアマルガムの時期がやってきます。そしてこの森戸の冷静な目も、先の横田の説と同様、「全面的な戦争放棄」こそわれらが憲法の宝、といった新憲法熱の高まりのうちに呑み込まれていくのです。

森戸は、このあと、4月10日の総選挙で日本社会党の代議士となり、1947年6月には片山哲内閣の文相となります。そしてそこで世の平和主義者たちの主張に完全に合流してしまうと、次には保守的傾向を強め、66年には中央教育審議会会長の座に就いて、佐藤栄作内閣に対し「期待される人間像」を答申します。

一方、横田は、51年になると再度、態度を変えて『自衛権』なる本を書き、米軍基地も憲法違反ではないというようになり、60年には最高裁長官となり、後の日米安保条約体制をささえるようになります。その横田のあからさまな変節ぶりとは同日に論じられないにせよ、森戸もまた、やはり理想から現実へという戦後日本の紋切り型の思考変容の道をたどるのです。

## 2　東京帝国大学憲法研究委員会──東大と9条（1）

さて、そのような政府と社会の動きにみずからも同調しながら、これを専門家の立場から後押ししたのが、東京帝国大学の憲法学者たちでした。

ここで特に東京帝国大学（現在の東京大学）法学部の憲法学者たちの役割に目を向けるのは、憲法9条を生んだのがGHQと日本（政府および国民）の暗黙の協同態勢だったのに対し、憲法9条の解釈の骨格をつくり、その国内向けの解釈体系を構築したのが、日本の政府官僚と東京大学法学部の学者たちの共同作業だったからです。

そこで作られた解釈の骨格をもとに、憲法9条問題の土俵が形作られてゆきます。そこから後の改憲論、護憲論、解釈改憲論ないし特異な「解釈合憲」論ともいうべきもの（後述）などが生まれてくることを思えば、それらの母胎が、この東京（帝国）大学法学部にあるといっても過言ではありません。そこでまず、そこでの憲法学と憲法9条の関係を見ておこうと思います。

**憲法9条を考えるうえで、もっとも注目すべき学者は、**
**戦後の東大憲法学の祖といわれる宮沢俊義・東大教授です**

東大法学部と憲法9条のつながりを考えた場合、その中心人物は、戦後の東大憲法学の祖といわれる憲法学者の宮沢俊義《としよし》です。

宮沢が、そのようにいわれる第一の理由は、戦争が終わってすぐ、東大を新憲法の解釈学の根拠地に仕立て上げるうえで決定的な役割をはたしたことにあります。

しかし、最近になってこの宮沢の活躍が、一種の「カンニング」によるものだったことが指摘されています。そしてそのことは、私のような門外漢の目から見れば明白である以上、このことが憲法学者の「業界」(?)で表だった言及がないことに、私のなかの憲法学者への信頼は下落する一方です。人が身内の人間を過不足なく批判することは、かくも難しいということなのでしょう。

戦後の憲法学は、そのようなけっして褒められない流儀の延長線上に、自分たちの憲法学を積み上げてきました。このことをどう自己批判するかが問われているのですが、そのことのツケは、現在の立憲主義をめぐる憲法学者の「活躍」の限界のうちに、残念ながらはっきりと影を落としているというのが、私の感想です。それは同時に、ここからも一部、重要な護憲論の系譜が現れてくることを考えるなら、護憲論の問題でもあります。政府に加担するという指導者意識に染まりつつ、それに憲法尊重の強い意識が合流してくることが彼らの特徴です。

宮沢俊義は、1899年の生まれです。戦前を代表する憲法学者、美濃部達吉の後継者として東京帝国大学の法学部教授を務め、戦後の憲法学をリードしてきました。戦後の憲法改正の正統性を法学的に論理づけた「八月革命」説が有名な一方、1935年の天皇機関説以降の困難な時期の、

宮沢俊義（1899-1976）
（朝日新聞社）

学問的、思想的な心弱い変節でも広く知られている人物です。

戦後の宮沢は、45年10月、東京帝国大学法学部の憲法学の壮年世代の筆頭として、政府の憲法改正案を作成した松本委員会によばれ、委員会を実質的に切りまわす事務局長格の役割をはたします。

しかし、わずか3ヶ月後の46年2月、それがGHQ案にとって代わられると、いち早くその内容に接し、その革命的な内容に驚いてのことでしょうか、すばやくこれに乗り換え、いち早く雑誌に「憲法改正について」と題する論文を発表して、憲法改正による社会変革という先進的な平和国家論に先鞭をつけます。[3] また3月6日の政府改正要綱発表に際しては、新しい憲法改正の考え方にむけた提言（後の八月革命論の原型）を早くも行っています。[4]

**宮沢がGHQの憲法草案をまだ公表前に「カンニング」し、みずからの「学説」を構築したということは、まず江藤淳（文芸評論家、慶応大学教授）によって指摘されました**

しかし最近、このとき、彼が南原繁総長にはかって東京帝国大学に憲法研究委員会を立ち上げた日付が46年2月14日、つまりGHQの憲法草案が日本政府に示された翌日だったことが、はたして単なる偶然なのかという疑問が提出され、先の「カンニング」説に再び火がつくと同時に、占領期初期における新憲法の普及にはたした東大法学部憲法学の補完者的な役割に、光があてられるようになりました。[5]

宮沢の「カンニング」説を最初に唱えたのは、1982年の江藤淳です。江藤は、それまで憲法改正に消極的だった宮沢が、46年2月になって急に「平和国家は日本の国是」といいはじめ、永久非武装をめざす憲法改正を唱えた事実に着目しました。

宮沢はポツダム宣言受諾の約1ヶ月後、外務省に呼ばれて憲法改正について問われた際の講演では「帝国憲法は民主主義を否定するものにあらず」、その変更は少なくて済む、「改正を軽々に実施するは不可なり」と、師の美濃部達吉と同様の意見を述べていました。[6] 10月から翌46年1月にかけての松本委員会での審議でも、師の美濃部にならい、この改正消極論の姿勢を保っているのですが、3月、政府の改正案発表とほぼ時を同じくして、『改造』3月号発表の論文（さらに『毎日新聞』紙上）で、一転、GHQ草案とほぼ同じ姿勢に立つ永久非武装を主張するのです。

江藤淳（1932-1999）
（日本出版販売『新刊展望』より）

右で述べた3月（6日）発表の政府改正案は、2月13日に示されたGHQ草案をもとにしています。『改造』発表論文には「この稿の世に出る頃にはもう政府の改正案の内容も公にせられていることであろう」とあり、「この度の憲法改正の理念は一言でいえば平和国家の建設ということであろうとおもう」と続いていました（宮沢「憲法改正について」、傍点原文）。

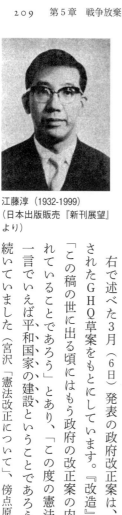

江藤はこうした事実を明らかにしたうえで、

「少なくとも宮沢教授は（GHQ案が政府に示された）二月十三日前後に何らかの事情で『マッカーサー草案』（傍点江藤）を入手する機会を得、それにもとづいてこの論文を執筆したと考えなければ、どうしても辻褄が合わない」

と記し、宮沢の、学者にあるまじき時局への迎合と、その思考転換の理由を秘した事実の隠蔽を厳しく批判しました。

**近年、憲法制定過程研究の第一人者である古関彰一（獨協大学名誉教授）も、実証的研究の結果、江藤と同じ結論に達しています**

当時、この江藤の指摘は、その攻撃的な筆法もあって世間の反響を呼んだ反面、学者の世界では黙殺された観があったのですが、近年、厳密な憲法制定過程の実証的研究で知られる古関が、新たな観点を提示したことから、この江藤の指摘に再び注目が寄せられるようになったのです。

古関が着目したのは、まさしくGHQ草案が政府に示された2月13日の翌日にあたる14日に、東京帝国大学法学部内に「憲法改正」を見越した憲法研究委員会が立ち上げられていたという事実です。この委員会の設置については東大総長の南原繁が、総長就任後ほどない1946年の2月に、「憲法改正必至の状況に照らして、その方面の専門家や碩学を擁する大学としては、その際の参考に供する為に、問題を研究するを必要と考え、関係諸教授と協議して、大学内に『憲法研究委員会』を設けた。委員長は宮沢俊義教授、委員は、法学部からは高木・我妻（略）……すべて二十人」
と記していました。[7]

　ところがこの委員会にふれた民法学者我妻栄《あがつまさかえ》の「知られざる憲法討議——制定時における東京帝国大学憲法研究委員会報告書をめぐって」（『世界』１９６２年８月号）を読むと、その設置の日付はなんと「２月14日」だったのです。

　委員長は、宮沢俊義。委員には、法学部から高木八尺、岡義武などの長老のほか、末弘厳太郎、我妻栄、尾高朝雄、田中二郎。中には先に登場した横田喜三郎の名もあり、最年少のメンバーとして丸山眞男の名も見えます。文学部からは和辻哲郎、経済学部からは大内兵衛、矢内原忠雄、大河内一男が入っていました。

　古関は、46年１月までは松本委員会の実質的な中心メンバーの一人としてみずから私案も提示していた宮沢が、２月中旬のＧＨＱ草案の提示のあと、
「この頃から、松本、入江（俊郎）、佐藤（達夫）らとは、つまり政府側の人間とは行動をしなくなり、（略）別の立場で行動するようになる」
　と述べています。つまり松本委員会に代わる、新しい活動の場が、東大の憲法研究委員会だったのでした。

　前日のＧＨＱから、吉田（茂）外務大臣や松本国務大臣へ憲法草案を提示された会合は、記録で

は午前11時半に終わります。松本委員会の大番頭格である宮沢は、当然そこに出席したのちに帰還する松本から会談の首尾を聞くべく、待機していたでしょう。その日のうちに草案の内容を知る立場にありました。そもそもこの日の会合が、本来は2月8日に彼も大きく関与して提出した松本委員会案に対する、GHQ側の評価・感想を聴取するためのものでした。

## 宮沢は、GHQに否定された政府の憲法草案作成委員会（松本委員会）からいち早く逃げ出し、東大の憲法研究委員会に活動の場を移しました

具体的に、どういう経緯だったかは不明ですが、その翌日、東大に憲法研究委員会が設置されるのですから、宮沢から南原への「注進」が、2月13日に行われ、その結果として委員会が作られたと考えるのが当然です。これを偶然と見るのは、不可能でしょう。

その後、表面的な事実としてわかっているのは、以下の二つです。

まず松本委員会では、松本がその後、GHQ案の第1条から第9条までの日本語訳を試み、それを2月22日の閣議に報告し、ついで外務省仮訳による草案全訳が26日の閣議に提出されます。

この日の閣議決定にしたがい、この二つの日本語訳をもとに、27日から松本国務相のもと、入江俊郎法制局次長と佐藤達夫法制局第一部長が助手を務め、3月11日完成の予定で条文化作業が開始されています。その後、GHQからの催促に、GHQに赴いた佐藤の夜を徹しての作業などをはさ

んでようやく完成にこぎつけ、3月6日の草案要綱発表となるのですが、この猫の手も借りたい国の一大事の現場に「宮沢俊義だけがいなかった」。すなわち宮沢は、いわば松本委員会という沈みかかる船からいち早く逃げ出しているのです。

その宮沢がどこにいったのか。表立った記録はないのですが、新しい活動先が、新たに委員長に就任した東京帝国大学の憲法研究委員会だったことが、いま私たちにはわかっています。そして我妻によれば、この委員会は2月14日から「憲法研究」に着手し、3月6日の政府案発表のあと、「委員のうちの多くの者」が「あるいは貴族院議員、あるいは政府の法令制定委員となってその方に活躍しなければならなくなったために」、政府案にもとづいて逐条の審議を重ねて第二次報告書を作成して任務を終えると、ほどなく解散しています（我妻、前掲）。

## 戦後の「憲法学の最高権威」である宮沢は、日本国憲法制定時のみずからの「カンニング」について、レベルの低いウソをくり返し述べ続けました

判明しているもう一つは、その学内の憲法研究委員会がこのあと、南原に報告書を提出しているということです。残念ながら、この報告書は公開されていません。ただし我妻の文章を読むと、この委員会が当初、憲法改正のため「検討しなければならない項目を、フリー・ディスカッションの結果」としてまとめたこと、それを順次に審議しようとしたときに政府案が現れ（3月6日）、ここ

まで革新的な案が出たのならと、計画を変えてこの改正草案の審議に転じていることがわかります。

古関は取りあげていませんが、先にふれた我妻論文が掲載された『世界』(1962年8月号)に付録として添付された「東京帝国大学憲法研究委員会報告書(全)」[8]に、4月17日に政府から発表された「改正草案正文」が出てくるところから、我妻のいう「第二次報告書」の南原総長への提出は、4月10日の総選挙をへて一定の期間を過ぎた、4月下旬あたりだったのだろうと目安がつきます。

問題は、この研究委員会に、いつGHQ草案の存在と内容が知らされたのか、また先の江藤との関係でいえば、宮沢がいつGHQ草案の存在と内容を知ったのか、ということですが、宮沢本人は、憲法学者の小林直樹との対談では、「たぶん二月の下旬」頃にGHQ草案を「当時の閣僚の一人」から示された、なので自分の論文とGHQ草案の戦争放棄条項との関連について「無関係だと見ることはむずかしいでしょう」と、これをあたかも他人事のようにいい、まことに煮え切らない態度に終始しています。しかし、その後書かれた著書『天皇と憲法』(東京大学出版会)の「はしがき」には、こうあります。

なぜ自分の1946年3月の論文に唐突に「永久非武装」の論が出てくるのか。法制局の佐藤達夫は、「何かの事情でマックアーサー草案のことを知った上での記述かとも思われる」といっているが、そうではない。政府憲法草案の発表以前に書いたのはたしかだが、自分がマッカーサー草案を知ったのは「おそらく三月のはじめであり、どう早くても二月末のことである。しかも、私はその英語のテクストをほんの一分ほど手にしただけ」なので「非武装の規定の存在には」気づかず、「のちに政府の草案ではじめて知った」のである。

ではなぜ、マッカーサー草案を「さきどりしたような文章」を書くことができたのか。松本委員会での議論が影響したのか、あるいは「ほんの一瞬とはいえ」GHQ草案を目にしたのは事実であるから、その英文テクストに非武装の規定を見つけ、それが「意識の底に沈んでいた」か、そのいずれかとしか考えられないと宮沢は釈明するのです。

**宮沢だけでなく、南原繁、矢内原忠雄、丸山眞男など、東京大学の綺羅星のような教授たちが、この「カンニング」共同体に参加していた可能性が高いのです**

さて、この曖昧模糊とした釈明のなかで宮沢が明瞭に述べているのは、宮沢がGHQ草案を見たのは「どう早くても二月末」だということです。もし、それ以前のどこかの時点で、東京帝国大学の憲法研究委員会にGHQ草案がその一部でも参考に供され、検討の対象になっていたとすると、宮沢の言葉はウソだったことになります。また、それに参加していてそのことを知っていたすべての委員も、この宮沢のウソを、少なくとも知りながら、黙っていたことになります。

東大の憲法研究委員会の委員たちのうち、我妻栄だけがなぜこれだけ詳しい記録を1962年になって発表しているのか。ほかの委員がこれについて何も語らないのはなぜか。理由はわかりませんが、もし、この委員会でＧＨＱ草案が知られていたとすれば、宮沢論文が「カンニング」論文であることを東大法学部の委員全員が知っていたわけですから、このあと、永久非武装論、平和国家建設などを訴えていく彼らの主張を、私があまり信頼できないと感じるとしても仕方ありません。
このことに私があくまでこだわるのは、その場合、この東京帝国大学法学部の「ほおかむり」共同体に、南原繁、矢内原忠雄、丸山眞男という私たちにとって大切な学者たちの名も、ほかの法学部の学者と同じく、加わっていることになるからです。

**宮沢や東大の憲法研究委員会のメンバーに、前もってＧＨＱ草案の内容が伝えられていた傍証は、いくつもあります**

古関は、専門家としての立場から、我妻、宮沢らの文章を検討したうえで、「委員会の構成員が、〔３月６日の〕草案要綱発表以前にＧＨＱ草案や政府文書を知っていたであろうこと」は「動かしがたい」と述べています。[9]
古関は、この見解を裏づける証言を複数紹介しています。まず委員の一人、行政法の田中二郎が、我妻論文からさらに15年後の１９７７年に雑誌の座談会で述べています。同じ委員だった末弘厳太郎が委員会の席上で「マッカーサー草案なるものが提示された」と証言するのを聞いて「一同唖然」としたというのです。[10]

さらに末弘はその約2年後、ほかの場所（民主人民戦線世話人会準備会）でも山川均、高野岩三郎らの前で同じことを述べています。そしてそこでは政府の「草案要綱」発表前にもかかわらず、GHQ草案を公然とみんなの前で一条ずつ読みあげ、聞き手からの問題提起を受けて、白熱した議論を交わしたことが紹介されています。（羽仁説子『妻のこころ』）

さらに、もう一つの傍証が、こうです。先の田中二郎の証言が1977年に行われているのもそのためかと思われますが、じつはその前年、76年に宮沢俊義が死去しています。そして翌77年に法学専門誌『ジュリスト』が宮沢追悼号を出すのですが、そこに子息の宮沢彬が次のようなことを書いているのです。

それによると、「現行憲法の草案がGHQから示されたとき、父は偶々《たまたま》有楽町を歩いていて、毎日新聞社に連れ込まれ、英文をその場で翻訳させられたという」。大変だった、と「やや興奮気味に（略）言いながら家に戻ってきたのを覚えている。この後しばらくして政府の正式な訳というか草案ができた」（「父・俊義の思いで」『ジュリスト』臨時増刊号『宮沢憲法学の全体像』）

宮沢は実弟が毎日新聞社の記者だったことから、『毎日新聞』とはつながりがありました。これが事実であれば、古関の推測する松本烝治経由以外にも、宮沢は毎日新聞社での即時の翻訳作業を通じて、2月中旬にはGHQ草案の全文にふれていたことになります。同時に、毎日新聞社は極秘のルートで、GHQ草案を入手していたことになります。

憲法学者の江橋崇《えばしたかし》は、このGHQ草案が結局、『毎日新聞』のスクープ記事とならなかったのは、

「何らかの形で、GHQの検閲に引っかかったのだと思う」と記しています。[11]

当時大学生だった子息の記憶を信頼すれば、憲法研究委員会でその事実を話したかどうかは別にして、宮沢が、2月末に「閣僚の一人」から見せられるまでそれを知らなかったという話が、いよいよ限りなく疑わしくなります。たとえ2月14日のこの会の設置が古関の推測と違い、宮沢のイニシアティブで実現したのではなかったにしろ、彼が2月中旬以降、政府側の人間とは行動をしなくなる理由が、このGHQ草案との出会いだったろうことが、ほぼ確実となるのです。

## 3 憲法普及会──東大と9条(2)

いずれにしても、こうしていち早く研究委員会を組織し、GHQ草案、関連の政府文書を入手して、準備万端だった東京帝国大学法学部が、1946年11月の憲法制定以後、政府からの協力要請を得て、新憲法の社会への啓蒙活動、普及運動を担っていくのは、当然の成り行きでした。

そうした活動を推進するため、46年の暮れに生まれた憲法普及会は、衆議院、貴族院の議員のほか、学者、ジャーナリストをも理事に加えた半官半民の組織です。学者では河村又介(九大)、末川博(立命館)に、憲法研究会の鈴木安蔵など、広範囲の法学関係者が名を連ねるなか、その中心をなしたのが宮沢俊義、田中二郎、横田喜三郎など東京帝国大学の法学部の教授たちで、しかもその全員が憲法研究委員会のメンバーでした。

翌1947年1月17日には、GHQ草案の作成にかかわったGHQのハッシー大佐らも加わって、首相官邸で最初の主な理事を集めての会合があり、まず全国を10地区に分けて、憲法普及会から派遣された講師による中堅公務員への4～5日間の研修が行われます。東京での研修会場は東大の大教室で、そこには各省庁から50人～60人の官僚たちが派遣されて受講しました。

物資不足にもかかわらず、新憲法制定のための宣伝パンフレット『新しい憲法』は、2000万部が発行されて全国・全戸に配られました。この巨額の国費を投入した啓蒙運動における東京大学、なかでも法学部の権益の独占ぶりについては、自身が東大法学部の出身である憲法学者、江橋崇がつぎのように批判的に記しています。

「解説書の作成、普及啓発の後援会の開催から、映画、演劇、ラジオ放送、『憲法音頭』とその踊りの普及、紙芝居、『新憲法カルタ』の制作」まで「何でもあり」の臆面のなさ」で、その新憲法普及運動は展開されたと。[12]

憲法普及会の会長は芦田均。その運動が、どこか大政翼賛会のもとでの戦時中の戦争完遂の国民運動を思わせるものだったのも当然で、この会の事務局長の永井浩はもと文部官僚。戦争中は学徒動員局長として聖戦をとなえ、多くの大学生を戦場に送り出していたところ、46年1月、公職追放にあった前職に代わって熊本県知事に転出すると、7月には今度は自分が公職追放にあって知事を辞職。しかし半年後の12月には、しっかりとこの憲法普及会の事務局長におさまっていたのでした。

また、普及のための「憲法音頭」は作詞サトウ・ハチロー、作曲中山晋平、歌が市丸姐さん（芸者歌手）の組み合わせで作られ、1947年の憲法制定時に歌われましたが、この3人は、1943年には「英米のスパイへの警戒心を高めよう」と企画された「防諜音頭」のつくり手・歌い手のトリオそのままでもありました。[13]

**新しい憲法の解釈権をいち早く握った東大法学部が、憲法学の世界だけでなく、公務員試験や司法試験を通じて、官界や法曹界でも特権的な地位を築くようになりました**

江橋は、こうした憲法普及会の活動による憲法学者の世評の高まりと、東京大学の既得権益の独占について、こう述べています。少し長くなりますが引用してみましょう。

多くの憲法学者は、日本国憲法の使徒に転向した。それを促したのが、全国各地のマスメディアであり、「憲法普及会」の活動であった。

各地の新聞は、競って新憲法の解説を求めたが、それに応じて、多くの憲法学者がまず短いコメントを述べ、次の依頼では簡単な客観的な解説を書き、そのうち、徐々に日本国憲法の説明に力が入り、（略）ついに、それがパンフレットになって世に出回る、と言うのが標準的な転向のケースであった。

（略）

憲法普及会は、（略）一九四七年二月に、内閣・各省・警視庁・東京都庁職員を相手にした「憲法普及特別講習会」を開催することから活動を開始した。この講習会の会場は東京大学の三一番教室であり、講師は、「近代政治思想」堀真琴、「新憲法大観」憲法担当大臣・金森徳次郎、「戦争放棄論」横田喜三郎、「基本人権」鈴木安蔵、「国会・内閣」宮沢俊義、「司法地方自治」田中二郎、「家族制度・婦人」我妻栄、「財政」森戸辰男である。この場には、東大生に限って聴講が許された。（江橋、同前）

古関によれば、この最初の講習会では、まず会長の芦田均が約一時間にわたる「開講の辞」を述べています。東大で行われた4日間の講習の最後には、丁寧にも先の学徒動員局長だった事務局長の永井浩が「閉講の辞」を述べています。講義項目に「天皇」の項がないことも特徴的でした。そこに古関はＧＨＱの「指導」の痕跡を見ています[14]。

講師陣には、金森とともに田中、宮沢、我妻、横田など東大憲法研究委員会の面々、民間の憲法研究会の鈴木安蔵、森戸辰男が名を連ね、いまや全員が新憲法の使徒の役割を演じ、あるいは、新憲法の擁護者へとなり代わっていました。なかでも筆頭格が、いまや徹底した戦争放棄論者となった横田喜三郎でした。

江橋は、書いています。

> これは皮肉な講習会である。市民啓発を表面に掲げながら、実際には市民よりも先に官僚に対して新憲法の情報を取得させるのである。（略）東京大学の学生だけが聴講を許されることで、日本中の学生の中で、東大生だけが新しい内容の授業をいち早く受けたのと同じことになる。これが、公務員試験や司法試験などでどれほどのアドバンテージになるかはいうまでもない。
> 結局のところ、このとき、東大法学部は、戦後の日本を指導する法学の府という立場を手にいれたのであり、宮沢（俊義）は憲法学のチャンピオンへの階段を登ったのである。（江橋、前掲）

こうして、古関のいう「約半年間の国民の熱狂的体験」のあと、47年5月3日、新憲法が施行されると、その「熱狂」のもとにどのような「空白」が先行していたのか、という事実は日本の社会にほぼ痕跡をとどめなくなっていました。その「空白」には、東大法学部を中心とした不思議な官立の平和憲法護教論、江橋のいう「『民』の憲法」ならぬ「『官』の憲法」が鎮座していたのです。

## 4　「八月革命」説——東大と9条（3）

宮沢が、東大憲法学の祖といわれるもう一つの理由が、戦後ほどなく彼の提示した「八月革命」説です。その発想の起源について、丸山眞男の発言がヒントになったという「伝聞」を信じるなら、そこにも先の憲法研究委員会が顔を出しています。その発言は、憲法研究委員会の場で、当時最若手委員だった丸山が、口にしたものだったからです。

それによると丸山は、いかにも政治思想史の専門家らしく、この委員会の談論の場でこう述べたといいます。

「日本国憲法の基本原理は、八月十四日で崩壊し、代わって新しい基本原理が生まれたのではないか。歴史的にいえば、これは八月革命と呼ぶのが正しいのではないか」

もっともこれを伝える鵜飼信成は、「筆者はこの研究会のメンバーではなかったので、これは伝聞である」と断っています。[15]とはいえ、鵜飼自身が述べているように「革命という観念は憲法とくに実定憲法の中には存在の余地がなく、主として政治学者の関心事」です。[16]ですからこの「伝聞」にかなりの説得力があることは否めず、事実、この話は、広く人口に膾炙《かいしゃ》することになりました。

宮沢が早くもこの「八月革命」説の原型を活字にしたのは、1946年3月7日。なんと政府改正要綱発表（3月6日）の翌日のことでした。弟のいた『毎日新聞』への寄稿のなかで、8月14日のポツダム宣言受諾により、「この時にわが歴史において一つの憲法的革命」が行われたと述べたのです。そしてこの論を真正面から展開したのが、先の「改造」論文「憲法改正について」に続いて発表された、1946年5月号の『世界文化』でのことでした。そこに彼は、次のように書いています。

このたびの（3月6日の）政府草案のポイントは何かといえば、そこでいちばん重大なのは、憲法が「神権主義から国民主権主義」に変わったことである。主権者が天皇から国民に変わったのである。ではこのことをどう考えればよいのか。そのことは天皇を主権者とする欽定憲法である大日本帝国憲法をもとにしては説明できない。

しかし日本政府は1945年8月14日、ポツダム宣言を受諾した。そのポツダム宣言の第12項には、「日本の最終の政治形態は」「日本国民の自由に表明される意志によって定めるべき」と記されている。したがって、この事実をもって、日本の主権が天皇から国民に変わった――そこで革命が起こった――と、法的に説明することが可能である。

このような変革は「もとより日本政府が合理的になしうる限りではなかった。天皇の意思をもってしても、合法的になしえないはずであった。したがって、この変革は、憲法上からいえば、ひとつの革命だったと考えられなくてはならない」（宮沢俊義「日本国憲法生誕の法理」『法律学体系　コンメンタール篇1　日本国憲法』日本評論社）

これだけを読むと、なぜこのような論が「八月革命」説として社会に大きな影響を与えたのか、よくわからない気がするのですが、その背景には、次のような事情がありました。

## 占領軍が民主的な憲法草案を書くという矛盾は、戦勝国が敗戦国を強制的に「民主化」するという矛盾に起源を持っています

最初にあったのは、連合国のポツダム宣言の論理のなかにある矛盾です。これは苦しい矛盾といえます。

まず、連合国・GHQのほうからすると、ポツダム宣言（第12項）に日本の民主化と非軍事化を掲げて、同宣言を日本政府に受諾させたものの、民主化を基本原則とする以上、その民主化と非軍事化は、連合国の手で強制的に行われるべきではなく、「日本国民の自由に表明される意志によって」遂行されなければなりません。

しかしそもそも、「民主化（democratization）」というもののなかに、矛盾があることに気づかなければなりません。民主化とは、誰かがその国に〝外から手を突っ込んで〟民主化することですが、そもそも民主主義とは、誰かの〝手を借りて〟ではなく、〝自分の手で〟民衆が自国の政権を打破あるいは変更して実現するものですから、人は誰かを民主化することは、できないのです。

とはいえ、放っておいたら、その国はいつまでも民主主義に移行せず、軍国主義がいつまでも打破されないということがありえます。「それでは困る」というので、強制力を発動して相手国に服従を命じるものが降伏条件ですから、この場合、この矛盾は、なかなか自他ともに苦しい矛盾だということができるのです。

そのためGHQは、できれば日本政府がポツダム宣言の意味と趣旨を理解して、みずから主権の変更を決断し、民主化と非軍事化をはかる憲法改正を行うことを期待しました。松本委員会が、そのような趣旨を理解し、みずから天皇の民主化をはかり、以後、平和主義に徹する憲法を作れば問題がなかったのです。

しかし、それは、どうしたら可能でしょうか。失敗した国が、自力で先に進もうとすれば、これまでの失政と敗戦の責任を誰がどう取るか、ということが、当然ながら問題になります。責任を負うべきは当然、開戦を決定した昭和天皇でしょう。

しかし、そこまでの自力更生の力はこのときの日本になかったので、松本委員会は、ことを国際基準で受けとめることができず、敗戦の意味もポツダム宣言受諾の意味も十分に理解が叶わないまま、中途半端な答えしか出せそうにない。そこで最後の手段として、GHQが直接、憲法改正案の手本を示す、ということになったのでした。

## 新しい憲法は、「天皇が命じてつくった」「国民主権」の憲法である必要がありました

そこから、第2の矛盾が生まれます。憲法を占領権力が勝手につくって敗戦国に強いる、などということは、国際法上認められません。それは民主主義の大原則である、民族自決の原則に反する

ことだからです。GHQが憲法草案をつくったとき、それを新憲法ではなく、大日本帝国憲法からの改正という形にしたのも、その制約を意識してのことでした。49年1月に公刊された英語版『日本の政治的再編』には、ハーグ陸戦法規のことが出てきます。その43条には、

「国の権力が事実上占領者に移った場合、占領者は絶対的な支障がない限り、被占領者の現行法律を尊重して、なるべく公共の秩序及び生活を回復確保するため施しうる一切の手段を尽くさなければならない」

と定められているのです。

それなのに、なぜ、第1の制約（ポツダム宣言第12項）、第2の制約（ハーグ陸戦法規第43条）にもかかわらず、マッカーサーに憲法改正への直接的な関与が許されているとGHQが弁明しているかというと、先の9月6日のアメリカ大統領通達（「連合国最高司令官の権限に関する伝令書」）がその正当化のための根拠で、マッカーサーは、ポツダム宣言を超えて、無条件降伏による無際限の権限をもつ、とされていたから、というのでした。

これがいかにアクロバティックな権限付与であるかは、すでに見てきたとおりです。そのため当然のことながら、極東委員会の憤懣と反撃とがあり、かろうじて、2月1日から2月26日の権力の「空白」期間を利用して、マッカーサーは、らくだを針の穴に通すようにして日本政府に自分の憲法草案を呑ませたのでした。

それは、形式的にはどうしても天皇自身の発議による大日本帝国憲法からの改正でなければなら

ず（それでこそ天皇の免罪が可能になる）、他方、実質的には主権の断絶と変革を含むものでなければならない（それで史上はじめて「日本国民」が主権者となる）。その矛盾する二つの要請に応えた「憲法改正」でなければならなかったわけです。

そのため、日本国内では、この憲法が大日本帝国憲法からの延長なのか（改正憲法なのか）、大日本帝国憲法を廃止して、新しく戦後憲法を制定するものなのか（新憲法なのか）が問題となります。大日本帝国憲法に改正規定はあるものの、主権者の転換が憲法の改正対象になることはありえません。ですから、大日本帝国憲法の改正とはいえません。

では、これは新しい憲法なのか。だとすれば、誰が、この新しい憲法をつくったのか。新しい主権者であるはずの日本国民はつくっていない。ＧＨＱがつくって、日本国民に与えたというのなら、極東委員会が非難するように、ポツダム宣言に違反しているし、さらにハーグ陸戦法規にも違反しています。

その結果、１９４６年3月に政府が発表した憲法改正要綱は、国民主権原理の確立と新憲法の制定をどう正当化するか、という問題を日本の社会に突きつけたのです。

**その矛盾を「解決する」ために考え出されたのが、宮沢の「八月革命」説でした**

宮沢の「八月革命」説は、この問題に、「法学上」の解決を与えるものと受けとられたため、以後、社会に広く受けいれられることになったのです。

さすがに宮沢は能吏《のうり》学者です。彼の着眼は、ここに「法的意味における革命」という概念をつくって投げ込んだことでした。私がこの「法的意味における革命」という言葉を知ったのは、憲法学者長谷部恭男の説明によってです。長谷部はいいます。ポツダム宣言は第12項において国民主権の確立を要求しているが、

「宣言の受諾により、日本の主権は天皇から国民へ移ったことになる。このような主権の転換は、法的意味における革命と考えることができる。現行憲法は、国民主権原理を採用しているが、これはポツダム宣言の受諾に伴う主権の転換の帰結を宣言しているにすぎず、創発的な意味をもつものではない」（長谷部『新法学ライブラリ2　憲法　第2版』新世社2018年）

とくに最後の「創発的」という部分が難解なので、私の言葉でいいかえると、こうなります。

ポツダム宣言は国民主権の確立を要求しています。それを日本政府は受諾したので、この受諾行為により、法的には主権は天皇から国民に移ったと見なすことができます。ですから、法的には8月14日に主権の移動が起こったのです。つまり「法的意味における革命」がこのとき起こったことになります。このあと、憲法に国民主権原理が書きこまれますが、それはこの「法的意味における革命」の帰結が宣言されているにすぎず、そのことに本質的な秩序の変化という意味は含まれていないということです。

さて、こういう理屈を導入することによって、何が可能になるでしょうか。この八月革命説は、「日本政府が連合国のポツダム宣言を受諾した時点で、国政のあり方を最終的に決定する権威としての主権が、ただちに、しかも不連続的に、天皇から国民へ移動したとするもの」である。とすると、この「法的意味における革命」によって、「その結果、大日本帝国憲法は、国民主権の原理と抵触する限りにおいてその内容に変更が加えられ、そして、このように根本的に変容を被った旧憲法と現在の日本国憲法とは、「それにもかかわらず」法的に連続しているとされる」ことになる、これが憲法学者の解釈なのです。（長谷部『権力への懐疑』）

**八月革命説のなかに、マッカーサーはどこにも登場しません**
**つまりそれは、表面的には敗戦後の主権の変動を正当化する理論でありながら、**
**実際には、日本が主権を失ったことを隠蔽する理論でもあったのです**

まるで手品を見ているようですが、カギとなるのが、この「法的意味における革命」という概念だということがわかるでしょう。それは本来の意味での革命、つまり「政治的・社会的な革命」のことではありません。後者の「革命」は、日本国民が実力で主権者天皇を打倒して、新たな主権者になることを意味するからです。

「八月革命」説とは、その本来の意味での「革命」から「法的意味における革命」だけを切り離し、それはじつはポツダム宣言を受け入れた8月14日に、大日本帝国憲法の条文は一文字も変わらぬまま、起こっていたのだとする「法理論」です。この「理論」により、天皇主権の大日本帝国憲法を、天皇の勅命と裁可により改正した日本国憲法が、国民主権の憲法として成立するという奇妙キテレツな現実が、法的に「正当化」（？）されることになったのです（いうまでもなく、この「天皇自身のイニシアティヴによる」「民主憲法の制定」という絶対的矛盾は、ＧＨＱによる天皇の政治的利用の必要性から、同時に受け入れを強要されたものでした）。

この問題の本質は、先の長谷部の言葉にいう、8月14日に法的な意味における革命がおこった、したがって後の憲法制定には創発的な意味はない、という指摘を受けて私たちが、ではほんとうの創発的な意味はどの時点で生まれたのか、と問うときに、はっきりするのではないかと思います。

憲法学者なら、8月14日と答えるでしょう。しかし私は、ポツダム宣言受諾の最終局面で出された8月11日のバーンズ回答の時点だったと考えています。そこにはポツダム宣言受諾により「天皇と日本政府は連合国最高司令官の指揮のもとに服属する」と書かれていました。つまり、法的な意味の革命では、主権は天皇からダイレクトに国民に移動したと「八月革命」説は述べていますが、現実の世界で起こっていたのは革命ではなく、国家主権の制限であって、そこでの主権の移動は、天皇からマッカーサーへと行われていたのです。

つまり、この八月革命説は、表面的には戦後の主権変動を正当化する理論でありながら、実際には、日本が主権を失ったことを隠蔽する理論でもありました。そしてむしろ、その後者の理由から、憲法学の世界を超え、広く戦後の社会に受けいれられることになったのではないかというのが私の考えです。

八月革命説のなかに、マッカーサーはどこにも登場しません。そのことは、戦前から戦後への推移を、天皇主権から国民主権への移行として語りながら、その移行をもたらす外部の「絶対的な力」については不問に付す、新しい話法が発明されたことを意味しています。ほんとうの憲法制定権力（この場合はＧＨＱ）に言及しなくとも、それだけで完結することを可能にする論法が、憲法学にもたらされたということです。

なぜ、憲法９条が日米安保条約への言及なしでも完結し、不足を感じさせない話法のうちに語られるようになるのか。

たとえば、憲法９条の戦争放棄の条文を、なにかただ西洋の平和思想の系譜の上に位置づけてしまえば、それで説明が完結してしまうよう閉じた回路（クローズド・サーキット）の話法が、なぜ護憲論のなかに広まり、また近年にまで行われるようになるのか。

そのはじまりの形が、ここに見つかるのです。

## 5　宮沢俊義と美濃部達吉

宮沢が戦後東大憲法学の祖だという意味は、もう一つあります。この章で彼を取りあげる最後の理由ということになりますが、それは、この人が何というか、ことのほか自分の弱さに素直なため、ほかのこのスクール（学統）の人々が隠し、また気づかない、このスクールの学問の動機を見事に体現している点です。また、師である美濃部達吉との対比を通じて、東京帝国大学の憲法学の戦前と戦後の違いが、浮き彫りにされるという利点もあります。

この学統から戦後、何が消えたのか。そして何が加わったのか。それが、このあと護憲派の論理を見ていくうえでの一つのガイドになるのです。

**宮沢の素早い転身と、それを行うにあたっての節操のなさは、敗戦後の日本社会のほぼ全層で起こったことでした**

宮沢は、戦前からその思想的な無節操と変節によって広く知られた学者でした。しかし、卵の黄身がその回りをおだやかな白身に包囲され、さらにその外側を堅固な殻に護られているのにも似て、東京大学法学部の中心でゆったりとたゆたう形で、余裕をもってその一生をまっとうしました。晩年の数年を、いわば戦後日本の支配層の特等席である、日本プロ野球のコミッショナーとして過ごしたことでも、彼がその白身のふくよかさを堪能したことがわかります。

戦前は、美濃部達吉の一番弟子の少壮学者（東京帝国大学法学部憲法学・第一講座教授）として、みずからも天皇機関説を唱えながら、1935年、36歳のときに、師の美濃部が弾圧されると、沈黙し、やがて転向して42年の『憲法略説』では、神権論に転じます。「皇孫降臨の神勅以来、天照大御神の新孫」が「わが国土および人民を統治し給ふべきことの原理」が憲法に記されている、と宮沢はそこで述べています。

その彼が、敗戦をへると、直後こそ師の美濃部にならったものか、改正消極論の立場をとり、政府の憲法改正案作成の作業に加わるものの、GHQがこれを否定してまったく新しい草案を用意したと見るや、いち早くその沈みかかる船から離れ、新生の東大法学部を根城に、「永久非武装」の平和国家の建設を訴えるのです。

3月7日の『毎日新聞』への寄稿には、誰よりも早く「元来民主主義は平和主義であるべきであり、真の民主国家は戦争を放棄するのが当然」、「徹底せる民主主義を採用した政府案が完全な非武装と戦争の放棄を宣告したことは極めて当然」との主張が見えます（「徹底せる平和主義」）。しかし、このとき、このすばやい転身を特におかしいと思った人がほぼいなかった、と同時に、宮沢自身が、このことをどう考えたかが、あまり明らかではないのです。

これをおかしく思った人があまりいなかったのは、先に見たようにこうした右往左往は、宮沢だけのことではなく、日本社会のほぼ全層におこった地滑り的な現象だったからです。

しかし、そのことを宮沢自身が変節とか立場の変換とどのくらい自覚したのかわからない、というところには、宮沢一人というより、東大法学部の教授たち、あるいは広く憲法学者一般の思想変換に通じる、立場変容の特徴があるように思います。簡単にいうと、世間一般の俗世界では変節、思想変容と見えるかも知れないが、法的意味においては——あるいは一段と上のレベルにおいては——一貫しているらしいのです。

## 1960年から最高裁長官となる横田喜三郎は、宮沢よりもさらにひどい、思想的変節をくり返した国際法学者でした

横田喜三郎（1896-1993）
（時事画報社「フォト」より）

そこでの特徴は、彼ら憲法学者が自分の中では首尾一貫していて、何ら変わるところがないと自認していた——この現象は近年の憲法学者のなかにも同様に観察できるようです——ということです。

たぶん、宮沢同様、法学の世界で変節漢として知られる戦後の横田喜三郎も、主観的には、自分は一貫しているのだと考えていたかも知れません。なぜなら、彼は、先に見たように、敗戦直後、

（1）憲法九条は「ただの戦争放棄」を明記しているだけで不戦条約と同じなのだから自衛権はあるのだ、と述べていました。その後、新憲法熱に浮かされ、つい一時的に、（2）戦争放棄は全面的で、自衛権も認められない、という方向に向かい、（3）天皇制批判なども行ったものの、（4）冷静になってみれば、当初の自分の判断は間違っていなかった。やはり、（1）憲法9条は当然、自衛権を認めている、日米安保条約も違憲などではない――。

外から見れば、典型的なオポチュニスト（御都合主義者）の道を歩んだと見えても、横田が自分では、「法的な意味で一貫している」と自任していた可能性を否定できないのです。

横田は、まず戦前に東京帝大法学部教授、GHQ万能の占領初期は、世論を主導する戦争放棄論者でかつ、天皇制の批判者、しかし社会が「逆コース」に転じると、「自衛論」を論じ、占領の終結以降は自衛隊解釈改憲論者、最高裁長官、最後は文化勲章受章、と学問の世界だけでなく社会的にも、一貫して日の当たる場所に立ち続けるのです。

**宮沢からも横田からも、みずからの思想的変節に対する自責の念は、なぜかほとんど感じられません**

そのような意味では、宮沢も同じです。彼は、1945年9月2日、降伏文書調印の日に東京帝国大学法学部で補講を行っています。「戦争終結と憲法」と題されたその講義で宮沢は、敗戦により軍が不存在となる以上、その状況に憲法を合わせ、大日本帝国憲法の軍規定を全面削除すべき、と述べます。法的な意味ではその後、美濃部達吉が——現状が変わったからといって憲法の条文を削除などすべきではないとの理由から——反対する「削除論」の提唱者ですが、同時に政治的にも宮沢は、軍規定はすべて排除すべしという非軍事化の考えをもっていた、ということです。

しかし次に彼は、9月28日の外務省での講演（「『ポツダム』宣言に基づく、憲法、同附属法令改正要点」）では、（1）軍規定はすべて削除すべし、（2）ただし民主的傾向の助成については「帝国憲法は民主主義を否定するものに非ず」、変更は一部でよし、と述べるようになります。

そしてさらに、10月から内閣の憲法改正のための組織、憲法問題調査委員会（松本委員会）のメンバーになると、（3）として、師の美濃部達吉、松本烝治の考えに同調、先の（2）のうち、「変更は一部でよし」の改正消極論だけを前面に出し、（4）最後、GHQ草案の出現に会うと、今度は平和国家の建設、永久非武装論を打ち出すのですが、彼の中では（1）の気持ちは自分の戦後の原点、自分は一貫していた、くらいの気持ちでいたかもわからないのです。

ここでもポイントは、あの「法的意味における革命」です。彼らはそういう特別の引き出しをほかにいくつももっていて、状況に合わせて、違う引き出しから自分の考えを取りだします。（1）の引き出しから出てくる指摘と、（2）の引き出しから出てくる意見とが私たちから見ると対立していても、彼らの中ではそれはレベルが違う。対立しない。一つは引き出しに仕舞われていて、もう一つを別の引き出しから持ち出しているのです。引き出しが一つしかない私たちから見ると、変節と見えることでも、いくつも引き出しをもっている彼らから見ると、その立場の変換、意見の変容にもかかわらず、一貫しているのです。

### 宮沢は、時代の圧力に負けて天皇機関説を棄てた自分の過去を正直に語っています

しかし、モラルとはそのようなものなのでしょうか。

モラルとは、いくつもあるなら、もう、モラルではないのではないでしょうか。あの佐野洋子の傑作絵本『100万回生きたねこ』において、何度も生きられるということが「生きる」ということの意味を奪っていたように、そしてその意味を取り戻すには生の一回性を取り戻さなければならなかったように、モラルとは、一つしかないからこそ、モラルなのではないでしょうか。

憲法学者でも、ほんとうにすぐれた学者は、そのことがわかっています。それで、そのように自分の憲法学とつきあっています。それが、自分の天皇機関説を美濃部達吉が撤回しなかったということの意味でしょう。それが、戦前の東京帝国大学法学部には存在し、戦後、省みられなくなった憲法学者のあり方なのだと思います。

宮沢は、時代の圧力に負けて天皇機関説を棄て、神権論に転じたころのことを、こう述べています。素直です。

いまから考えると、われながらふしぎであり、また恥ずかしいとおもうが、戦争中、ことにその末期には、ものを考える力が非常によわくなっていたような気がする。それまで何年かのあいだ、何を考えてもだめだ、へたに何かいうとひどい目に会う、というような圧迫感みたいなものに慣れっこになっていたせいか、戦争のことや、政治のことがなんだか自分の問題ではないような気がしていた。それよりも、いかにして米や卵を手に入れるか、という問題のほうが、もっと切実に感じられていた。

そしてこの文章は、1945年9月2日の話で終わっています。それは、こういうのです。

日本の全権が横浜のミズーリの艦上で、降伏文書に署名した九月二日に、秋の学期の講義がはじまった。

もう出征する必要のなくなった学生たちの顔には、安堵の色が見えた。教壇にのぼったぼくも、それまで直接または間接に講義——ことに、憲法の講義——の自由を圧迫していた神権天皇制の黒雲が消え去り、学問の自由の青空がすっかり晴れ渡っていることに気づいて、心からよろこんだ。しかし、それと同時に、その学生の安堵も、教師のよろこびも、われわれの祖国の降伏という、とほうもなく高い値いを払って購われたものであることに考え及んで、そう手ばなしで安堵し、よろこんでいいものかどうか、わからなくなった。そして、学生たちとその教師は、複雑きわまる気持ちで、いう言葉もなく、しばしたがいに顔を見合わせたのであった。

（「八月十五日を想う」『憲法と天皇』東京大学出版会）


**一方、新憲法制定の過程で力を失っていった美濃部達吉（東大法学部教授、憲法学）の態度は、じつに立派でした**

信念の体系をもつとは何でしょうか。

それは、何かを一途に「信じる」ということではありません。それだけでは足りない。純粋であっても、正直であっても、それだけでは足りない。理念は現実との生き生きとした関係のうちにとらえられなければ、新たな意味をもつことはありません。

宮沢に勇気がなかったことは、間違いありません。しかし、信念を保ち続けるのに必要なカギは、たぶん、勇気があるかないか、ではないのです。現実と信念の間の関節を柔軟に堅固にできるか。一歩退きながら戦う、そういうことが必要なのです。

宮沢の師でありながら、宮沢とまったく違った生き方を示した美濃部達吉は、戦後、政府の憲法問題調査会で松本委員長から諮問を受けて準備した「美濃部意見書」（1945年11月8日）で、こう答えています。

まず憲法は一部改正で良いか、全部改正すべきかについては、民心一新のためには全部改正が必要かもしれぬと。

次に、憲法の改正には降伏の結果としての現状を基礎とすべきか、将来の独立を期して独立国たることを基礎とすべきかについては、つぎのように答えています。

若し現在の状況を基礎とすべしとせば、陸海軍、外交、戒厳、兵役に関する第11、12、13、14、20、32の各条を削除するとともに、第１条をも『日本帝国は連合国の指揮を受けて天皇之を統治す』というが如き趣旨に修正する必要あるべし。寧《むし》ろ現在の状態は一時的の変態として考慮の外に置き、独立国としての日本の憲法たらしむべきに非ずや。（「日本国憲法制定の過程」国立国会図書館ＨＰ）

美濃部達吉（1873-1948）

いやしくも憲法をつくるのであれば――改正するのであれば――永続するもの、独立国としての憲法を考えるべきではないか。その場合には現状を考慮の外に置くことが大事ではないか。しかし、もし、現状を基礎とするなら、最低、正直にその旨（「日本国は、連合国の指揮を受けて、天皇がこれを統治する」）をその一時的な「憲法」に書きこまなければならない。美濃部が述べているのはそういうことですが、それ以前に彼が前提としているのは、憲法というものは恐るべきもので、決めたら従わなければならない。だから、そのつもりで決めなさい、というもっと単純なことなのです。

**美濃部は、世の大勢が強者に順応していくなか、自分はそれに追従せず、しかし距離を保ったまま、どこまでも民衆につきあい、そして警告します**

そのため、自分は反対にもかかわらず、GHQのつくった憲法改正案が可決された場合には、どうするか。仮定の問題には答えられないなどとはいわず、どこまでも敗色濃い現実につきあい、美濃部は書きます。自分はたしかにこれまで改正に反対してきたが、

戦争の権利を永久に放棄し、軍備を永久に撤廃するのは頗《すこぶ》る重大であるが、平和日本、文化日本のためにこれを歓迎するに躊躇《ちゅうちょ》しない。但《ただ》し、武力による外国の攻撃に対して、若《も》し列国の安全保障が無いとすれば、日本は自己の生命を維持する力の全く無いものとならなければならない。其《そ》の点に付き連合国又は国際連合との間に必要な了解がすでに成り立っているのであらうか懸念に堪えない。(「憲法改正の基本問題」『法律新報』1946年4・5月合併号)

妥協して、私も平和日本をよしとし、これを歓迎しよう。しかし、このようなことをほんとうに

考えるのであれば、政府は国際連合に将来の加入を見越した集団安全保障への参加について、主体的に折衝をおこなっていなければならないが、その点について、政府は連合国とのあいだで「必要な了解」を得ているのかどうか、心配だ、というのです。

そこには世の理想主義の「光輝」への傾倒を安手の惑溺《わくでき》と感じさせる、また「法的意味」という治外法権の世界に安住する専門家の特権意識とは無縁の、憲法と生きるか死ぬかでつきあってきた、ほんものの専門家の立ち居振る舞いがあります。

美濃部は、世の大勢が強者に順応していくと、自分も世の動きに追従するのではなく距離を保ったまま、しかしどこまでもつきあっていこうとします。憲法改正案が、自分のただ一人の反対を超えて、枢密院でも可決され、新しい憲法が制定されると、また、こう書きます。

憲法9条は、何らの留保も無く無条件に戦争を放棄したのであるから、万一外国から侵撃を受けた場合にも自衛的戦争の途《みち》無く徒《いたず》らに滅亡を待つの外《ほか》ないことになるやうであるが、それは他日完全なる独立を回復したのちに考慮せらるべき問題で、其の時までは「平和を愛する諸国民の公正と信義に信頼して」国の生存を保持する外はない。（『日本国憲法原論』１９４８年）

彼は世の大勢が「相互主義の留保もなく」「無条件に戦争を放棄」することに賛成すると見るや、それに追従するのではなく、孤立するのでもなく、自分もそこまで後退し、しかし先回りして手をあげて、間違った道への行く手をふさぎ、同胞に警告するのです。

**美濃部はどのような形で、このころ憲法学者の大半を含めた「大衆の大多数が向いていく方向」と「対決」したのでしょうか？**

美濃部達吉は天皇主義者です。私はそうではありません。ですから、私の考えは、美濃部と違います。しかし、人がものをどのように考えなければならないか、ということを、私たちは彼から学ぶことができます。

まず、天皇の民主化による「空白」を抱えながら、しかもなお、戦争放棄の「光輝」に負けないで、クールに考え続けるとはどういうことか。彼は、戦争放棄というなら、「連合国又は国際連合」との間に集団的安全保障が成立した暁には、それによって日本を保護する、という了解が成立しているのだろうか、それなら、そう明言してもらいたいものだ、と考えます。

また、戦争放棄の条項が決まってしまうと、今度は、仕方がない、独立するまでは「平和《ピース・》を愛する諸国民《ラビング・ピープルズ》」、つまり日本を占領中の連合国の「公正と信義に信頼して」、彼らの公正心、信義心にまつしかない。独立したら、それでよいのかそのとき再度、考えるしかあるまい、と同胞に教え、さとすのです。

もはや天皇さえもがみずからの主権の剥奪を受けいれ、占領軍への協力の意向を明らかにしているのですから、天皇主義者である美濃部の心には大いなる「空洞」があるはずなのですが、捨身の戦争放棄の宣言によって世界に対し「精神的なリーダーシップ」を取る、というような安手の誘惑に乗る心の傾きは見られません。

その美濃部にしては、せっかく枢密院でただ一人改正に「反対」したのに、その後、なぜその反対を貫かないのか、ここまでずるずると後退を続けるのは、孤立を恐れているのか、オールド・リベラリストの限界か、と考える人がいるかもしれません。しかし、美濃部のこのあり方は、むしろ私に吉本隆明がのちに「思想のオーソドクシー」と呼んだ思想のあるべき姿を彷彿とさせます。吉本は、１９６０年代の前半、ある場所でこう述べています。

僕がどこに〔思想の〕正当性《ママ》を認めるかということになるのですけれども、大衆の大多数が向いていく方向にどこまでもくっついていくのがオーソドックスだと考えます。大衆の動向に追従していくのではなくて、それと緊張関係にあって対決しながら、どこまでもくっついていくべきだというのが、僕が大よそ考えているオーソドックスであるわけです。（共同討議「日本思想史と転向」での発言、『共同研究転向』下巻、平凡社）

では、どのような形で美濃部は、このとき憲法学者の大半がよしとした「大衆の大多数が向っていく方向」と「対決」しているでしょうか？

私は反対したが、結局対立案が通った。政府が戦争放棄の改正案を提出したいま、平和日本を歓迎するのに躊躇しない。しかしほんとうはそれは「相互主義の留保のもとで」「自衛戦争の権利」は保持したまま、追求すべきものである。とはいえ、それも受けいれられないいま、私はさらに譲歩して無条件の戦争放棄条項もそれとして認める。しかし、それでは敵国が攻めてきても「自衛戦争」ができない。それは非常に困ったことなのだという現実だけは、忘れないでもらいたい。そう彼は読者にむかっていいます。

つまり、1945年10月、改正は占領下の現状を基礎とすべからずという意見書を提出。翌46年6月3日、それでも現状を基礎とする改正案が提出されたので、枢密院で一人だけ反対。しかしその改正案が最終的に制定、公布され、施行されたので、48年、これは彼の亡くなった年ですが、この無条件の戦争放棄を憲法が定めたことは受けいれるが、そのことへの否定的評価だけは譲れない、と彼はいうのです。このように、存在するものを受けいれながら、それへの否定的な評価をも譲らず、明確に発言するということが、後退に後退を続けたあとの最後の彼の「大衆の大多数」の動向にむけての応答であり、また対立的姿勢なのです。

**「丸裸かになって出直さない」これが美濃部の憲法学者としての態度でした**
**しかし残念ながら戦後の日本の法学は、美濃部ではなく、宮沢の態度のうえに基礎がつくられていきました**

宮沢も、同じく戦争放棄について述べています。１９４６年3月、政府の現状維持を基礎とする改正案が出るのと同時に発表された、従来の論を大きく転じる永久非武装の論です。

　このたびの憲法改正の理念は一言でいえば平和国家の建設ということであろうと思う。（略）日本を真の平和国家として再建して行こうという理想に徹すれば、現在の軍の解消を以て単に一時的な現象とせず、日本は永久に全く軍備をもたぬ国家――それのみが真の平和国家である――として立って行くのだという大方針を確立する覚悟が必要ではないかと思う。

　いちばんいけないことは、真に平和国家を建設するという高い理想をもたず、ポツダム宣言履行のためやむなくある程度の憲法改正を行ってこの場を糊塗《こと》しようと考えることである。こういう考え方はしばしば「官僚的」と形容せられる。事実官僚はこういう考え方をとりやすい。しかし、それではいけない。日本は丸裸かになって出直すべき秋である。（「憲法改正について」傍点原文）

引用の最後の部分は、先に外務省の職員の前で「官僚的」にアドヴァイスした自分への戒めとも取れます。しかし、憲法それ自体との関係は、操作的であり、やはり学者官僚的なままにとどまっています。

美濃部の場合は、違います。「丸裸かになって出直さない」、これが彼の憲法学者としての態度なのです。

戦後の平和思想は、残念ながら、この美濃部の態度のうえには築かれませんでした。過去の歴史を意図的に遮断したうえで、宮沢の態度のうえに基礎づけられていくのです。

# 第6章　冷戦の激化——マッカーサーからダレスへ

## 1　孤立するカーツ大佐＝マッカーサー

こうして、憲法9条の戦争放棄条項をもとに生まれることになった日本の平和主義思想は、マッカーサーが連合国最高司令官であった時期は、マッカーサーに「おんぶに抱っこ」というありさまで推移していきます。

変化が生じるのは、1948年暮れのアメリカの大統領選に向けた地方の予備選段階で、マッカーサーが大敗し、その本国でのカリスマに影がさすようになったのが最初でした。以後、冷戦の激化が、少しずつマッカーサーを時代に取り残された存在にしていきます。

一方、マッカーサーの声望が本国で力を失うなか、日本に乗り込んでくるのが、新たな冷戦思考を体現する、平和条約と安保条約締結のための特使ジョン・フォスター・ダレスです。こうして日本を舞台にダレスとマッカーサーの綱引きがはじまると同時に、朝鮮戦争が勃発し、冷戦が熱い戦争へと変わり、マッカーサーもやがて解任されます。そしてマッカーサーという守護神を失った憲法9条はしだいに空洞化し、有名無実化への道を歩むようになりました。

その道のりは、おおむね次のようなものでした。

**平和条約の交渉と並行するかたちで、マッカーサーからダレスへの路線変更が進み、日米安保と憲法9条が共存する新しい時代へと移行していきます**

1949年3月3日、次期大統領の夢のついえたマッカーサーが、日本は「太平洋のスイスになれ」という発言をすると、とたんに『朝日新聞』の社説が、日本の永世中立構想を唱えるようになり（「中立への道」1949年3月4日）、日本の論壇に中立志向が広がります（それまでスイス型の永世中立論は出ていませんでした）。その結果、平和条約締結に向けた単独講和（片面講和）と全面講和の主張の双方が、マッカーサーから流れ出てくるかたちとなり、吉田茂と南原繁という二人のシゲルがマッカーサーを後ろ盾に議論を戦わせます。

しかし、冷戦シフトに転じた本国からの圧力のもとで、50年1月1日、マッカーサーがこれまでの見解を変え――とはいえ周到にもマッカーサーは、結局自分の口から一度も「自衛権の否定」を明言していませんでした――、9条の規定はなんら「特別」ではないこと、すなわちそれは「自己防衛の冒しがたい権利を否定したものとは絶対に解釈できない」と宣言すると、かつての「特別の戦争放棄」の輝きが政府当局者、政府寄り知識人の言説から、潮を引くように姿を消してゆき、いわば引き潮の干潟のもとに「全面講和＝非武装中立＝護憲」VS「単独講和＝日米安保＝改憲」という、その後の二つの対立の原型が姿を現すようになります。

１９５０年を境とするマッカーサーからダレスへの重心の移動は、そのまま憲法9条から日米安保への軸足の変化に重なります。

平和条約の締結に向け、満を持してダレスが特使としてやってくると、それまで誰も太刀打ちできなかったマッカーサーの、本国との連携のない独自の理想主義とのあいだで綱引きがはじまります。そして50年6月、朝鮮戦争が勃発すると、形勢が一気にダレス有利に傾き、二人の勝負に決着がつきます。

ジョン・フォスター・ダレス（1888-1959）（ダレス図書館）

しかしマッカーサーが同じ年の7月8日、警察予備隊の設置を命じてみずからが書いた9条の理念を崩壊させ、さらに翌51年4月には解任されてしまったあと、9月にはダレス主導で、サンフランシスコ平和条約と日米安保条約が締結されたのです。

しかし平和条約の締結は、真の独立を意味せず、9条は姿をひそめ、日米安保が急速にクローズアップされてきます。先に『戦争放棄』（１９４７年）を出版して日本の「特別な戦争放棄」を言祝《ことほ》ぎ、『天皇制』（１９４９年）により天皇制批判を展開していた横田喜三郎が、新たに『自衛権』（１９５１年）を刊行して、9条の認める「武力なき自衛権」は「他国の軍事援助」を禁止しているわけではないと述べて、日米安保体制の容認に転じます。

そして52年10月、その日米安保のもと、警察予備隊が保安隊に昇格すると、同じく憲法9条の「自衛権の否定」を明言していたはずの吉田茂の内閣が、必要最小限の「実力」の保持は違憲ではなく、「アメリカ駐留軍」もまた「憲法第9条の関するところではない」との『戦力』に関する政府統一見解」を発表して、マッカーサーからダレスへの路線変更を完了させます。

こうしてアメリカによる軍事駐留、すなわち日米安保体制と憲法9条が共存する、新しい時代が幕を開けたのです。

## 国連が核の共同管理を行う体制は、アメリカの方針転換によって頓挫し、米ソが原爆を持ってにらみ合う、本格的な冷戦構造が生まれました

この時期を決定づけるできごとは、1947年3月のトルーマン・ドクトリンの発表により、その色合いを鮮明にする東西冷戦の開始です。

冷戦の起原は、かつて戦後世界の勢力図を連合国首脳が秘密裏に取引した、45年2月のヤルタ会談にさかのぼります。それは、東欧の戦後処理をめぐる米ソ対立を契機に顕在化しますが、私の見るところ、それと同じくらい大きな要因に、核兵器と核技術の国際管理をめざす国際連合の原子力

委員会の不調と頓挫がありました。途中でアメリカが方針を転換し、核技術の独占の維持に転じたことが、原因でした。

戦争終結当時、核の技術と兵器を独占していたアメリカは46年3月、国際連合原子力委員会にアチソン＝リリエンソール報告書を提出して核技術の国際管理を提案します。これは事実上、核技術のアメリカによる独占を手放す画期的な提案でした。しかしやがてその理想主義的方向は修正され、核分裂物質の採掘と精製を私企業に委ねる、はるかに現実的なバルーク案に交代します。

この領域における私企業の介入とは、つまりは核技術のアメリカ独占状態を堅持することを意味していました。当然ソ連は反発し、独自に核開発を進める決定をします。その結果、国際連合の原子力委員会は早くも48年5月には無期限の休会に追いこまれます。そして、1年3ヶ月後、49年8月にソ連による初の原爆実験が成功すると、アメリカ社会にパニックが起こり、以後、マッカーシズムの「赤狩り」がアメリカ社会にひろがり、冷戦の到来と米ソの対立が決定的となるのです。

## 冷戦の到来をいち早く予言したのは、ジョージ・ケナンでした

それより先、46年2月にはモスクワに赴任していた外交官のジョージ・ケナンから送られてきた対ソ政策を分析した論文が、国務省、統合参謀本部を動かし、戦後の対ソ不信とあいまってアメリ

カのソ連政策を大きく転換させる、というできごとが起こっています。

冷戦の到来をいち早く予言することで、アメリカに冷戦仕様の考え方をもたらしたのが、このケナンです。

ケナンは、ソ連の指導者が体制内矛盾を押さえ込むのに「外敵」の存在を必要としており、戦後、アメリカとの協調路線に応じる状況にはないと見ました。アメリカにできることは、ソ連の勢力拡大の試みに断固たる態度で臨み、これを「封じ込める（contain）」ことだというのが彼の結論でした。トルーマンが戦後世界の共産化に反対し、これに敵対する姿勢をアメリカの議会で鮮明にした一般教書（「トルーマン・ドクトリン」47年3月12日）は、その「ソ連封じ込め」の政策を取り入れたものでした。

ところで、このトルーマン・ドクトリンから一週間もたたない47年3月17日に、マッカーサーが対日講和促進の「爆弾発言」を行います。日本の軍事占領はいまや非軍事化と民主化という所期の目的を達成しつつある。残された経済回復という課題を達成するには、日本の自助努力による貿易拡大が一番なのだから、できれば1年以内に対日平和条約を結び、総司令部（GHQ）は解消すべきだというのです。これは、マッカーサーからすると、48年暮れの次期大統領選を念頭においての提言でしたが、マッカーサーの認識が国際社会の動きから一歩取り残されていることを印象づけるできごとでした。

トルーマン・ドクトリンとこのマッカーサーの早期講和論では、基礎になる現状認識が大きく違っています。トルーマンの見解が対ソ封じ込めという「冷戦思考」の開始を告げているのに対し、マッカーサーの見解は、戦争終結直後のルーズヴェルト、スティムソンらの認識と地続きの、連合国同士の「米ソ協調路線」を前提とするものだったからです。

この間、アメリカの国務長官は、47年1月を期してジェームズ・バーンズからジョージ・マーシャルに代わっていますが、マーシャルは国務省に政策企画室を新設し、ケナンを室長に迎え、冷戦思考を基礎に、新たな対ドイツ（これがマーシャルプランとして日の目を見ます）と対日本の政策を展開しようとしていました。

## 1949年以降、ケナンの影響力は低下し、代わってダレスが台頭します

ジョージ・ケナンは、1904年の生まれ。北欧、バルト3国などに勤務したあと、ドイツでロシア語を学び、1930年代にロシアに滞在、1944年にモスクワに代理大使として再び赴任していた、きわめて優秀な少壮官僚です。ロシア語のほかにドイツ語、フランス語、ポーランド語、チェコ語、ポルトガル語、ノルウェー語を操る、国際的な視野と現実感覚を兼ね備えた、新しいタイプの戦後型外交官でした。

彼は過去のアメリカの外交政策の過ちは、その「法律家的・道徳家的アプローチ」にあるとし、

ジョージ・ケナン（1904-2005）（モスクワ大使館HPより）

外交上必要なのは相手国の「国家的利益をおだやかに教化する」、「控え目でほとんど女性的ともいうべき機能」だという持論の持ち主でした。「啓発された自己利益」にもとづく現実主義的アプローチがこれからの外交の基礎となると彼は考えていました。

　ここで大事なのは、彼の現実主義が理想主義をも内包していたことです。このケナンの「ラディカルな現実主義」（船橋洋一）により、第二次大戦期、アメリカを導いたルーズヴェルトやスティムソンらの理想主義的で「法律家的・道徳家的アプローチ」が、一挙に古めかしいものになります。とはいえ、単なる現実主義ではルーズヴェルト流の理想をひめた道徳家的アプローチは更新できません。戦争終結からほどなく、これまでの理想主義ではもう甘い、という感覚を呼び起こすのは、これに代わる、単なる現実主義とも異なる、冷戦初期の新しい国際感覚をともなったもう一つの理念的な現実主義なのです。（ケナン『アメリカ外交50年』岩波書店）

　ケナンのソ連「封じ込め」政策も、日本語の訳語だと「強圧的」な感じを受けますが、『アメリカ外交50年』の訳者有《ある》賀《が》貞《ただし》が指摘するように、もとのコンテイン（contain）という言葉には「中に入れておく」「せきとめておく」という非攻撃的な意味あいがあります。そのニュアンスは、コンテナ（container）という単語を思い浮かべればわかりやすいでしょう。危険物を容器（コンテナ）に収容しておく、というどちらかというと保安的配慮がまさっており、そこに攻撃的なニュアンスはありません。

しかし、その「おだやかさ」がその後、生ぬるいとされ、2年後、1949年1月に国務長官がマーシャルからディーン・アチソンに代わると、ケナンの国務省内における影響力は急激に低下します。そして、やがてダレスが対日平和条約の成功により、53年1月に国務長官に就任し、「封じ込め」と正反対の「巻《ま》き返《かえ》し（roll back）」政策を唱えるようになると、それに賛成できないケナンは、国務省を去ることになったのです。

## 日本の占領政策は、ケナンとダレスの出現によって大きく転換しました

日本の占領政策の大転換（いわゆる「逆コース」）は、このケナンのソ連「封じ込め」政策の採用によってもたらされ、ダレスの「巻き返し」政策によって大きく加速します。

というのも、ソ連を封じ込めるためには、日本とドイツの経済回復がカギになるからです。それまでは両国の無力化に向け、財閥の解体が基本方針となっていましたが、それが完全に逆転し、旧支配層の追放解除と、反対に共産主義的、社会主義的傾向の排除、アメリカ本国に倣う「レッドパージ」が占領政策の主流になります。

マッカーサーの統治政策とアメリカ本国の占領政策との齟齬《そご》も、この冷戦の本格化によって大き

なものとなっていきます。

マッカーサーの早期講和論（254ページ）は、〈日本の非軍事化と民主化が達成され、責任ある政府が生まれたときには占領軍は撤退する〉というポツダム宣言の本来の趣旨に沿ったものでした。これはまったくの正論だったうえに、当時の国務省の日本部門の責任者（日本部長、北東アジア部長を歴任）が親日派のヒュー・ボートンだったこともあり、当初、アメリカ国務省を動かし、極東委員会に向けた早期講和予備会議の提案に結実します。

ところが冷戦の影響がここにも及んでいて、極東委員会でのソ連の強硬な反対に会い、実現の見通しが立ちませんでした。そしてこの後、ケナンの路線が国務省の大勢を占めると、ボートンの早期講和路線は国務省のなかで力を失うことになったのです。

極東委員会の場では、49年9月になってようやく、アメリカの国務長官アチソンとイギリスの外相ベヴィンの会談により、日本の早期講和で一致が見られますが、そのときにはすでに、アメリカ本国の経済復活優先・再軍備志向と、マッカーサーの米ソ協調のもとでの中立・非武装・早期講和論とは、はっきりと対立の様相を示すようになっていました。

**占領政策を転換させようと、さまざまな圧力が加えられるなか、マッカーサーは、「連合国最高司令官」と「アメリカ陸軍元帥」の二つの帽子を使い分け、対抗します**

このとき生じたアメリカ本国側のマッカーサー包囲網は、主に三つからなっていました。最初の二つは、アメリカ国務省と統合参謀本部。そして最後の一つが、48年6月、ちょうどマッカーサーのカリスマが本国で消えるころあいを見計らって生まれた反マッカーサーの親日保守圧力団体、アメリカ対日協議会です。

まず、48年に入ると、1月6日にロイヤル陸軍長官がサンフランシスコで、「日本を極東で起こりうるどのような全体主義的脅威に対しても、防壁として役立つようにする」という趣旨の演説を行います。新憲法の戦争放棄条項があるなかで、ただちに日本に再軍備を求めることは不可能だとしても、日本が西側世界の「防壁」となることは可能だというのです。

続いて3月には国務省のジョージ・ケナンと陸軍次官のウィリアム・ドレーパーを長とした使節団が日本に派遣されます。彼らは表向き、別々に来日しますが、日本の産業力を回復する方向に180度変更させるようマッカーサーを説得し、また日本側にも働きかけるという点で、共通の目標をもっていました。

これに対しマッカーサーは、あくまで連合国最高指令官という立場から、彼らアメリカ本国の対立者たちに対峙します。国連の権威にもとづく、連合国最高指令官としての法的地位を、みずからの占領統治における権力の後ろ盾にするようになるのです。それが大統領選の地方予備選で思わぬ大敗を喫し、本国での影響力を失ったマッカーサーが見つけた、最後のよりどころでした。その後、マッカーサーが口にするようになる、日本は東洋のスイスであれという「非武装中立構想」も、おそらくそうした国連重視という立場から出てきたものだと推測されます。

彼は、イギリス駐日外交代表オールバリ・ガスコインに、次のようにいいます。自分は「連合国軍」の占領司令官であるみずからの地位を、これまでは「常に軽視」していた。しかし、アメリカ本国と自分の考え方の違いがいよいよ明確になってくると、「この肩書にあらたな価値を見いだす」ようになったのだ、と。つまり、

もしワシントンが、自分が反対していることを命令してきたら、帽子を取り替えるだけでよいのだ。マッカーサーは自身を「国際職員」であると述べ、「純粋にアメリカの公僕である」かのようにワシントンが自分を命令することはさせない、と決心した。（マイケル・シャラー『マッカーサーの時代』恒文社１９９６年）

マイケル・シャラーが伝えるこのマッカーサーの発言が非常に興味深いのは、このとき日本に向かったケナンが、まさしくマッカーサーについて、同じ問題を見ていたからです。彼はマッカーサーに会うに際し、占領国における連合国最高司令官の問題について、次のように見ていました。

困難は次の事実からうまれていた。すなわち、当地の最高司令官が米本国の帽子と国際的な次元での帽子と、二つの帽子をもっているということである。あるときは彼らは米本国の指令

を実行する。またあるときは彼らは連合国との国際的な合意を実行する。一つの帽子で窮地に陥ると、すぐに帽子を取り替える。この二つの帽子の使いわけで、意に添わないワシントンの指令ならいつでも拒否できるとてつもない権限を彼らは手中にしていたのである。（ジョージ・ケナン『回顧録』読売新聞社）

そして、ここまで何度も引用してきた『マッカーサーの時代』の著者シャラーは、先のイギリス駐日外交代表ガスコインの証言を紹介したあと、おそらくこのケナンの『回顧録』を念頭に置いてでしょう、こう書いています。

三月初め、マッカーサーはケナンが太平洋横断というこのうえなく疲れる飛行を終えて地上に降り立つのを待って、ケナンを出頭させて、慇懃《いんぎん》に屈辱を味わわせようとした。夜遅い会合では、ケナンには背を向け、同行者のC・V・R・シャラー陸軍少将に対し2時間も喋《しゃべ》り続けている。「指一本立てたまま力をこめてテーブルを叩きながら」、ジュリアス・シーザー以来の軍事占領史、およびアジアに民主主義とキリスト教を持ち込もうとしている自己の聖戦について長談義を行った。（略）

相手のスペースにはまりたくないケナン（マーシャルはマッカーサーを挑発しないようしつこく注意した）は、みずからマッカーサーに二度目の会見をとりつけた。（シャラー、前掲）

## マッカーサーとケナン、ダレスの関係は、コッポラの映画『地獄の黙示録』を見るとよくわかります

私は、このときのマッカーサーと本国の関係を何よりも生き生きと伝えるものは、フランシス・フォード・コッポラの1979年のベトナム戦争映画、『地獄の黙示録』だと思います。

この映画は、制作者自身にそのことがどの程度意識されていたかはわかりませんが、アメリカ本国におけるマッカーサー神話ともいうべきものの深刻さ、アメリカにおけるアジアの意味を、私たちに思い知らせます。ベトナム戦争がアメリカにとって未曾有の敗戦となったあと、その「悪夢」が甦《よみがえ》るようなかたちで、彼らのなかにかつてアメリカ本国のいうことを聞かず、海の向こうに独立王国をつくったマッカーサーの他者性、アジア性ともいうべきものが、想起されているのです。

この映画の原題は、『アポカリプス・ナウ（現代の黙示録）』。アメリカ政府ならびに軍の協力を受けられなかったため、やはりマッカーサーゆかりの地であるフィリピンで製作されました。

この映画は、アメリカ陸軍空挺将校で要人暗殺の経験をもつウィラード（マーティン・シーン）が、ベトナム戦争のさなか、上からの指令を受け、カンボジア奥地のジャングルに入り、そこに独立王国を築いてもはや本国の命令を聞こうとしない、元グリーンベレー隊長のカーツ大佐（マーロン・ブランド）を暗殺しにいく話です。原作はコンゴを舞台にしたジョゼフ・コンラッドの『闇の奥』ですが、コッポラはその舞台をアジアでの戦争に変えています。

ベトナム戦争の狂乱と殺戮のあいだをぬってメコン河をさかのぼり、ウィラードは最後、ついにジャングルの沼地に身を沈めるカーツ大佐と相まみえるのですが、この両者がそのまま、この1948年のケナンとマッカーサーの姿に重なるのです。

当時ケナンは44歳、マッカーサーは68歳です。結局、ケナンによるマッカーサーへの説得は、二度目の会見でもわずかな成功しか得られないのですが、その出会いは両者に強い印象を残しています。

ケナンは日本の各地を視察して、占領軍があまりに特権的に日本を支配しているため、乏しい国家予算の3分の1が潤沢な占領費に費やされ、ほとんど日本に国力回復の余地がなくなっていることに衝撃を受けます（『回顧録』）。同僚に書き送った書簡には、マッカーサーを取り巻く司令部の息苦しさと権謀術数は「女帝キャサリン二世の宮廷の現代版」のごとくで、マッカーサー司令部内は、スターリン支配下のクレムリンのようだと記しています（シャラー、前掲）。

一方、マッカーサーはジュリアス・シーザーの軍事占領の話に何ら関心を示さない奇妙にさめたこの少壮外交官の風情に、第二次大戦終結後の気分とは明らかに違う、いま新たにうまれつつある国際政治の未知のひんやりした現実主義的感触をおぼえていたはずです。このとき、ケナンはマッカーサーに、非軍事化はポツダム宣言の専決事項で、連合国の同意のもとに遂行されるべきだが、経済回復は極東委員会の管轄外なので、アメリカ独自に進めることができることを示唆します。これはツボを押さえた実にスマートな指摘でした。平和条約の締結後も日本を非軍事化したままにとどめるという点で、このまったく肌合いの違う二人は、じつは同じ日本の未来像を共有していたのです。

けれども結局、冷戦の激化は、その後、このケナンの理想主義を秘めた現実的アプローチをも、時代遅れのものとして振り落として進みはじめます。そして次に新しい暗殺者としてやってくるのが、トルーマンによって国務省顧問（平和条約と安保条約締結のための特使）に任命されたジョン・フォスター・ダレスです。そしてこのケナンよりも一枚も二枚も上手のウォール街とアメリカ統合参謀本部の代弁者が、最後は朝鮮戦争の勃発に乗じて、極東の独立王国のカーツ大佐に、いわば最後のとどめを刺すことになるのです。

## 2　二人のシゲル──単独講和か全面講和か

極東の独立王国の新しい王としてのマッカーサーに大いなる打撃を与えたのが、すでに述べたとおり、１９４８年の大統領選予備選での思わぬ敗北でした。

マッカーサー本人の期待はもちろん、『ニューヨーク・タイムズ』などアメリカの新聞の大方の予想にも反して、地元の支持者たちと周到に準備したはずの、最初のウィスコンシン州での予備選挙が、大敗という思わぬ結果に終わるのです。

思えばマッカーサーの声望とカリスマは、彼が海の向こうの戦場あるいは占領地にいて、本国に姿を見せないことによって支えられていたのでした。しかもそこで彼への待望論をあおっていたのは、戦況とともに伝えられる軍事的英雄としての姿でした。しかし、その戦争もすでに終わっており、太平洋に名をとどろかせたスケールの大きな英雄が、ウィスコンシン州というアメリカの一地方に降りたってみれば、いまや無用の長物であることを、はからずも中西部の共和党の地方指導者たちの冷遇が明らかにするのです。

いつもどおりの彼の独善的なやり方に、従来型の選挙戦のために「足場を固めていた指導者たちは、マッカーサー将軍が地方政治に口出しした」と憤慨します（シャラー、前掲）。

4月6日、ミネソタ州で彼が獲得した代議員数はライバル候補の19名に対し、わずか8名。続く6月の共和党大会の第一回投票でも8票しか獲得できず、彼の獲得した票のすべてがただちに被指名者のトマス・E・デューイに回されます。要するに、1948年4月の段階で、マッカーサーの大統領への夢は早々に断たれてしまうのです。

**大統領選の予備選での惨敗が、マッカーサーのカリスマ性を完全にはぎとってしまいました**

シャラーは「ウィスコンシン州での大敗を知ったとき」、マッカーサーが「まるで敷物のように沈んでいた」というある観察者の記録を伝えています。そしてこの予備選挙の結果が、いわばマッカーサーの呪縛から、アメリカの指導層を解き放つのです。

この年の10月6日、国家安全保障会議は賠償の終結、日本の産業に対する制限の撤廃、輸出主導の生産促進を骨子とする、これまでのマッカーサーの政策と真っ向からぶつかる対日指令文書[1]を決定します。また、トルーマンは、12月10日、マッカーサー司令部に9項目からなる経済指令を発するとともに、特使として銀行家のジョセフ・ドッジを派遣して経済政策の実行を命じます。「いまや時代遅れのマッカーサー」は、その指令に従わざるをえず、政策全体も大きく右へ旋回し、日本では「逆コース」が本格化することになります。

そのころまで、マッカーサーは先に述べた日本の早期平和条約締結の主張を堅持していましたが、以後それは、日本の産業力の回復をめざす本国の政策変更により、はっきりと先送りとなります。すでに述べたとおり49年3月にも、彼はなお、ソ連をも日本の平和条約締結の土俵に引き入れることで、日本の親米路線のもとでの永世中立化が可能だとの考えを打ち上げ、本国の方針とは異なる日本の「太平洋のスイス」構想を発表しますが、以後、彼の主張はジグザグ状の迷走をくり返すようになります。

マッカーサーにとって日本とはしょせん、みずからの占領政策を実現するための競技場《プレイフィールド》であり、その占領政策も、野心実現のための一つのゲームにすぎませんでした。彼はそのゲームに勝利するため全力を傾けますが、大勢が日本の産業復興、再軍事化に向かい、打つ手がなくなったのち、やむなくそれに応じながら次の展開を考えるというのが、このあとの彼のやり方となるのです。

そしてしだいに、マッカーサーの占領政策から、それまでの革新色が消えていきます。いまやGHQは「日本の保守層と公然と」同盟を結ぶにいたります。本国でもマッカーサーの威信は低下する一方で、マッカーシズムの赤狩り旋風へと傾斜しつつある１９４８年のワシントンでは、もとGHQで勤務した者が新しい就職口を見つけることは、難しくなろうとしていました。

## 「再軍備・親米・単独講和」と「非武装・永世中立・全面講和」という二つの主張は、ともにその起源をマッカーサーにもっていました

そうしたなか、１９４９年10月には中国大陸が毛沢東の共産党支配のもとに統一され、中華人民共和国として独立をはたし、アメリカが中国を失ったことがはっきりします。日本ではその中国への謝罪も視野に、来たるべき講和に向けて、単独講和（片面講和）か全面講和かをめぐる論議がにわかに熱を帯びはじめます。単独講和とは、東西冷戦のもとで、まず日本はアメリカほかの自由主義陣営の国々との平和条約締結で早期独立をはたし、経済復興をなしとげ、その後、残りのソ連など共産主義陣営の国々と講和をはかる、という考えで、自民党吉田内閣がこの方針に立ち、早期の平和条約締結をはかっていました。

これに対し、全面講和とは、東西冷戦のもとでも日本はソ連や、とりわけかつて侵略した中華人

民共和国を含め、関係するすべての国と全面的な平和条約締結を行い、世界平和にも貢献すべきだという考えで、当時、東大総長の南原繁らがこれを強く主張していました。こちらは、全面講和によって独立した後、日本は外交面で中立路線をとる国家になろうという方針にもとづくもので、憲法9条とも関係しています。

その結果、この二つの論は「再軍備（軽武装）・親米・単独講和」と、「非武装・永世中立・全面講和」という大きな主張の対立を包含することとなり、占領下で初の社会全体を巻き込んだ憲法9条をめぐる議論を生み出していきました。

ところで、興味深いのは、この両論がある意味で、ともにその起源をマッカーサーにもっていたことです。つまり吉田茂と南原繁という二人の〝シゲル〟が、ともに「マック」の子どもだったのです。

49年当時、単独講和を主張する首相の吉田茂は、講和後はアメリカの軍事力によって日本が守ってもらえれば、それが上首尾と考えていました。そのため、日米二国間での安全保障体制を念頭に、とりあえず経済復興をめざす早期独立が考えられましたが、それはマッカーサーの憲法9条に明記された「ただの戦争放棄」の意味する範囲内であると同時に、政策転換したあとのマッカーサーとアメリカ本国の、対日平和条約締結の基本方針のぎりぎりの妥協点でもありました。

これに対し、全面講和を主張する南原繁の考えは、戦後日本は、平和主義を国是とすべきであり、来たるべき平和条約の締結も当然「全面講和」により、現在の東西対立のなかにあって「二つの世界の融和」をめざす契機とするのがよい、というものでした。それはまさしく、日本に世界の「精神的なリーダーシップ」を取らせるのだという「マッカーサー・ノート」の意味する「特別の戦争放棄」にもとづく方針であり、アメリカ本国に抵抗してマッカーサーが堅持しようとする国連主義にもつながる考えでした。

事実、この年の12月、被占領国に関する全米教育会議に出席する南原繁と出発前に会見したときに、マッカーサーは南原がその会議で日本が「厳正なる中立」を保つべきという全面講和論を展開することに内諾を与えています。それは、彼の「太平洋のスイス」構想にも合致する考えだったからです。そのマッカーサーの後押しを得て、南原はアメリカでその持論を発表しました。

しかし、そのマッカーサーにとっても、日本の再軍備を見すえた本国からの要求は、もはやむげに拒否できないところまで来ていました。さらに中国内戦での共産軍の優勢が確実になってきたころから、さすがにそれまでの考えを改め、ソ連への警戒心を口にするようになっていたのです。

## 1949年には、ソ連の原爆開発（8月）と中華人民共和国の成立（10月）が起こり、時代は本格的な冷戦の時代へと移行しました

アメリカ本国では、先に見たとおり、48年3月のケナン、ドレーパーのマッカーサーとの折衝を受けて、10月9日の国家安全保障会議政策文書[2]が採択されます。それにより、マッカーサーが強く

反対する再軍備構想は棚上げする代わりに、対日平和条約についても無期延期、米軍駐留も平和条約の締結まで継続するという方針が決まります。

これは、本格的な冷戦の到来を見すえた対応で、それまでのアメリカの外交政策が一大転換をとげたことを意味していました。同じく沖縄の長期保有と軍事基地化の方針も——これは日本本土の「スイス」化と一体で、かねてからのマッカーサーの持論でした——、やはり本国で決定されています。

マッカーサーはこの決定に関しても、それは連合国最高司令官としての自分の職務に反するという、従来の「帽子の取り替え」方式で、12月18日、「激烈な抗議電」をドレーパー陸軍次官にあてて送るのですが、むろんいまやこの流れをせき止めるだけの力はなく、GHQ内の勢力図も反共派（ウィロビー派）がリベラル派（民政局）を圧倒する形勢となり、12月、民政局のニューディール派の筆頭で、GHQ草案の作成チームの責任者だったチャールズ・ケーディスは、日本を去ります。

49年になると、8月にソ連の原爆開発、10月に中華人民共和国の成立と、国際社会を揺るがすできごとが立て続けに起こり、米ソ冷戦ははっきりと「前哨戦的段階から本格的な東西対決の新段階に」移行します。

アメリカにとって、それは「第二次大戦後、ソ連との間で争奪の的になっていた中国を喪失したこと、また戦後世界における優越的地位を保障してきた核兵器の独占が、予想以上に早く破れたこと」を意味していました。つまり「⑴冷戦構造が世界的な規模で定着したこと（冷戦の制度化）、⑵

政治・経済・イデオロギー的要素に加え、軍事的要素の占める比重が高まったこと（冷戦の軍事化）、⑶共産陣営は一枚岩との前提に立つアメリカおよび同盟国の集団安全保障体制〔むしろ集団的自衛権体制か〕が形成されたこと（米ソ対立から東西対立への移行）」がこの新段階の特徴で（秦郁彦『史録日本再軍備』文藝春秋）、マッカーサーの日本もいやおうなくこの新しい状況に投げ込まれていくのです。

## 「単独講和」か「全面講和」かをめぐって、吉田茂（首相）と南原繁（東大総長）が対立します

アメリカ政府はマッカーサーの抵抗に手を焼きながらも、着々と日本の再軍備化に向けての準備を進め、統合参謀本部もまた、6月には「アメリカの極東における安全保障の立場から高い戦略的重要性」をもち、米ソ戦にあたっては「防衛拠点としてだけでなく侵攻作戦の基地としても有用であるから、日本を共産陣営に手渡さずアメリカの手に確保しなければならない」との判断を固めます。

このように事態が進むなかで、やがてマッカーサーは、50年1月1日の年頭の辞で憲法の戦争放棄は自衛権の否定を「絶対に意味していない」と、「特別の戦争放棄」の否定を行ったかと思うと、5月には『リーダーズ・ダイジェスト』の極東総支配人との会見で再び、「日本は極東のスイスとなり、中立であるべき」と従来の永世中立論を再びくり返したりもするといった、彼なりの抵抗を

続けながらの迷走を示すようになるのです。

こうしたなか、前年12月、アメリカで日本の中立と全面講和の持論を主張してきた南原が、アメリカでの感触をもとに、改めて50年3月、東大の卒業式で「全面講和」を訴える式辞を述べ、国内に広く反響を呼ぶと、5月3日、この南原発言に神経をとがらせた吉田が、「永世中立とか全面講和などということは、いうべくしてとうていおこなわれないこと」、「それを南原総長などが政治家の領域にたちいってかれこれいうことは、曲学阿世《きょくがくあせい》の徒にほかならない」と自由党の両院議員秘密総会で非難します。

これに5月6日、異例の記者会見を開いた南原がさらに反論を加えたのが、世にいう吉田と南原の「曲学阿世」事件ですが、このときマッカーサーは、吉田茂にとっても南原繁にとっても、それぞれみずからの持説のかなめに位置する存在であったのです。

**しかし吉田と南原の対立は、いわば、「ただの戦争放棄」論と「特別の戦争放棄」論であり、どちらもGHQ草案の戦争放棄を体現しているという、奇妙なものでした**

この奇妙な状況からわかるのは、この全面講和論と単独講和論が、ともに憲法9条を前提とした、いまの観点から見れば護憲論の範疇に入る主張だったということです。

吉田も南原も、マッカーサーの用意した土俵のなかで、それぞれの論を展開します。しかも、その両者の主張にはそれぞれ共通した「ねじれ」現象が見られます。政府の憲法改正案が帝国議会で審議された際（46年6月）、南原は、このときとは逆に、憲法9条の戦争放棄が一切の武力の行使を否定した「特別の戦争放棄」となっていることに疑問を呈しています。そして「武力なき平和」でよいのか、それでは、国際連合の集団安全保障に参加した際の戦力委譲に応えられず、東洋的な諦念に立った平和希求にとどまるのではないかと厳しく政府に迫っていたのです。

南原繁（1889-1974）
（国会図書館ウェブサイトより）

吉田茂（1878-1967）
（首相官邸HPより）

一方、吉田もまた、すでに見たように、46年にはこのときとは逆に、憲法9条の戦争放棄は「自衛権をも否定する」もの、世界に例を見ないものだと、「特別の戦争放棄」ぶりを強調していました。

ですから、二人は、見方を変えれば双方が、ＧＨＱ草案の戦争放棄という考え方を、その両面を往還しつつ、両側から、体現していたといえなくもないのです。

なぜこのようなことになるのでしょうか。

私は、この全面講和論と単独講和論との交錯した分岐という姿に、いわば戦争放棄を条文化するさいに、ケーディスからの疑問を受けてマッカーサーが加えた「おまじない」」、ないし「呪い」が顔を見せているという気がします。

この二つの論の対立の祖型《そけい》（何かのもとと考えられ、今なお広く、深く存在する型）は、「ただの戦争放棄」論と「特別の戦争放棄」論の対位にあり、その淵源《えんげん》（そのものの根本、おおもと）は、「マッカーサー・ノート」の戦争放棄構想とケーディスが書いた憲法9条の条文との違いにまでさかのぼることができます。

なぜ、マッカーサーは、自分の「ノート」を完全にはカバーしていないケーディスの書いた9条をそのまま認めたのか。そのうえで、自分の「ノート」の構想を、「現実」的なケーディスの用意した条文と、そこに明記されていない「理想」の光輝というように、二つに分けて、日本政府に〝助言〟し、示唆したのか。それが第一部で問題にした大きな疑問でした。

**マッカーサーがアメリカ大統領になっていれば、「特別の戦争放棄」（「マッカーサー・ノート」）と「ただの戦争放棄」（ケーディス執筆の9条）は、国連の集団安全保障体制のもとに統合されていたはずです**

それは、彼の原初の「特別の戦争放棄」構想が、そもそも画竜点睛を欠くかたちで示される必要があったからではないでしょうか。最後に一つ足りないものが補われてはじめて、マッカーサーの構想は完成し、「特別の戦争放棄」（「マッカーサー・ノート」）と「ただの戦争放棄」（ケーディスの書いた9条）は、統合されるはずだったのではないでしょうか。

ではその最後の要素とは何か。

マッカーサーがアメリカ大統領に就任することがそれだったはずです。マッカーサーが大統領となり、日本占領の完成が彼のまたとない業績として世界に示されること。この画竜点睛により、マッカーサー主導のアメリカの反冷戦政策と国際連合の集団安全保障体制とが統合された暁《あかつき》には、日本の憲法9条は、国際連合の集団安全保障体制への主権委譲の第一号となったはずです。その最後のピースを空けておくため、憲法9条は「特別の戦争放棄」と「ただの戦争放棄」の二つのヴァージョンの一対という、不安定なかたちで示されたのではなかったでしょうか。

それがマッカーサーにとっての憲法9条の意味だったのではないかと、私は考えています。

## 9条は国連の集団安全保障体制、つまり国連軍を前提に書かれたものでした

では、もしマッカーサーの「呪力」の消えたあとにこのマッカーサーの構想をいわば「人力」で復元しようとすれば、どういう憲法9条像がここから取りだせるでしょう。

これは、マッカーサーの構想の初期形を復元すれば、どうなるか、という問いです。

答えは容易に見つかるでしょう。「マッカーサー・ノート」にはこうありました。

「国権の発動たる戦争は、廃止する。日本は、紛争解決のための手段としての戦争、さらに自己の

安全を保持するための手段としての戦争をも、放棄する。日本は、その防衛と保護を、今や世界を動かしつつある崇高な理想に委ねる。

日本が陸空海軍をもつ権能は、将来も与えられることはなく、交戦権が日本軍に与えられることもない」

カギは、右にいわれる「今や世界を動かしつつある崇高な理想」です。マッカーサーがこのノートを書いたのは1946年2月2日ころのことですが、同じころロンドンでは、国際連合の第一回総会と第一回安全保障理事会が行われていました。

その安全保障理事会では、初めての決議（「国連安保理決議・第一号」同年1月25日）として、2月1日に五大国の参謀総長が参加して、集団安全保障体制の根幹をなす国際警察軍（国連軍）の創設に向けた「第一回軍事参謀委員会」を開くことを決定していました（実際に会議が行われたのは2月3日でした）。

ですから、明示こそされてはいないものの、この憲法9条の戦争放棄条項が念頭においていたのは、日本はいままさに誕生しようとしている国際連合の集団安全保障体制、つまり国連軍に「自国の安全と生存」を委ねるという構想でした。自分がアメリカの大統領となり、日本を先行するモデルケースとして国連をリードしていけば、この理想の実現も夢ではない、というのがこのときのマッカーサーの腹づもりだったのだろうと思われるのです。

**9条が本来持っていた意味を復元するためには、**
**伊勢崎賢治（東京外大教授）の改正案が参考になります**

ところで、このようにここにはっきりと「国際連合」による「安全保障機構（国連軍）」という一項目を投入すると、先の「特別の戦争放棄」という「光輝」をもつ理想のかたちと、「ただの戦争放棄」という散文的な平和戦略とが、対立の形ではなく、地続きの形につながることがわかります。理想の「光輝」は消えますが、それと同時に、「理想」と「現実」の対立も消えることがわかるのです。

「現実」という1階部分から一歩一歩堅実に階段を上りながら「理想」という2階へ達したとき、はじめてそこで「理想」と「現実」の対立が消え、じつはその対立が観念的なものだったことに気づかされるのです。

そして、その場合、日本国憲法・第9条の「戦争放棄」規定が、限りなくイタリア憲法11条、ドイツ連邦共和国基本法24条の条文に近づくこともわかるでしょう。

イタリア憲法11条には「他国と均《ひと》しい条件の下に」「必要な主権の制限に同意し、この目的を有する国際組織を推進し、助成する」と明記されています。またドイツ連邦共和国基本法24条には、「連邦は、法律により、主権作用を国際機関に委譲することができる」、「連邦は、そのさい（略）主権作用の制限に同意する」という記述があります。

日本の憲法9条が意図していた原初の形は、おそらくそれらと似たものだったはずです。ちなみに左は現在、東京外語大学教授の伊勢崎賢治が提示している憲法改正案ですが、私はこの案が、かなりその「本来の9条の復元型」に近いものだと思っています。[3]

第9条　日本国民は、国際連合憲章を基調とする集団安全保障（グローバル・コモンズ）を誠実に希求する。

2　前項の行動において想定される国際紛争の解決にあたっては、その手段として、一切の武力による威嚇又は武力の行使を永久に放棄する。

3　自衛の権利は、国際連合憲章（51条）の規定に限定し、個別的自衛権のみを行使し、集団的自衛権は行使しない。

4　前項の個別的自衛権を行使するため、陸海空の自衛戦力を保持し、民主主義体制下で行動する軍事組織にあるべき厳格な特別法によってこれを統制する。個別的自衛権の行使は、日本の施政下の領域に限定する。

ここでいう「国連憲章（51条）の規定」とは、ほんらい加盟国は集団安全保障体制によって自国の安全を保障するが、それがはたされない過渡期においては、例外的かつ必要悪的手段としてのみ、集団安全保障の枠内で、個別的自衛権と集団的自衛権の行使を認める、というものです。ですから、ここにいう個別的自衛権の行使も、理想的な集団安全保障の体制が将来確立されれば、集団的自衛権と同様、「行使しない」方向へと移行することが含意されています。

私の憲法9条案は、この伊勢崎案と両立が可能です。国連憲章をカギとするところが、マッカーサーの原初の構想と同じだからなのです。

## 「国連軍」というキーワードを加えてみると、9条のもつ「光輝」も「非現実性」も姿を消し、ただ現実的な国際的安全保障の理想形が浮かび上がってきます

マッカーサーの「おまじない」「呪い」とは、憲法9条の平和思想を実現するには、そこに「至高の権力」をもった神に似た存在の神通力がなければならない、ということなのでした。そしてその「至高の権力」を彼は、日本では、1945年9月6日の大統領通達の定める無条件降伏政策にもとづく権力によって手にしていました。

憲法9条は、たしかに強い理想の「光輝」をもっています。そのためすでに述べたとおり、敗戦国民において、天皇の権威の失墜によって生まれた巨大な「空白」を埋める補償作用の役割をはたしました。しかし、ひとたびマッカーサーがその神通力を失えば、憲法9条もまた理想と現実をつなぐ回路を失い、理想型（特別の戦争放棄）と現実型（ただの戦争放棄）に分裂して、互いに対立するほ

かありません。日本の戦後に、憲法9条が分裂の象徴として浮上してくるのは、このマッカーサーの「呪い」のせいであり、全面講和と単独講和の対立が、その最初のものだったのです。

ですから、私たちはこの「呪い」から脱して、自力で、神通力もなしで、その原初のかたちを復元しなければなりません。そのためのカギが、この場合、国際連合の集団安全保障体制の構想、つまり国連軍だというのは、何とあっけない結論でしょう。

しかし、どのような広大な洞窟も、その入り口は、何気ない、小さな「穴」にすぎません。先に紹介した伊勢崎の憲法9条改正案も、そのカギは、伊勢崎が国際連合憲章の文法に従って、憲法9条の条文を再翻訳していることです。

そのことは、いち早くマッカーサーの「呪い」を脱したアメリカ本国からの講和特使、ジョン・フォスター・ダレスとマッカーサーのこのあとのやりとりのなかで、はっきりとするでしょう。というのもダレスこそ、国際連合憲章の制定に際して、51条という別の意味の「おまじない」を投げ込んだ、その仕掛け人だったからです。

しかし、ここでは日本の講和問題への対応を、まず最後までしっかりと見届けておくことにします。

## 3　平和問題談話会と外務省条約局

全面講和と単独講和をめぐる2人のシゲルの対立は、その後、二つの立場からなる二つの考え方の対置をつくりだします。そして「非武装中立」での独立と、「米軍基地」つきの独立のあいだで綱引きが起こりますが、ここでもこの対立を克服するカギは「ただの戦争放棄」という考え方にあったのではないかと思います。

まず、この講和問題で、全面講和を訴え、南原繁の主張に続く論陣を張ったのが、50年代の革新リベラル系の政治思想をリードすることになる知識人団体、「平和問題談話会」です。

1948年9月に国際連合の一機関であるユネスコから出された声明に、岩波書店の『世界』編集長、吉野源三郎が信頼する何人かの知識人に呼びかけて日本から応答する声明を準備します。「平和問題懇話会」は、そのことがきっかけとなって生まれた知識人の集まりで、東京と関西を中心に、文科、法政、経済、自然科学などの部会ごとに、安倍能成《よししげ》、天野貞祐《ていゆう》らのオールド・リベラリストから、清水幾太郎、丸山眞男、久野収らの戦後の中核的知識人まで、50人以上を集める大きな学者の団体でした。

当初のメンバーのなかには、保守派の田中耕太郎から革新派の大内兵衛まで、さらには都留重人、桑原武夫、羽仁五郎などという名前も含まれ、政治的な立場にとらわれない自発的な思想団体としては、戦後はじめてのものだったことから、信頼され、社会的な影響力にも大きなものがありました。

この会が、50年1月15日に「講和問題についての声明」という声明を発表するのです。声明は、講和問題について、

(1) 「全面講和」を希望する
(2) 「経済的自立」は単独講和では達成されない
(3) 講和後の安全保障は「中立不可侵」を軸に「国際連合」への加入をめざす
(4) いかなる国への講和後の「軍事基地」の提供にも絶対に反対する

という4項目を掲げ、社会一般の平和条約（講和条約）締結への希望を代弁するものでしたが、その一方、広範囲の知識層から共通項を取りだしたことによる、総花的な寄せ集め感も否めませんでした。

(1)の全面講和の希望は、最も長期にわたって侵略した中華人民共和国への謝罪ということを含む戦争責任と、単独講和では占領の継続ではないかという思いからくるものでしたが、(2)の経済的自立は、単独講和では「死活的に重要な」「中国及び東南アジアとの貿易」が困難になるという実利的な理由からのものでした。また、(3)の「中立不可侵」と「国際連合への加入」には憲法9条の平

和主義にもとづく理念的な色合いが濃い一方、⑷の「軍事基地」撤廃はそうでないと独立を損なうと、広くナショナリズムに訴えるものでした。

### 朝鮮戦争の勃発が、全面講和の主張に大きなダメージを与えました

しかし、この団体の主張は、同50年6月に朝鮮戦争が勃発し、7月に警察予備隊が発足するなかで、一つの困難にぶつかります。彼らの主張が翌年1月、社会党、総評が採択する「平和4原則」（全面講和、中立堅持、軍事基地反対、再軍備反対）と連動した政治的含意を強めるようになると、オールド・リベラリストたちのなかからおだやかな離反の動きが起こり、他方、清水幾太郎、久野収ら若手知識人の運動重視の姿勢とのあいだで内部的な分裂を見せるようになるからです。

丸山眞男（1914-1996）
（朝日新聞社）

オールド・リベラリストたちの離反の理由は、「全面講和」より「単独講和」のほうが現実的だということのほかに、「中立不可侵」でどのように国の安全を護れるかということへの懸念が主なものでした。朝鮮戦争の勃発は、その心配を極限にまで高めます。一方、参加者のなかには政党や労組からの制約が及ぶことへの拒否感情も広く見られました。そのこともあって

清水、久野ら若手の突出した運動は、孤立の様相を深めていきました。

この団体は、最終的に12月に「三たび平和について」という理論的に純化した報告を提出したあと、求心力を失い、拡散に向かいます。しかしその報告は、彼らのぶつかった困難を反映したものというよりは、その困難にぶつかる前の、原点的な主張をそのままに展開したものでした。

とはいえ、この団体がこの時期、これだけ広範にさまざまな知識人を集めたのには、画期的な意味があったはずです。それを、丸山眞男はのちに「悔恨《かいこん》の共同体」ともいうべき共通の思いの存在のうちに位置づけています。

丸山は戦時期を振りかえって、なぜ日本には「ほとんどいうに足るレジスタンスの動きが無かった」のかと問い、もし「それが日本における権力や、画一的な『世論』にたいする抵抗の伝統の不足に由来しているならば」、深く反省しなければならないと考え、当時、知識人たちに「これまで通りではいけない」という、これと同質の「悔恨」が広範に共有されていた事実に目を向けて、このとき自分たちを動かしたものを「悔恨の共同体」の自覚と呼ぶことができると記しています。

(「近代日本の知識人」『後衛の位置から』未来社)

しかし、もしそうだとすれば、彼らの前に現れようとしていた現実には、この「悔恨の共同体」をさらに新たに分断するものがあらかじめセットされていたというべきですが、この団体は、それに立ち向かうというまでの姿勢を示すことなく、終焉していくのです。

**丸山は、南原の全面講和論をひきとるかたちで、東西冷戦のなかで日本が中立をめざすことは非現実的ではないと主張しました**

その丸山は、右の「三たび平和について」で、ほぼ南原の全面講和論をひきとるかたちで、なぜ理想主義的なアプローチがいまかえって現実主義的といえるのか、またなぜ東西冷戦のなかで中立をめざすことがさほど非現実的とはいえないのか、という二点を、理念的に、かつ国際情勢の現状分析を通じて、明らかにしようとしています。

前者の議論で手がかりになるのは、戦争が社会の全要素を動員して行われるようになったうえ、核兵器の登場によって、世界を破滅させる「地上における最大の悪」に変わった、という新しい事実認識であり、現在の世界では、従来の戦争回避政策をつきぬけた徹底した平和主義こそが、現実性をもつという逆説が成立するのだと彼はいいます。幣原喜重郎が枢密院で1946年3月20日に述べていた意見（150～151ページ）に連なる、憲法9条を徹底した平和主義――「特別の戦争放棄」――と見る見解です。

また、後者の議論で手がかりになるのは、東西二つの世界の対立を、自由主義と共産主義のイデオロギー対立、英米中心の西欧圏とソ連中心の共産圏の対立、軍事大国米ソの対立という三つの位相で見ると、いくつもの打開の糸口が見いだされるという現状の解析です。彼は、国家間の対立は多層的で、すべてが自由主義と共産主義の対立には収まらない、イデオロギーの対立がそのまま戦争には結びつくわけではない、イデオロギーの対立が国の勢力権の問題とはそのまま重ならない、また、米ソ両国自身は極力全面衝突を回避しようとしている、等々のことをこの分析で明らかにし、それらを冷静に観察すれば、日本が「中立不可侵」をめざすことで東西対立の融和をはかるという方向は、現実的でありうると結論しています。

**しかし丸山の議論もやはり、日本がまだ「ただの独立」さえできていない段階で、「非常に難度の高い独立＝中立」をめざすという、きわめて脆《もろ》いものでした**

これらは、いずれも耳を傾けるに値する考えであり、分析です。

しかし、いまの時点から読み返すと、当時の一般の国民がこの丸山の考えを読んで一抹の不安を感じるとしても、無理がないのではないかという感想も浮かびます。

それは、こういう理由からです。

当時、日本はまだ占領下にありました。主権もありません。非武装中立をめざすといっても、そのような希望が生まれたのは、マッカーサーが48年3月に突然そんなアイディアを口にしたことがきっかけです。そもそも戦争放棄というアイディアそのものが、マッカーサーが出してきたものでした。もし彼が、そういわず、そういう条文を用意しなかったら、いま自分たちは、こんな議論をしているのだろうか。そう思う人間がいたとしても、無理はありません。

つまり、なぜこのような思考の土俵のうえにわれわれがいるのか、ということにまでさかのぼる反省が見られない。たとえマッカーサーがいなかったとしても、これだけはわれわれにとってどうしても達成しなければならない、という問題があるとするならそれは何なのか。

そのような根源的な問いが見あたらない。つまり、敗戦した8月15日からマッカーサーが厚木に降り立つ以前の8月30日までの日々に立脚する、マッカーサー出現以前の原初的な観点がないということです。

われわれは明治維新後の近代化の過程で、なぜ西欧中心の近代国際社会に軟着陸するのに失敗したのか。なぜ天皇制の神権政治化を許したのか。なぜ天皇制をテコにした軍部独走を防止できなかったのか。なぜわれわれ自身の手で天皇制を民主化し、安定した立憲君主制にたどり着けなかったのか。なぜわれわれ自身の手で、非軍事化あるいは軍隊の民主化がはたせなかったのか。さらにはなぜわれわれ自身の手で民主化がまだ行われていないという事実から、目を背けているのか。

知識人的に考えるとしても、そういうことが、たとえばここで私たちの「失敗」（敗戦）から「理想主義的な戦争放棄」（2階部分）までのあいだで、いわば「飛び級」されています。まず1階（「ただの戦争放棄」）から入って、そこから階段を一段一段のぼっていく過程がすっぽり抜け落ちているのです。

そのため、先には理想と現実の対立、「特別の戦争放棄」と「ただの戦争放棄」の対立と述べられたことが、ここに「永世中立」「非武装」「戦争放棄」という占領下の国にとっては難度の高すぎる課題、つまり「ただの独立」という一般の被占領国に共通した課題からの離反として再生産されています。その結果としての国論の二分が、このときの講和問題の本質であったことが、わかるのです。

**そんななか、平和条約の交渉にあたった外務省条約局の官僚たちは、きちんと順序を踏んで、まず「ただの独立」を実現しようと試みました**

そう考えてみると、このとき、この「難度の高い独立」（2階部分）と「ただの独立」（1階部分）のへだたりを埋めるように、そのことにもっぱら意識を傾けて講和問題に立ち向かったのが、全面講和派（南原シゲル派）でも単独講和派（吉田シゲル派）でもない、吉田のもとにあって、吉田とはまた別の観点から両者のあいだにハシゴをかけようとした外務省条約局の官僚たちであったことがわかります。

1996年に豊下楢彦が発掘し、紹介した外務省の平和条約交渉のための当初の案（「A作業」案：1950年10月4日作成）とは、次のようなもので、そこでハシゴとして用意されていたのは、国際連合、もっというと国際連合憲章だったのです。（外務省条約局法規課『平和条約の締結に関する調書』全5巻　2002年）

朝鮮戦争の勃発により、「非武装中立」を見すえた全面講和の可能性が消え、単独講和以外の選択がないことが明らかになった時点で、当時の外務省条約局が平和条約と日米安保条約締結のための交渉を見すえて、第一の条件としたのは、まず平和条約締結後の日本の独立性の確保、つまり「ただの独立」でした。そのためには日米が「相互平等」の立場に立たなければならない。そしてそのとき彼らが対米交渉における唯一の武器になると考えたのが、意外に思われるかもしれませんが、国連憲章第51条の集団的自衛権の行使を定めた条項でした。

この単独講和におけるアメリカ側の狙いは、占領の終結後も「日本の米軍基地を好きなだけ、好きな期間、好きなように使える権利を獲得する」ことにありました。ダレスは、その不可能ともいえる目標に向かって、あの手この手で日本を追いつめていきます。

アメリカの考え方はこうです。占領中の治外法権的権利は、例の1945年9月2日の火事場泥棒的な大統領通達が最大の基礎となっていました。これにより、連合国最高司令官の権限の基礎を、ポツダム宣言から無条件降伏に横滑りさせ、マッカーサーに「無制限の権力」を与えました。それ以後は、この巨大な権力を通じて、マッカーサーの独走に苦しめられはしたものの、敗戦後の日本をほぼ意のままに支配することができました。しかし、占領が終われば、連合国最高司令官も職務を解かれ、このカードも使えなくなります。ではどうするべきか。それに代わる新しいカードを、用意しなければなりません。

それが、寛大な平和条約を隠れみのにして、事実上、「二度目の無条件降伏協定」である安保条約と日米行政協定（現日米地位協定）を結ぶという方針になったわけです。

これに対し、外務省条約局は、まず、そもそも「アメリカが日本を防衛するのはなにも日本のみのためでなく、アメリカのためでもある」、したがって、このことで日本が全面的にアメリカに借りをつくるとは考えない、という立場を確認します。つまり最悪の場合、日本は、だったら防衛してもらわなくてもいいんですよ、といいうる立場を確保する。そのうえで、この基地協定（日米安保条約）を、「日本がアメリカに基地を提供し、アメリカが日本を防衛する」というバーター（フィフティ・フィフティの取引）であると規定する。そういう大前提の設定をめざすのです。

このバーター関係のもとで、「両者は国連憲章第五一条が規定する集団的自衛の関係、『相互平等』の『共同防衛の関係』に立つ」という立場をどこまでも堅持しようというのが、条約局長、西村熊雄と外務省条約局全体の方針でした。

**外務省条約局は、なんとか国連憲章の規定にもとづき、主権国としてアメリカと対等な条約を結ぼうと努力しました**

占領初期、45年9月3日に外相の重光葵は、ポツダム宣言が相互の契約的基礎の上に立つことを理由に、GHQと交渉し、軍票の使用の中止を要求していました。マッカーサーはそのときにはすでに軍票使用案を放棄していたので、これは重光の抗議を容れての譲歩というわけではなかったのですが、しかし、この抗議をマッカーサーは理のあるものとして受けとめました。ポツダム宣言は、連合国による日本の占領を根拠づける第一の法的基礎だったからです。

しかし、その直後、この法的基礎の堤防を、日本政府はアメリカの無条件降伏政策の「押しつけ」によって瓦解させられます。そしてそれ以来、もはや占領下で連合国とのあいだにポツダム宣言にもとづく「契約的基礎（相互平等）」の立場を確保することができないままとなっていました。

そのことを受けて、外務省条約局は、ポツダム宣言に代わる法的基礎として、新たに国連憲章を足場に、日米安保条約における両締結国の「相互平等」、いいかえれば平和条約締結後の日本の独立性を確保しようとするのです。

ですから、このA作業案には基本方針として、

「米軍の日本駐屯が単に日本とアメリカ一国との特殊関係にもとづくものでなく、客観的に日本の防衛が世界の安全保障組織〔すなわち国際連合〕の一機能であるという意味の名分を立てなければならない」

と記されます。つまり米軍の駐留は、大きくいえば「国連が日本を守る」という体制のなかで、その重要な役割を受け持つのが「アメリカ」だという枠組みを、どこまでも堅持しようという考えです（豊下楢彦『安保条約の成立——吉田外交と天皇外交』岩波書店）。

そのための最も好ましい方法は、

「駐兵〔米軍駐留〕に関する取極《とりきめ》がなされる以前に、国際連合総会において、『国際連合は、日本の安全を確保するため適当の措置を採ることをアメリカに求める』趣旨の決議が採決され、これにも

とづいて、日米間の取極がなされること」
だとされます。そしてもしこの案がダメでも、「次善の策」として、駐留取極の直後にこの国連決議がなされ、それを待って「効力を確定される」方式をとることが望ましいと、条約局は考えていました。

**ところがアメリカ側には、日本と対等な条約を結ぶという考えは、最初からまったくありませんでした**

しかし、これはアメリカ国務省の方針とは真っ向からぶつかる考え方でした。というのも、50年9月14日の対日講話問題に関する非公式討議の開始を告げるトルーマン声明の翌日に示された、「対日講和に関するアメリカの構想」によれば、「アメリカの前提は『日本にアメリカのベイス（基地）をもつのではなく、アメリカ軍が日本にベイス（配属）されることであり、したがって、そこでの大前提は『被駐屯国側の要請に応じての派兵という考え方』に立つもの」だったからです。（豊下、同前）

アメリカにとっては、この取極にあたって日本と自分とが「対等」の立場に立つということはありえず、日本がアメリカに駐留を依頼し、アメリカは仕方なしに日本に駐留するが、その代わり、基地の自由使用はほぼ無制限、という建前が、彼らにとっての譲れない線だったのです。理由は明白で、その設定以外に、先の無制限の権力の確保は不可能だからです。

日本国内が、全面講和か単独講和かで揺れ、平和問題談話会が「三たび平和について」を発表し、社会党、総評が「平和4原則」を採択して、輝かしい「特別の独立」がめざされていたころ、日本の外務省とアメリカの国務省のあいだではじまっていたのは、このような「ただの独立」の是非をめぐるつばぜり合いだったのです。

あくまで国際連合憲章の枠内で、つまり対等の立場で、日本がアメリカと同盟関係を結び、米軍基地を貸与する代わり、いったん敵国の攻撃があった際には、アメリカが日本を防衛する。基地の使用には日本の法律にもとづき、相応の制限を設ける、というのが外務省のめざす日米安保でした。一方、どのような外見かにはかかわらず、占領期の無条件降伏に基礎づけられた占領統治の権限を継承する、無制限の基地の自由使用を日本に認めさせる、というのがアメリカ国務省のめざす日米安保でした。

しかしその結果は、いったいどうなったのでしょうか。

**いま読み直してみても、非常にまともだった外務省条約局案（A作業案）は、吉田から罵倒されただけで終わりました**

外務省条約局では、前述のA作業案を交渉の最高責任者である首相兼外相の吉田茂に上申します。

一週間後、吉田はその案を見て、「野党の口吻《こうふん》〔口ぶり〕の如《ごと》し、無用の議論一顧《いっこ》の値《あたい》無し、経世家的研究〔底の浅い研究〕に付《つき》一段の工夫を要す」というコメントだけをつけて、突き返してきます。腹芸の得意な吉田に、こうした国際連合までを巻き込む構想は描ききれなかったのか、という感想が浮かびますが、ことはそう簡単ではなかったというべきかもしれません。

もしこのときの外相が重光だったらどんな答えを返してきたかと考えると、興味は尽きないのですが、外務省条約局では、このA作業に続き、交渉でアメリカ側からより強く出られた場合などの次善の案として、B作業、C作業、D作業の案までを準備します。吉田はこれらを駆使しながらも、このあと、奇妙な動きを演じ、結局、交渉は誰もが知るように、ダレスの完勝に終わるのです。

そのため、ここでどうしてもダレスの話をしなければならないのですが、この節の結論は、つまりこういうことです。

このときの外務省条約局の孤立無援の戦いを見ていると、なぜ、丸山眞男の精緻な東西冷戦の分析と、外務省条約局の西村熊雄の懸命な日本独立確保のための戦いという、このほぼ同時期に並行して進められた企てのあいだに、対話がなかったか。この二つの意欲的な企てが、無縁のまま、平行線をたどり、交わることがなかったのか。そこにどのような考え方、社会のあり方が欠けていたのか。そう思わざるをえないのです。

マッカーサーという至上の権力なしで、どのように南原繁と吉田茂という2人のシゲルのあいだに、橋がかけられるか。もしそこに可能性があるとすれば、それには、丸山が、平和問題談会の内部分裂と正面から向きあい、どうすれば、それを克服できるかということを頭に置きながら、南原の全面講和論を、2階から1階におろすような議論を展開する必要があったでしょう。また、吉田に、西村らの理想を手放さない、辛抱強い「ただの独立」への提案を使い切るだけの度量と勇気が必要だったでしょう。

しかし、現在から振り返ってみれば、それは決して不可能なことではなかったように思えます。丸山にも吉田にも、みずからの「影」（抑圧した自己の分身）を相手に見出して、ただそれに理解を示す用意さえあればよかったのです。

## 4　マッカーサーとダレス

ジョン・フォスター・ダレスが日本の講和に向けた特使就任をトルーマンから打診されるのは、1950年4月のことです。彼はそれから短期間で周到に準備し、1950年6月、日本にやってきます。

アメリカ本国からは、それまでジョージ・ケナンにはじまり、何人もの〝刺客〟がマッカーサーのもとに送られ、結局、相討ちか返り討ちに会い、マッカーサーの長い演説を聞かされ、幻惑されただけで帰国していたのですが、この極東の最高権力者に引導を渡したのは、マッカーサーに劣らぬ自負心と、彼にはない豊富な法律家としての知識、さらには国際的な外交経験に恵まれた、のちにアイゼンハワー政権で国務長官をつとめることになる、平和条約締結のための特使、ダレスでした。

ダレスは、マッカーサーに米軍を駐留させたままの平和条約締結を認めさせるべく、その行く手に立ちはだかるのですが、二人の対決は、最後、ダレスの勝利で終わります。

ポイントは、二つありました。一つが国際連合、そしてもう一つが、昭和天皇です。

**ダレスは熱烈なキリスト教徒であり、またウオール街の利益を代弁する企業弁護士として、宗教と資本主義を否定する共産主義国とは、同じ価値観を共有できないと考えていました**

ジョン・フォスター・ダレスは1888年、ワシントン州でキリスト教長老派教会の牧師の子として生まれます。プリンストン大学を出てニューヨークで国際法専門の弁護士としてキャリアをスタートさせ、叔父のロバート・ランシング（ウッドロー・ウィルソン大統領のもとで）に同行して中米を視察、第一次世界大戦後のパリ平和会議では、ドイツの戦後賠償に関与していますから、同じ会議に日本から西園寺公望の随員として参加した三歳下の近衛文麿と、どこかですれ違っていたかもしれません。

著名な共和党員としてのほか、熱心なキリスト教徒としても知られ、広島に原爆が投下された翌日、トルーマンに面会を求めた全米キリスト教会長に平信徒代表として随行したのも彼でした。

しかしここで重要なのは、1945年4月、彼がそれまでの経験を買われ、有力な外交通の共和党上院議員ヴァンデンバーグの顧問として、国際連合創設に向けたサンフランシスコ会議に参加し、国連憲章の作成に深く関与したことです。

戦後の国際社会、とりわけ日本に対してダレスのはたした決定的役割についてもっともあざやかに指摘したのは『日本はなぜ、「戦争ができる国」になったのか』（集英社インターナショナル）の著者、矢部宏治ですが、そこにも述べられているように、ダレスの特徴は、熱烈なキリスト教徒であり、ウオール街の利益を代弁する企業弁護士として、宗教と資本主義を否定する共産主義者とは同じ価値観を共有できない、という確信をきわめて強固に保持していたことです。彼は、その信念に立ち、当初から、国際連合はうまくいかない、機能しない、と見ていました。

矢部はこんなダレスの言葉を引いています。

「国際連合の弱点は、国連憲章のなかに拒否権を認めたことにあるのではない。（略）最大の弱点は、あらゆる重大な問題について、道徳的判断についての一致した世論が存在しない点にあるのだ」（Dulles, *War or Peace*. New York: The Macmillan Company）

ウォール街の法律事務所で鍛えられた打算的な駆け引きや、第一次大戦後の賠償をめぐる国家間のやりとりにも通じていた彼は、多くの参加者が理想の実現に心を熱くして国際連合憲章の作成に参集するなか、最も冷徹にその困難な将来を見通す場所に立っていた一人でした。

## もともと憲法9条の「戦争放棄」とは、宗教的・思想的な絶対平和主義ではなく、国連軍を中心とした国連の集団安全保障体制を前提としたものでした

サンフランシスコ会議で彼は、アメリカを代表していくつかの修正を提案しますが、なかでも最大の修正が、現在日本でも問題にされている、個別的自衛権、集団的自衛権という概念を国際連合憲章のなかに組み込んだ、51条の挿入です。

言葉は似ていますが、この集団的自衛権は国連本来の理念である、安全保障理事会常任理事国を中心に構想した集団安全保障体制とは、まっこうから対立する概念です。

集団安全保障とは、国連が、国連憲章に違反する侵略行為などを行う国に対し、安全保障理事会の決議する数々の非軍事的な制裁にもかかわらず、それを停止しない場合、加盟国に呼びかけて国連軍を組織し、国連として軍事的に制裁し、国際秩序を回復させるという考え方です。

そのため、この国連軍が機能するようになれば、加盟国は、いわば交戦権を国連に委譲し、自国の安全と生存を、この国連の集団安全保障のしくみによって確保できることになります。そしてこれこそが、マッカーサーが「マッカーサー・ノート」を書いたときに念頭においていた前提であり、またイタリア憲法、ドイツ憲法がそれぞれ国際組織への加入、賛助、その際の主権の制限に言及する際にも前提となっていた考えなのです。

マッカーサー・ノートには、「日本はその防衛と保護を、今や世界を動かしつつある崇高な理想

に委ねる」とあります。日本国憲法ではこれが9条とは分離されて前文に回り、「日本国民は（略）平和を愛する諸国民の公正と信義に信頼して、われらの安全と生存を保持しようと決意した」となっています（ところでこの「平和を愛する諸国民〔peace loving peoples〕」というのは、「平和愛好国」の国民のことで、大西洋憲章以来、連合国の諸国民もしくは連合国〈United Nations〉そのものを意味しています）。

憲法9条の「戦争放棄」において、当初からマッカーサーの念頭にあったのは、まちがいなくイタリア憲法やドイツ憲法と同じ、この国連の集団安全保障体制なのです。

## 個別国家の戦争を違法とする国連の集団安全保障の理念を崩壊させたのも、ダレスが憲章に書き込んだ集団的自衛権（同51条）という概念でした

国連憲章は、国際紛争を平和的に解決すること基本原則とし（2条3項）、武力の行使、武力による威嚇を一切禁止しています（2条4項）。そしてこの規定に反する侵略行為を行った国に対しては、集団的措置をとって制裁するというのが集団安全保障の考え方で、これは憲章の第7章の39条から50条までに書きこまれていますが、最後にダレスによって挿入されたのが、この集団安全保障の「穴」を埋めるためとの名目で加えられた51条なのです。

ダレスは、国連憲章に書かれた「国連軍」は、結局日の目を見ないだろうと予測しました。なぜなら、その創設から軍事力の行使までを決める権限を持っているのは安全保障理事会ですが、その

中核をなす常任理事国5カ国はそれぞれが拒否権をもっていますから、1カ国でも拒否すれば何もできません。

そうした予測に立って、戦争が終わったあと、資本主義を否定し宗教を禁止するソ連と、自由主義経済と民主主義とキリスト教文化に根ざすアメリカとが、国際平和に対して同じ信念に達することはありえない。とすればこの集団安全保障の機能しない「例外」状態のほうが恒常化してしまうだろう。だとしたらその「例外」状態で、アメリカの国益に適う方式を追求するのが得策だと考え、この51条を国連憲章に加え、一歩先の策を講じたのです。

ダレスが攻めたのは、次のような論理によってでした。

まず国連加盟国への侵略行為が起こる。安全保障理事会が制裁を決議して、国連軍の派遣を決定しようとする。しかし5カ国のうち、1カ国でも拒否すれば何もできないし、決議できたとしても、実際に国連軍を派遣するまでには数日間のタイムラグが生じるだろう。その間にかつてのナチスの電撃作戦のような形で、国の大半が侵略されてしまうということも起こりかねない。ではどうするか。

このタイムラグの「穴」を埋めるため、侵略行為が起こってから、国連軍が派遣され、集団安全保障体制が機能するまでの間、侵略された国が自力で持ちこたえるため、特例を設け、加盟国に一時的な権利として「個別的な自衛権」と、複数の国が互いに共同防衛しあう「集団的な自衛権」を認めることにしてはどうだろう。そうでなくては、この集団的安全保障体制は、初動の「穴」をつかれることになる。

中南米諸国からその点に関する懸念の表明を受けて、という名目でダレスが中心となって条文化したのが、国連憲章51条です。そこには概略、こう記されていました。

第51条（自衛権）　前記39～50条の集団安全保障をめぐる規定にかかわらず、武力攻撃が発生した場合、攻撃を受けた国は、「安全保障理事会が国際の平和及び安全の維持に必要な措置を執るまでの間」にかぎり、「個別的または集団的な自衛の固有の権利」を行使できる。ただし、行使後ただちに安全保障理事会に報告しなければならない。また安全保障理事会が必要な措置を執ることになったらすべてこれに従わなければならない。

つまり、ここに道を開かれた集団的自衛権という概念は、集団安全保障という「個別国家の戦争放棄」という国連本来の理念とは正反対の、従来型の軍事同盟が「例外的かつ一時的に」という前提のもとで、国連憲章の枠内に認められたというものなのです。

ダレスとマッカーサーの協議の争点は、当然、平和条約締結のあと、日本に米軍を駐留させるか否か、させる場合の条件はどうするか、ということに絞られました。というのも、ダレスはアメリカ政府の意向を受け、平和条約の締結以後、米軍がこれまでマッカーサーが占領中に保持していたのと同じ、無制限に日本のどこにでも、いつまでも基地を置く権利を継続することをめざしていました。

それに対してマッカーサーは原則として、ポツダム宣言の第12項が定めるとおり、占領の目的が達せられたら、「占領軍は90日以内に撤退する」という規定を遵守し、連合国最高司令官として任務を全うすることに、いわば自分の面子をかけていたのです。

## ダレス優位のまま進んだ日本の独立後の安全保障構想は、最終的に朝鮮戦争の勃発によってあっけなく決着がつきました

しかし、この勝負は、ある意味であっけなく決まります。ダレスは、国連憲章のさまざまな「穴」に熟知していました。ポツダム宣言遵守の名分を保持したままでの占領継続が可能であれば、マッカーサーの足場も崩れます。対外的にマッカーサーも面目を失わず、受けいれやすくなるからです。

たとえば日米安保条約の前文に、「無責任な軍国主義がいまなお跳梁《ちょうりょう》しているので（日本はアメリカに米軍駐留を希望する）」という一節があるのですが、これはポツダム宣言第6項に、「無責任な軍国主義（＝日本の軍国主義）が世界から放逐されるまで」占領は続く、とある規定を、「無責任な軍国主義」＝「ソ連共産主義の脅威」と読み替え、ポツダム宣言に定めた事項がまだ一部達成できていないため、日本の要請を受けて新条約をつくり、米軍だけが撤退しない、とした詐欺的な条文でした。

さらに国連憲章の抜け穴を熟知したダレスは、マッカーサーに対して、国連加盟国は安全保障理事会の要請で、国連軍の創設のために、特別協定を結んで必要な兵力、援助、便宜を提供できるという規定（43条）と、国連の集団安全保障体制が機能しない間は、五大国（安保理常任理事国）はみずからの判断で国際平和のための行動をとることができるという規定（106条）を組み合わせれば、まだ国連に加盟していない日本に、憲章上の「特別協定」に相当する代替協定を結ばせ、その独立後も「国連軍のような米軍」が「国連軍基地のような米軍基地」に駐留し続けることは可能だという案を提示します。

マッカーサーも考えあぐねますが、そこに突如、朝鮮戦争が勃発し、マッカーサーの抵抗のダムも決壊し、この案をマッカーサーが呑むという形で、以後、アメリカ本国の狙いどおりの平和条約と、平和条約締結後の日本の基地の自由使用（実質的な占領の無限延長）に道が開かれることになるのです。[4]

ところで、なぜこのようにダレスが、一方では日本の外務省とそのうえに立つ吉田首相、他方では手強い連合国最高司令官マッカーサーを手玉に取るようにして、アメリカ本国とりわけ統合参謀本部のめざす日本の基地の自由使用の権利を勝ちとったか。その理由について、先出の豊下楢彦の著作が、そこに昭和天皇の関与があったのではないか、という聞き捨てならない指摘を行っています。

それが、ダレス勝利のポイントの第2をなす天皇の関与です。

ここにあるのは、先の憲法制定当初の時期に続く、助命のあと、天皇はどうなったのか、という問題でもあります。

## 5　天皇と9条

天皇は敗戦後、自分の身を憲法9条の「押しつけ」の口実というか、引き換えの条件にされてしまいました。しかも結果としてすでに述べたとおり、天皇の非神格化＝民主化によって生まれた日本人の「心の空白」を、憲法9条の「理想の光輝」が埋めたわけですから、その意味でも天皇は、憲法9条の道義的等価物だったといえるのです。

天皇は、戦争責任による処刑を免れたあと、どういう問題にぶつかったか、という問いは、憲法9条は生まれたあと、どういう問題にぶつかったか、という問いと、ネガとポジの関係にあると私は思います。

では、天皇はその後、どのような問題にぶつかったのでしょうか。

## 戦争の惨禍について深く謝罪する昭和天皇の未発表の詔書が、2003年に発見されています

たとえば、こんなことがあったそうです。

1948年の「秋から冬にかけて」、侍従の村井長正が宮内庁長官の田島道治に、「天皇陛下の続投が決定的になり、ご退位云々とは別次元の、他国に対して行うべき国家としての謝罪表明すらあいまいになった」

という問題を指摘し、

「日本は世界の国々に非常な大犠牲を強いたのでありますから、天皇陛下が何もおっしゃらないいま頬かむりを押し通すのでは、道理が通るものではありません。お上《かみ》〔天皇のこと〕はそのお立場から、現在の苦悩をそのままけじめとされ、内外に陳謝の姿を現すべきです。そうでなければ、既にその風潮が現出し始めているように、今後のわが国に無責任時代が到来するのは必至です」

と訴えます。

このとき、村井は胸に辞表を用意していました。すると、意外にも田島がこう答えます。

「村井さん、私はやりましたよ。実は君と同じことを感じています。陛下のお気持ちは分かっている。村井さん、私は書きました。詔書の文案を書いたのだ」（橋本明「封印された天皇の『お詫び』」『新潮45』1987年1月号）

このときの天皇の幻の詔書が、2003年、発見されて世に出ます。東京裁判の結審時に発表される予定で準備され、おそらく天皇自身もこれを読んだ上で、承認したであろう詔書文案です。前半を、現代語に直して紹介します。

わたくしこと、即位以来二十数年、日夜、皇祖皇宗と萬姓《ばんせい》(国民)の委託に応えようと努めましたが、時勢の趨く先に抗せず、隣国との良好な関係を損ない、列強諸国と戦端を開いた結果、ついに悲痛な敗戦に終わり、今日の甚だしい惨禍を見ることとなりました。

国民の皆があるいは遺骸を戦場にさらし、あるいは職場で命を散らしたにもかかわらず、よき結果は得られず、思いがその人、その遺族に及ぶとき、誠に心が痛む思いを禁じることができません。

あるいは戦傷を負い、あるいは戦災を被り、あるいは外地にとどめ置かれ、あるいは海外の資産を失った人々の数は数えきれません。あまつさえ一般産業の不振、諸価の高騰、衣食住の窮迫等による万民の塗炭の苦しみの程度は、国家未曾有の程度に達するものといわざるを得ず、静かにこのことを思うとき、心は憂いで灼《や》かれます。

わたくしの不徳の致すところです。深く天下に慚愧《ざんき》します。

これが、なぜ作成されたか。また、なぜ、発表を思いとどめられたか。さらに側近の進言になぜ天皇が、同意したか。
その理由は、かなりの程度、明らかになっています。

**一人の人間として、昭和天皇は臣下たちの処刑に涙を流し、退位の意向も示していました**
**しかし、その願いがかなえられる可能性はゼロだったのです**

46年の5月からはじまった東京裁判も結審の日が迫り、48年11月12日には、東条以下9名の死刑が宣告されました。すでに述べたとおり、12月23日の処刑の日には、昭和天皇は泣きはらした顔を目撃されています。

昭和天皇が、どれくらい追いつめられた気持ちでいるのか。そのさまを目の当たりにして、村井は自分の尺度で、道義というものについて考え、「日本が世界の国々に非常な大犠牲を強いた」ことと、そのことへの陳謝、国民への慚愧の念、みずからの「現在の苦悩」に少なくとも言葉を与えなければ、天皇の存在意義、ひいては天皇自身の生存をささえる最低の自我ですら、維持できなくなると考え、思いあまって、辞表を胸に、上司に訴えたのでしょう。

しかし、周囲の反応はほとんどが冷淡なものだったようです。そういうなか、宮内庁長官の田島が、下僚の自分に、さん付けで応答し、自分も同感だと述べて、その旨を記した詔書を代筆したのだと答えました。

村井の胸に、その応対は、深く残ったでしょう。

天皇が、自分の「戦争責任」について、ただ一度、サプライズのかたちで問われ、それにそういう「文学方面のことは」「よくわからない」と答えたことは有名です。1975年10月25日。天皇皇后による初の訪米から帰った時のことで、はじめて内外の一般の記者を広く集めて行われた記者会見でのことでした。

あまりの答えように、私を含め、多くの人間が驚いたわけですが、さすがに敗戦直後、国外で広くその処刑を求める声があがり、東京裁判で自分の忠実な臣下だった東条英機以下7名が絞首刑にあって、自分一人が免罪にされたときに、昭和天皇が同じ問いを投げかけられたとしたら、みずからの道義的な責任について、同じ答えを返したとは思われません。事実、彼は、戦争が終わって2週間後に、すでに側近の木戸幸一に対し、

「戦争責任者を連合国に引き渡すのは真に苦痛にして忍び難きところであるが、自分が一人引き受けて、退位でもして、納める訳にはいかないだろうか」

と語っているのです。[5]

しかし、ここまでこの本で見てきた文脈から明らかなとおり、マッカーサーの意向により、彼に退位という選択肢は存在しなかったのです。

**さんざん利用しておいて、裁判にかけたら恨みを残すだろう。マッカーサーの副官だったフェラーズの懸念は、30年後に訪米後の記者会見で現実のものとなりました**

アメリカ本国とマッカーサーは、降りかかる難題、障害を打ち払って懸命に天皇の助命に努めました。しかしそれは、ひとえに彼を占領期間中、最大限に利用し、活用するためだったからなのです。

マッカーサーの副官のフェラーズがそのメモで述べていたのは、ポツダム宣言受諾時に天皇は日本の全軍隊の武装解除に協力した、その天皇を次に占領軍が裁判にかけたら日本の国民はマッカーサーの振る舞いを忘恩の裏切りとみなすだろう、ということでした。

昭和天皇にとってみれば、それと同じことが、敗戦から30年たって、初の訪米を成功させて帰国したときに、今度は自国の国民との関係についてくり返されたわけです。敗戦処理と戦後の復興の過程で、自分を退位させずにさんざん利用したあと、それでも30年たってなお戦争責任について聞くのかと。

昭和天皇が占領中に希望した何度かの退位の意向は、アメリカの占領政策の都合上、かなえられる可能性はありませんでした。そのような状況のなかで、一人の人間としての彼が、いったいどのような孤独な場所に置かれていたのか。

われわれは、そうした天皇の人間としての苦悩に、どれほどうとかったことか、ということです。

もっとも、75年の「文学方面のことは」「よくわからない」という答えが教えるように、それは思い過ごしで、天皇は、そもそもこの種の良心の呵責など、なにも考えなかったはずだ。彼が責任を感じていたのは、二〇〇〇万人ともいわれる死者を生んだ被侵略国の人民でも、戦争と敗戦によって塗炭の苦しみを味わわせた日本の国民にでもなく、みずからの皇祖皇宗《こうそこうそう》に対してだけなのだ、という意見も、かなりの説得力をもっています。私自身、長年、そう考えてきたのですが、こうした「謝罪の詔書」の文面を見ると、私の中にもそれ相応の感慨が生まれ、みずからの迂闊《うかつ》さに思いあたるのです。

### 昭和天皇の心中の苦悩に焦点をあてた本は、これまで一冊も書かれていないのではないでしょうか

国際法的にはその最高責任者としての罪が「免れえない」ことが万人の目に明らかななか、祖先への責任上、どのようにして天皇制度の堅持をはかろうかと、側近にも勧められてあがいたあげく、アメリカ政府とGHQによってただ一人免罪され、どんな道義的弁解もありえないまま、その見返りとして占領軍に「利用」されるため、みずからの責任についてのいかなる発言も、退位も禁じられた天皇の心中がどのようなものだったか。

こういうことを、これまで考え、論じた本が一冊もなかったことと、憲法9条の意義を説いた本

が汗牛充棟の赴きを見せていることとが、対応しているのではないか、という思いが、この迂闊さのつぎにやってくる、私にとっての発見なのです。

なぜわれわれは、憲法9条に単なる「戦争放棄」以上のものを見ようとし、また見たがったのか。またそのことがイタリア憲法、ドイツ基本法と日本国憲法の戦争放棄条項の違いである「相互主義の欠如」であることに、長い間気づかなかったのか。その迂闊さと、天皇が道義的に、占領期、余人にはうかがい知れぬ苦しみのなかに置かれたかもしれないのに、ごく少数の側近以外、かつての無数の「臣民」の誰一人としてそのことに思い及ばなかったことの迂闊さが、対応していると私には思われるのです。

占領期の後期、天皇が誰も知らない苦悶のトンネルをへて、達した人間的境地が、どのようなものだったか。それが、その後、いくつかの事実によってうかがわれます。

それは、異様なほどのリアリスト、狡猾な政治家といってよい昭和天皇の姿です。先の謝罪の詔書も、人間宣言の対国民版のようなものだったかと思わせるほどの、冷徹な、自分本位の姿、国民に謝罪するというよりは国民を恐怖する姿、もっぱらアメリカを頼りとし、それにすがりつく姿が、そこからは垣間見られます。

## 歴史家の豊下楢彦は、国民の目に見えない歴史の裏側で、昭和天皇が安全保障の問題について「天皇外交」を行った可能性を指摘しています

そうした個人としての昭和天皇の行動に、はじめてといってよい光をあてた豊下楢彦は、マッカーサーの抵抗の防塁の崩壊以後、なぜかくも日本がアメリカとの交渉で何の抵抗も見せずに全面降伏してしまったのか、と問い、そこに昭和天皇のアメリカ寄りの「介入」があった可能性を示唆しています。

豊下が天皇の介入を推測する日本の政策変更とは、のちに日米安保条約で米軍駐留を日本からアメリカに依頼《オファー》する件に関わるできごとです。1947年当時、マッカーサーは平和条約締結後の米軍の日本駐留に、反対の立場をとっていました。沖縄を軍事基地化すれば、日本の本土は中立化すら可能という構想で、48年3月、ケナンの来日時にも、その持説を展開しています。

一方、アメリカ本国とくに軍部は、講和後も日本の全土基地化、無期限の自由使用を要求し、それを可能にするため「米軍の駐留を日本から依頼すること」をめざしていましたが、当然、それに対して抵抗すること、もしくは承諾するにしてもアメリカから多くの譲歩を引き出すことが最大の交渉カードとなることを、吉田も外務省も熟知していました。

ところが、1950年5月以降、この件に関して吉田がとんでもない行動に出ます。というのも、何を思ったか突然、彼は、マッカーサーを出し抜くかたちで、経済視察を理由に派遣した池田勇人

蔵相の一行（池田ミッション）を通じて、米側（GHQ経済顧問をしていたジョゼフ・ドッジ）に、早期の平和条約締結を実現したいので、そのほうがそちらに都合よければ米軍駐留を日本からアメリカに依頼《オファー》する形にすることも可能だ、と伝えるのです。

それをドッジから伝え聞いたマッカーサーは、もちろん激怒します。すると、吉田は態度を一変させ、もとの米軍基地の貸与慎重論に戻ります。その結果、6月、日本から依頼《オファー》するという案の線で平和条約締結を進めようと、日本に事前視察にやってきたダレスとの初会合で、吉田はこの件で言質をとられないようにはぐらかす対応に出ます。すると今度はダレスが激怒します。何だ、話が違うじゃないか、というわけです。

しかし吉田は、6月25日の朝鮮戦争の勃発後もその態度を堅持し、7月29日、参議院外務委員会で質問されると、「私は軍事基地は貸したくないと考えております」と明言します。

このころ、朝鮮戦争は日本の前線基地としての価値を誰の目にも高めていたので、アメリカ側は、日本がそのことをバーゲニング・ポイントに、これまで以上に多くの譲歩をつきつけてくるだろうと警戒していました。吉田の回答はその懸念を裏づけるものでした。

しかし、翌51年1月、ダレスとの交渉がはじまると、外務省の、すでに述べたA作業にはじまりD作業まで続いた日本側の交渉案の骨格部分（A作業案に比べれば後退したとはいえ、なお「非武装中立」案までを取引材料に入れ、国際連合とのつながりを命綱にした案）を、吉田はみずから取り下げるという行動に出ます。何と、「交渉前に、基地提供という決定的なカードや『交渉の道具』としての

C作業のカードを、みずからのイニシアティブで放棄」してしまうのです。その結果、この日米講和・日米安保条約案交渉は、ダレスの完勝で終わることになります。

**朝鮮戦争の勃発をきっかけに、昭和天皇はそれまでのマッカーサーとの協調路線から、はっきりとダレスに軸足を移し、乗り換えることになります**

なぜ、このようなことになってしまうのか。

これまでの研究では、池田ミッション以来のマッカーサーの態度軟化[6]や、ならびにマッカーサーのダレスとのやりとりにおける朝鮮戦争勃発前後の抵抗姿勢の瓦解などにより、マッカーサーという支えを失ったことが、この吉田の突然の抵抗中止の理由とされてきたようです。

事実、このことの背景に、マッカーサーのほうでも吉田に激怒したあと、逆に自分の孤立の恐れへの警戒が起こったものか、従来の「非武装中立」論を軟化させ、日本の平和条約締結後の軍事基地の維持を認めるような発言があったことが確認されています。それを受け、6月のダレスとのやりとりでマッカーサーは朝鮮戦争勃発の前後、いわばダレスに説得されたかたちで抵抗をやめ、日本の全土基地化を認める言質をダレスに与えます（マッカーサー「6月23日メモ」）。そのことが吉田の再度の弱腰をひきだしたというのです。

しかし、その説明でこの吉田の50年5月以降、51年2月までの迷走──それまでの基地貸与での態度保留から一変して基地貸与オファーの持ちかけ（50年5月）、それが貸与の意志なしと態度一変（6月）、依然として貸与したくなしと国会で同じ態度を保持（7月）、しかしその後、再びみずから交渉カードを放棄し、51年2月、ダレスのいいなりになる——は、説明がつかないのではないか。そう考え、前出の豊下は、その背景に天皇の「介入」があったと推測するのです。

豊下の推測の根拠は次のようなものです。

1948年6月、4月のウィスコンシン州予備選挙での大敗を契機にマッカーサーの呪力が消え去るのとほぼ時を同じくして、先に少しだけふれたマッカーサー包囲網の3番手となる民間の保守派によるGHQへの圧力団体、対日協議会が結成されています。これはアメリカの対日占領政策の転換をめざす、ほぼ同じ方向を向いた旧知日派とジャパン・ロビーの連合体で、反マッカーサーの急先鋒である『ニューズウィーク』紙外信部長ハリー・カーンがジョセフ・グルー元大使らをトップに据えて組織したものでした。

カーンは、いち早く『ニューズウィーク』東京支社長として46年春、コンプトン・パケナムを派遣していました。パケナムは神戸で生まれ、日本語をよくするうえ英国貴族の家系という触れ込みもあり（これがほぼデタラメだったことがいまでは判明しています）、日本の上流層に多くの知友をもち、天皇側近の松平康昌らとも太いパイプをつくりあげます。

たぶん、48年に入り、アメリカ本国ではマッカーサーの声望が低落し、いまやかつての影響力を失いつつある、マッカーサーはもはや「時代遅れ」になりつつある、というような情報もしっかり天皇に届くようにしていたのでしょう。ダレスの第一回目の50年6月の訪日時に、じつはパケナムが松平らとはかってダレスを天皇側近らに紹介し、そこでの会見がもとになって、朝鮮戦争勃発後の8月には、天皇からの文書でのメッセージがアメリカ側に届けられることになります。

**豊下は「日本側からアメリカ側に米軍の駐留を依頼《オファー》する」という、日米安保の基本コンセプトそのものの成立の裏に、昭和天皇の指示があったのではないかと述べています**

そこで天皇は、現在追放中の「多くの有能で先見の明と立派な志をもった人々」が現在沈黙しているが、マッカーサーの回りにいる人間のほかに、それらの人々とも、アメリカはパイプをもつべきであること、さらにこれらの人々に発言権があれば、「基地問題をめぐる最近の誤った論争も、日本側からの自発的なオファによって避けることができただろう」と、日本側から「基地提供をもちかける」（依頼《オファー》する）という考えをもっていることさえ明らかにしているのです（1950年8月、天皇のダレス宛「文書メッセージ」[7]）。

このことから、二つのことが見えてくると豊下はいいます。一つは、そもそも50年5月の池田ミッションでのマッカーサーを出し抜くかたちでの「基地貸与オファー」の日本からの持ちかけ自体が、じつは天皇からの指示だったのではないか、ということです。

池田訪米の1週間前、4月18日に天皇とマッカーサーの第10回目の会見が行われていますが、それを最後に、翌51年4月の離任に先だっての第11回会見まで、それまで半年ごとに開かれていた両者の会見が、開かれていません。それは以後、天皇がダレスとの「バイパス・ルート」をつくり上げ、もはや〝死に体〟となったマッカーサーからダレスに乗り換えるようになったことも一因ですが、それ以前に、そのころまでにマッカーサーの考えと天皇の考えとが合わなくなっていたことが、理由として考えられるというのが豊下の判断です。

それまでの会見（とくに第4回会見）の内容から、天皇が占領終了後も米軍が日本に駐留して守ってくれることを希望するのに対し、マッカーサーが非武装中立で国連での枠内での独立をさとし、天皇の要請に応じようとしなかった、その後もそのへだたりは埋まらなかったらしいことがわかっています。両者の間で意見が合わない。そのことのフラストレーションが朝鮮戦争の勃発をきっかけに爆発し、ダレスへの「天皇メッセージ」となったのではないか。

そのことを考え合わせると、この4月の第10回会見のあと、1週間後に天皇が吉田の池田訪米に向けた報告を受けている事実からみて、そもそも「『池田ミッション』の背後に天皇側のつよい意思が働いていた」とすら考えられるのではないか。つまり、じつは天皇がマッカーサーの頭越しに、基地提供を日本側から依頼《オファー》するという提案をアメリカ本国に行うよう、4月に吉田に命じていた可能性を否定できない、と豊下は推測するのです。

さらにもう一つは、このことと関係して、その後、再び対米基地貸与を望まずと言明する吉田への不信感を強めた天皇が、マッカーサー、吉田をともに「バイパス」し、アメリカ本国保守層ならびにアメリカ本国中枢と直接につながるルートをもつようになったということです。平和条約（および安保条約）の締結に向けた日米交渉のための、ダレスの2回目の訪日では、皇室のほうから、カーンを通じ、ダレスへの「夕食会」の提案がなされています。

これはダレスが天皇と直接会見することを意味していましたが、重要な交渉を控えていたダレスは、これではさすがに二重外交になると「当惑」を示し、実現はしませんでした。

このような周辺事実をもとに豊下は、この時期、外務省に「内奏資料」として準備されていた吉田の、天皇への「内奏」に向けた克明な日米交渉記録などを調べた上で（2月14日、7月13日、8月27日）、交渉のどこかの時点で吉田は、日本からの「米軍駐留希望」をオファーするように天皇に指示され、泣く泣く強力なカードを放棄したのではなかったかと推測しています。

## リアリストである昭和天皇は、軍事力を放棄した9条で国が守れるとは、まったく思っていませんでした

なぜ、昭和天皇から、このような政治志向が生じてくるのかを考えると、憲法9条に関し、一つのことがわかります。それは彼が憲法9条にまったく何の幻想ももっていなかったことです。

昭和天皇は衆議院の新憲法採択から10日後の1946年10月16日の、マッカーサーとの第3回会

見では、「戦争放棄を決意実行する日本が危険にさらされる事のない様な世界の到来」を、「一日も早く」「念願」しますと述べています。つまり現在のような「戦争放棄」では日本は危険なので、不安だということです。これに対しては、むしろマッカーサーのほうが「戦争を無くすには、戦争を放棄する以外に方法はありませぬ」と「九条の意義を高く評価」する見解で応えています。

この第3回会見記録は、1989年に国会図書館の幣原文庫（幣原喜重郎・蔵書コレクション）から発見されるのですが、このマッカーサーの答えが当時の幣原の持論と同一であることが、幣原が私的にこれを保管していたことの理由だったのかもしれません。

かつて天皇の「人間宣言」に「平和主義に徹し」という言葉のあることを理由に、憲法9条の発案者は昭和天皇だという説をチャールズ・ケーディスが唱え、彼を取材した著名ジャーナリストの大森実から、9条天皇発案説がセンセーショナルに発信されたことがあります（大森実『戦後秘史5　マッカーサーの憲法』講談社）。また最近でも護憲派の和田春樹が、戦争を終結させ、敗戦後いち早く「平和国家の建設」を述べた天皇への日本国民の「信従心」に戦後平和主義の第一歩を見る新しい9条論、平和国家論を唱えています（和田春樹『「平和国家」の誕生』岩波書店　2015年）

## 昭和天皇は、米軍の本土への駐留も、沖縄への駐留も望んでいました

しかし、46年10月、その天皇は、平和主義の「へ」の字どころか、「戦争放棄」が日本にもたらす「危険」をきわめて冷徹に察知し、それへの対処をマッカーサーに訴えているのです。このとき天皇が一人クールに戦後の事態に向きあい、平和主義や「精神的なリーダーシップ」といった理想の「光輝」に、一切影響されていないことに私は強く印象づけられるのです。

この印象は新憲法施行の3日後の47年5月6日の第4回会見で、さらに〈鮮明なもの〉となります。このとき、天皇は冒頭、憲法9条にふれ、「日本が完全に軍備を撤廃する以上、その安全保障は国連に期待せねば」ならないが、しかし「国連が極東委員会の如きものであることは困ると思います」と、4大国が拒否権をもつ極東委員会をひきあいに〈事実上は国連に期待できない〉ことを述べてマッカーサーに意見を求めます。

すると、これにマッカーサーが、「破壊力の圧倒的な増大によって、今後の戦争には勝者も敗者もないであろう」と、のちに丸山眞男が「三たび平和について」で展開するのと同じ現代戦争観を示し、「日本が完全に軍備を持たないこと自身が日本の為には最大の安全保障であって、これこそ日本の唯一の道である」と、あらためて〝九条の精神〟を天皇に説いたうえ、国連についても、現状はともかく「将来の見込みとしては、国連は益々強固になって行くものと思う」と天皇とは異な

る評価を展開するのです。

そしてこれに、天皇は再び、「日本の安全保障を図る為には、アングロサクソンの代表者であるアメリカが其のイニシアチブを執ることを要するのでありまして、此の為元帥の御支援を期待して居ります」と返します。つまり、事実上アメリカの軍事力による日本の安全保障を求める言葉を述べて、マッカーサーとは違った、まったく甘さのない現状認識を示すのです。

ですから、その4か月後、この政治姿勢の延長上で、有名な天皇の「沖縄メッセージ」が出されたとしても、それほど意外とは思われないでしょう。『昭和天皇実録』は、この年の9月19日の項に、側近の寺崎英成からGHQの外交局長シーボルト経由で、「連合国最高司令官（二十日付覚書）及び米国国務長官（二十二日付書簡）」に報告された内容が、こう記されています。

天皇は「アメリカが沖縄及び他の琉球諸島の軍事占領を継続すること」を希望している。「その占領はアメリカの利益となり、また日本を保護することにもなる」「さらに、アメリカによる沖縄等の軍事占領は、日本に主権を残しつつ、長期貸与というフィクションの形をとるべきである」と考えていると。

**ほとんど、なすすべもなくダレスに完敗した日本の独立交渉は、**
**その敗因が天皇による二重外交にあったのではないかと豊下は指摘しています**

こうして見てくると、確証はないものの、豊下が示唆するように、平和条約締結時の、ほとんどなすすべもなくダレスにしてやられた日米交渉の失態は、昭和天皇が行った二重外交的な独自ルートによる外交（「天皇外交」）に原因があった可能性を否定できません。天皇がその新ルートを使ってダレスに加担し、いまや「落ち目」のマッカーサーから身を遠ざけ、吉田の動きをコントロールしたことが、ダレスにとってどれほど大きなメリットになったか、想像に難くありません。

１９５１年4月、解任されたマッカーサーの離日に際し、ＧＨＱ側は「天皇の見送りを希望」しますが、天皇は応じず、代わりに「名代として三谷侍従長をさし向け」ます。一方、吉田は51年9月のサンフランシスコ平和条約調印の式典への出席をダレスに強く要求され、どうにかして参加しないですまそうとしますが、最後、おそらくこれも天皇にいわれたのでしょう。仕方なしに出席しています。

それは吉田にとっては、苦痛に満ちた式典だったでしょう。同じくマッカーサーは、平和条約の式場であるサンフランシスコのオペラハウスに姿を見せませんでした。理由は招待されなかったからです。アメリカ国務省と大統領府は、そこまでマッカーサーに冷淡でした。

一方、平和条約と日米安保条約の締結という大役をはたしたダレスは、それから1年4ヶ月後の

53年1月、マッカーサーの元副官、アイゼンハワー大統領のもとで国務長官に抜擢されたのです。

**憲法9条の平和主義と、それをまったく信用しないニヒリストである昭和天皇の姿を対比させてみると、前者の「からっぽな理想の姿」が浮かび上がってきます**

いまの時点からふりかえって驚かされるのは、当時の天皇の憲法9条観、講和観、日米安保条約観が、このとき、ほとんどダレスのそれと同じであることです。つまり、日本国民をまったく信頼せず、日本の独立にもさして関心がなく、憲法9条の平和条項にも国際連合にも何の幻想ももたない一方、共産主義の浸透に警戒するという一点で共通していました。いまや東西冷戦が激化するなか、反共に徹する本国のアメリカ政府と日本の天皇は関心を共有しており、それは、あたかも、戦争放棄に理想を仮託するマッカーサーや、日本の独立になお執念をもやす吉田が、まだまだ「甘い」とでもいうかのようだったのです。

しかし、もちろんダレスはキリスト教的な信念とアメリカ第一の原理に立った平和観を揺るぎなくもっており、世界情勢に対する見方は天皇とははっきりと違っています。彼が自分の「同類」と信じるメンバーの範疇に、宗教否定の共産主義国家、非キリスト教圏のアジア諸国は入っておらず、彼はひたすら同国人を愛し、また西洋社会の諸原理を信じています。しかし、昭和天皇はどうでしょう。彼はキリスト教徒でもアメリカ人でもありません。もと現人神《あらひとがみ》で人間宣言したとはいえ、日本国民と同じ地平には存在していないことも確かです。

ですから、私たちは、このとき天皇が、まったく「同類」をもたない単独者であって、ほとんど自分の皇祖皇宗以外には誰一人信ずる対象のないニヒリストになって、そこに孤立していたことの意味をもう一度、考えてみる必要があるのです。

そのように同類をもたない人間が、「沖縄メッセージ」から1年3ヶ月後の12月23日、東条英機以下7名の元臣下が自分の身代わりとなって絞首刑に会った際、涙で顔を泣き腫らしていたという。ではそれはいったいどのような「涙」だったのか。

憲法9条の平和主義とは、このような天皇のニヒリズムをネガとする、それを反転した、からっぽな理想の姿なのではないか。憲法9条と新たに向かいあうためにも、一度はそう考えてみたほうがよいと、私はひそかに思っています。

私たちは、ダレスでも天皇でもありません。その私たちに必要とされるのは、自分たち自身の手で、みずから信じるに足る選択肢をつくりだそうとしてみることでしょう。そのときに不可欠になってくるのは、ニヒリズムと表裏一体の平和主義ではなく、実現すべき「平和」の像の探求と表裏一体となった、憲法9条の「使用法」への問いにほかなりません。

事実、安保条約締結以後の9条をめぐるせめぎあいは、この後、その「使用法」をめぐって繰り広げられていくことになるのです。[8]

# ひとまずのあとがき

憲法9条をめぐる、最初期の歴史を見てきました。

その出生の秘密から、マッカーサーと昭和天皇という、2人の世界史上の端倪《たんげい》すべからざる人物をめぐって展開された激しいせめぎあい、そして冷戦の高まりと、安保条約のもとでの変容。

このあと日本の歴史は安保改定をへて、自民党の単独政権の時代に入り、それから60年後の現在である「混迷と崩壊の時代」まで、一直線につながっていきます。

その詳しい歴史は、おそらく次の本で書くことになるでしょう。

けれどもあらゆる問題の解決とは、それが発生した時点にまでさかのぼらなければ、なしえないもののはずです。

丸山眞男は1960年6月、安保闘争のさなかに、「復初の説」というものを唱えています。危機に際して、一度、「初めにかえれ」ということです。

「なぜ初めにかえることが必要か。言うまでもなく、［現在起きている混乱は］日本国憲法の基本原則にかかわる問題であるからであります」

そして彼は最後に、こうも述べています。

「初めにかえれということは、敗戦の直後のあの時点にさかのぼれ、八月十五日にさかのぼれということであります。私たちが廃墟の中から、新しい日本の建設というものを決意した、あの時点の気持というものを、いつも生かして思い直せということ」（丸山眞男「復初の説」『丸山眞男集　第八巻』）

もちろん私自身も、読者のみなさんの多くも、八月十五日を体験していません。

しかし、頭で考えて、誰にもすぐにわかる、一つの特異点をこの日は象徴しています。

それは、八月十五日には、まだ、何もなかったということです。

平和主義も、憲法9条も、まだなかったのです。

私は、もし、この日に、私たちが、空を見上げ、この後いったい自分たちはどうすべきか、何が一番、自分たちにとって、大切なのか、どうすることが、いま自分たちにほんとうに必要なのか、と考えたなら、その答えは、さまざまなものとなったと思います。けれどもそこでさまざまな問いと、その答えを受けとりつつ、私たちの多くが、またいつか、危機に際して、何度も、自分たちは、そのつど、ゼロの地点から、この問いをくり返すだろう、と思っただろうと思うのです。

そのことが「初めにかえる」ということだと思うのです。
そのゼロからの問いを、ここでもう一度、言葉にしてみましょう。

自分たちにとって、何が一番、大切なのか。
これからどうすることが、自分たちにとってほんとうに必要なのか。

私が本書を書くことで、いまさらながら気づかされたのは、敗戦から74年間、私たち日本人が右のような、自分自身の内側から沸き起こる原初の問いかけを真正面から受け止め、まったくゼロの地点から時間をかけて安全保障の問題を考え直したことは、結局一度もなかったのではないか、ということです。

9条という国家の自衛権までをも否定する平和条項は、それまでどんな国の憲法も持ちえなかったものでした。そのため9条による平和国家の確立と、その先に想定される世界平和の実現という「美しい使命」こそが、戦争そして敗戦の悲惨な体験を代償に日本国民が手にした、新しい目標になったのでした。

けれどもそのとき、みずからの書いた9条を大きく高く掲げながら、敗戦直後の混乱期にある日本人に向かって、
「君たちこそがいま、平和の使徒として、世界の歴史の最先端に立つのだ」

と命じていたのは、じつは他国の軍人であるマッカーサーだったのです。

私たちの八月十五日にはまだ、何もなかった。平和主義も、憲法9条も。ただその代わりに、燃えるような先のゼロからの問いかけがあった、というのが真実なのではないでしょうか。

しかし、一番大切だったはずのその原初の問いは、結局正面から一度も問われることのないまま、事ここにいたっているのです。


この本はいわば、先の丸山の言葉から示唆を受けとりながらも、私が読者のみなさんと共に八月十五日の「廃墟」という、〃何もなかった場所〃にまで立ちかえり、「新しい日本の建設」について考えようとした試みだったといえるかと思います。

私の信じていることがあります。それは、歴史をいったん非専門家の目で振り返ることは、人間が未来をまっさらに構想するうえで欠かせない作業なのではないかということです。その結果、無数の混乱が整理され、多くの謎が解けます。

そのあと、そこに姿をあらわす可能性は、私たち全員に共有されるべき内容と質をもっています。人は過去を新しく獲得し直すことで、未来への態度を新しく更新するための足場も得ることができるからです。

最後に、体調不良のために私自身は参加が叶いませんでしたが、この本の草稿の検討会を行い、率直で、歯に衣を着せない批判と、心のこもった数々の鋭い意見を寄せてくださった友人仲間、橋爪大三郎さん、瀬尾育生さん、伊東祐吏さん、野口良平さんに、その名を記し、深い感謝の念を捧げます。

# 注

## はじめに

1　加藤典洋「これは批評ではない」『群像』1991年5月号。
2　639号、2004年。
3　664号、2005年。

## 第1部

### 第1章

1　古関彰一『日本国憲法の誕生　増補改訂版』岩波書店　2017年。
2　古関、同前。
3　『日本国憲法制定の由来　憲法調査会小委員会報告書』時事通信社　1961年。
4　たとえば原秀成『日本国憲法制定の系譜Ⅲ　戦後日本で』日本評論社　2006年、など。
5　「日本の敗北後における本土占領軍の国家的構成」。
6　マイケル・シャラー『マッカーサーの時代』恒文社　1996年。
7　シャラー、前掲。
8　SWNCC150／4／A。
9　「降伏後の日本本土における軍政に関する基本的指令」(JCS1380／5)。
10　「1945年7月26日の宣言と国務省の政策との比較検討」『日本国憲法制定の由来』)。
11　『忘れたことと忘れさせられたこと』文藝春秋　1979年。
12　シャラー、前掲。
13　当時は臨時国務次官で国務長官代理、この直後、国務長官に昇任。
14　SCAPIN244号指令。
15　シャラー、前掲。

## 第2章

1　ジョン・ダワー『敗北を抱きしめて』増補版　岩波書店　2004年。
2　ダワー、同前。
3　松尾尊兊『戦後日本への出発』　岩波書店　2002年。
4　武田清子『天皇観の相剋』岩波書店　1993年。
5　豊下楢彦『昭和天皇・マッカーサー会見』岩波書店　2008年。
6　TV番組制作者、鈴木昭典による。
7　松尾尊兊「米国人記者会見　昭和天皇は真珠湾攻撃の責任を東条元首相に転嫁した」『論座』2007年2月号。
8　1946年3月〜4月に側近たちが天皇の談話を聴取し、のちに「昭和天皇独白録」として『文藝春秋』（1990年12月号）誌上で公表した。
9　山際晃、中村政則編『資料　日本占領1　天皇制』大月書店　1990年。

## 第3章

1　SWNCC150／4／A。
2　JCS1380／5。
3　SWNCC181／2（ただし江藤淳『忘れたことと忘れさせられたこと』では、JCS1380／6となっている）。
4　SWNCC228。
5　古関、前掲。
6　古関、前掲。
7　『占領史録3』江藤淳　講談社　1989年。
8　古関、前掲。
9　『日本国憲法制定の由来』。
10　『マッカーサー回想録』津島一夫訳　朝日新聞社　1964年。『回想録』は現在、『マッカーサー大戦回顧録』上下巻として中公文庫BIBLIO20世紀に収録。
11　『朝日新聞』（2002年10月017日）に関連記事あり。
12　「上」「下」ともに『論座』2002年11月号と12月号。
13　豊下、前掲。
14　田中隆吉「かくて天皇は無罪となった」『文藝春秋』

1965年8月号。
15 豊下、前掲。
16 松尾「米国人記者会見」、前掲。
17 松尾『戦後日本への出発』、前掲。
18 シャラー、前掲。
19 高柳賢三他編『日本国憲法制定の過程Ⅰ』有斐閣　1972年。
20 同『日本国憲法制定の過程Ⅱ』有斐閣　1972年。
21 『日本国憲法制定の由来』前掲。
22 同前。
23 秦郁彦『昭和天皇五つの決断』文藝春秋　出版社　1994年。

**第4章**

1 高橋紘『象徴天皇』岩波書店　1987年。
2 『日本国憲法制定の由来』。
3 鈴木昭典『日本国憲法を生んだ密室の九日間』創元社　1995年。
4 佐藤達夫『日本国憲法誕生記』中央公論新社　1999年。
5 『戦後日本防衛問題資料集』第一巻　三一書房　1992年。
6 古関、前掲。
7 古関彰一『平和憲法の深層』筑摩書房　2015年。
8 同前。
9 同前。

## 第二部

**第5章**

1 ダワー、前掲。
2 原武史『「昭和天皇実録」を読む』岩波書店　2015年。
3 『改造』1946年3月号。
4 「徹底せる平和主義　新日本の大憲章成る」『毎日新聞』同年3月7日。
5 古関『日本国憲法の誕生　増補改訂版』。
6 1945年9月28日の外務省内での講演「ポツダム宣言に基く憲法、同付属法令改正要点」。
7 古関、前掲。
8 同報告書中の参考書類4「憲法研究委員会報告」付属書第一号（参考書類5の1「憲法改正草案要綱及び改

正草案正文に対する私見〔高木（八尺）委員〕」。

9　古関、前掲。

10　座談会「憲法三〇年を回顧して」『ジュリスト』638号、1977年5月3日臨時増刊、古関彰一『日本国憲法の誕生』岩波書店　2009年。増補改訂版では一部内容の加除が行われている。

11　江橋崇『「官」の憲法と「民」の憲法』信山社出版　2006年。

12　江橋、同前。

13　江橋、同前。

14　古関、『日本国憲法の誕生　増補改訂版』。

15　鵜飼信成「宮沢憲法学管見」『ジュリスト』807号、1984年、古関、前掲。

16　鵜飼「司法審査と人権の法理」、古関、前掲。

**第6章**

1　（NSC13／2）。

2　（NSC13／2）。

3　伊勢崎賢治『新国防論　9条もアメリカも日本を守れない』毎日新聞出版　2015年。

4　矢部、前掲。

5　木戸、前掲。

6　（マッカーサー・ジョンソン国防長官の会談など）高坂正堯ほか『戦後日米関係年表』PHP研究所　1995年。

7　豊下楢彦『安保条約の成立――吉田外交と天皇外交』岩波書店　1996年。

8　本書では、ここでいったん筆をおくことにする。本書の刊行に際し、編集者の矢部宏治氏をはじめとして、「戦後再発見」双書編集部のみなさんによる、企画段階以来の一貫した助力と創造的介入がなければここにはこぎつけられなかったこと、筆者の体調不良を受けて、本文の校訂や文言の整理等について、旧知の友人で思想史家の野口良平氏による甚大な助力なしにはとうていこの本が完成を見られなかったことをここに注記し、感謝の意を表しておきたい。

# 憲法制定関連年表

| | 日本 | GHQ、アメリカ政府、その他 |
|---|---|---|
| 1945年 | | |
| 8月14日 | 御前会議、ポツダム宣言受諾最終決定 | ダグラス・マッカーサー、連合国最高司令官に就任 |
| 8月15日 | 昭和天皇、戦争終結の詔書を放送 | |
| 8月17日 | 東久邇宮稔彦内閣成立 | |
| 8月20日 | | 英政府、連合国対日管理理事会の設置を提案 |
| 8月21日 | | 米政府、極東諮問委員会付託条項を英中ソに送付 |
| 8月23日 | | 米政府、英の対日管理理事会設置要求を拒否 |
| 8月30日 | | マッカーサー、厚木飛行場に到着 |
| 9月2日 | 米戦艦ミズーリ上で降伏文書調印 | マッカーサー、占領条件に関する「一般命令第1号」の実施を指令 |
| 9月10日 | | ロンドン外相会議開催。極東諮問委員会の設置を決定 |
| 9月13日 | 近衛文麿、マッカーサーを訪問 | |
| 9月17日 | 重光外相辞任、後任に吉田茂を任命 | GHQ、横浜から東京に移転 |
| 9月22日 | | 国務省、「初期対日方針」を発表 |
| 9月27日 | 天皇、マッカーサーを訪問 | |
| 10月2日 | | 連合国最高司令官総司令部（GHQ）を設置 |
| 10月4日 | 近衛、マッカーサーと最初の会談 | 政治顧問ジョージ・アチソン、国務省に対し、憲法改正問題に関する指示要請を打電 |

| | | |
|---|---|---|
| 10月5日 | 東久邇宮内閣総辞職 | |
| 10月9日 | 幣原喜重郎内閣成立 | GHQ、新聞の事前検閲を開始 |
| 10月11日 | 幣原、マッカーサーを訪問 | |
| 10月25日 | 憲法問題調査委員会（委員長に松本烝治国務大臣）を設置 | |
| 10月29日 | 高野岩三郎、鈴木安蔵に憲法改正に向けて草案の起草を促す | |
| 10月30日 | | 極東諮問委員会第1回会合開催 |
| 11月1日 | | GHQ、憲法改正問題における近衛との関係の否定を声明 |
| 11月5日 | 高野岩三郎ら、憲法研究会を発足 | |
| 11月10日 | 憲法問題調査委員会で松本、憲法改正の可能性に言及 | |
| 11月22日 | 近衛、「帝国憲法改正要綱」を天皇に上奏 | |
| 11月24日 | 佐々木惣一、憲法改正の必要を天皇に進講 | |
| 11月26日 | 憲法研究会、「憲法草案要綱」を政府に提出 | |
| 12月6日 | | GHQ、近衛を戦争犯罪人に指名 |
| 12月8日 | 松本、衆議院予算委で「憲法改正四原則」を示す | |
| 12月16日 | 近衛、服毒自殺。 | モスクワ外相会議開催。極東諮問委員会を改組し、極東委員会の設置を合意 |
| 12月26日 | 憲法研究会、「憲法草案要綱」を発表 | |
| **1946年** | | |
| 1月1日 | 天皇、神格否定の詔書（人間宣言） | |

| | | |
|---|---|---|
| 1月7日 | 松本、私案につき天皇に上奏 | 三省調整委員会、「日本の統治体制の改革」文書を決定 |
| 1月9日 | 憲法問題調査委・第10回調査会に松本、私案を提出 | 極東諮問委員会訪日団来日 |
| 1月19日 | | マッカーサー、極東国際軍事裁判所憲章を承認、同裁判所の設置を命令 |
| 1月21日 | 自由党、「憲法改正要綱」発表 | |
| 1月24日 | 幣原、マッカーサーと会談し、天皇制存続と戦争放棄について話し合う | |
| 1月25日 | 高野、民主主義的憲法制定会議の招集を提唱 | マッカーサー、米統合参謀本部に「天皇に戦争責任の証拠なし」と返書を送る |
| 2月1日 | 毎日新聞、「憲法問題調査委員会試案」のスクープ記事を報道 | 極東諮問委員会訪日団、離日 |
| 2月3日 | | マッカーサー、ホイットニー民政局長に憲法改正案（ＧＨＱ草案）の「三原則」を示す |
| 2月4日 | | 民政局、ＧＨＱ草案起草作業開始 |
| 2月8日 | 松本、「憲法改正要綱」をＧＨＱに提出 | |
| 2月10日 | | 民政局、ＧＨＱ草案を完成。マッカーサーに提出 |
| 2月13日 | | ホイットニーら、「憲法改正要綱」の受取りを正式に拒否し、ＧＨＱ草案を吉田外相、松本らに手交 |
| 2月14日 | 進歩党、「憲法改正案要綱」を決定 | |
| 2月18日 | 松本、憲法改正案の「再説明書」をＧＨＱに提出 | ホイットニー、松本の「説明補充」を拒絶 |
| 2月19日 | 松本、ＧＨＱ草案につき閣議に報告 | |

| | | |
|---|---|---|
| 2月21日 | 幣原、マッカーサーと会見し、ＧＨＱ草案についての意向を確認 | |
| 2月22日 | 閣議、ＧＨＱ草案の受け入れを決定 | |
| 2月25日 | 政府、総選挙期日を4月10日に決定 | |
| 2月26日 | 閣議、ＧＨＱ草案に基づく日本案の起草を決定、開始 | 極東委員会、ワシントンで第1回会議開催 |
| 3月2日 | 日本案完成 | |
| 3月4日 | 政府、日本案をＧＨＱに提出。佐藤達夫法制局部長とケーディスらが翌日まで交渉しこれに修正 | |
| 3月5日 | 閣議、ＧＨＱとの交渉により修正された草案の採択決定 | |
| 3月6日 | 政府、「憲法改正草案要綱」を公表 | マッカーサー、「憲法改正草案要綱」承認の声明 |
| 3月18日 | 寺崎英成、天皇から戦争とのかかわりなどの聞き取り（いわゆる「独白録」）を開始 | |
| 3月29日 | | 極東委員会、マッカーサーに対し、憲法草案に対する極東委員会の最終審査権の留保、総選挙の延期などを要請 |
| 4月10日 | 新選挙法による第22回衆議院議員総選挙施行 | |
| 4月17日 | 政府、「憲法改正草案」の正文を発表 | |
| 4月22日 | 幣原内閣総辞職。枢密院、憲法改正草案第1回審査委員会開催 | |
| 5月3日 | | 極東国際軍事裁判（東京裁判）開廷 |
| 5月13日 | | 極東委員会、新憲法採択の3原則を決定 |

| | | |
|---|---|---|
| 5月22日 | 第一次吉田内閣成立 | |
| 6月8日 | 枢密院本会議、改正草案を可決 | |
| 6月19日 | 金森徳次郎、憲法問題担当国務相就任 | |
| 6月20日 | 「帝国憲法改正案」が衆議院に提出される | |
| 6月21日 | | マッカーサー、議会での憲法審議につき極東委員会の新憲法採択の3原則を含む声明を発表 |
| 6月25日 | 「帝国憲法改正案」を衆議院本会議に上程 | |
| 6月28日 | 衆議院帝国憲法改正案委員会設置 | |
| 7月2日 | | 極東委員会、「日本の新憲法についての基本原則」を決定 |
| 7月29日 | 小委員会で第9条のいわゆる「芦田修正」提示 | |
| 8月19日 | | マッカーサー、文民条項の導入を求める極東委員会の意向を吉田に伝える |
| 8月24日 | 衆議院本会議、「帝国憲法改正案」を修正可決 | |
| 8月26日 | 貴族院、本会議に「帝国憲法改正案」を上程 | |
| 9月23日 | | GHQ、日本政府に対し憲法の文民条項などの修正を求める |
| 10月3日 | 貴族院特別委、「帝国憲法改正案」修正可決 | |
| 10月6日 | 貴族院本会議、「帝国憲法改正案」を修正可決 | |
| 10月7日 | 日本国憲法、帝国議会を通過 | |
| 10月29日 | 枢密院本会議、「修正帝国憲法改正案」を可決 | |

| | | |
|---|---|---|
| 11月3日 | 日本国憲法公布 | マッカーサー、日本国憲法公布に際して日本国民に対しメッセージを発表 |
| 12月1日 | 憲法普及会が設立される | |
| **1947年** | | |
| 1月3日 | | マッカーサー、新憲法の再検討に関して吉田宛に書簡 |
| 1月6日 | 吉田、1月3日マッカーサー書簡に返信 | |
| 3月31日 | 第92回帝国議会解散。帝国議会が終幕 | |
| 5月3日 | 日本国憲法施行 | |
| **1951年** | | |
| 4月11日 | | マッカーサー解任 |
| 9月4日 | | サンフランシスコ講和会議 |
| 9月8日 | サンフランシスコ講和条約調印、日米安全保障条約締結 | |

# 主要参考文献リスト


●はじめに

ジョン・ダワー『敗北を抱きしめて　増補版』上下、岩波書店、2004年
加藤典洋「これは批評ではない」『群像』講談社、1991年5月号
加藤典洋『敗戦後論』講談社、1997年
奥平康弘「なぜ九条の会か」『九条、いまこそ旬』岩波ブックレット639号、2004年
奥平康弘「『第一項に手をつけず』に安心してはならない」『憲法九条、未来をひらく』岩波ブックレット664号、2005年
中江兆民「論外交」『中江兆民評論集』岩波文庫、1993年

●第1部

古関彰一『日本国憲法の誕生　増補改訂版』岩波現代文庫、2017年
憲法制定の経過に関する小委員会編『日本国憲法制定の由来　憲法調査会小委員会報告書』時事通信社、1961年
マイケル・シャラー『マッカーサーの時代』豊島哲訳、恒文社、1996年
江藤淳『忘れることと忘れさせられたこと』文藝春秋、1979年
原秀成『日本国憲法制定の系譜Ⅰ　戦争終結まで』日本評論社、2004年
原秀成『日本国憲法制定の系譜Ⅱ　戦後米国で』日本評論社、2005年

原秀成『日本国憲法制定の系譜Ⅲ　戦後日本で』日本評論社、2006年
松尾尊兊『戦後日本への出発』岩波書店、2002年
松尾尊兊「米国人記者会見　昭和天皇は真珠湾攻撃の責任を東条元首相に転嫁した」『論座』朝日新聞社、2007年2月号
武田清子『天皇観の相剋　一九四五年前後』岩波書店、同時代ライブラリー、1993年
伊藤隆・渡辺行男編『続重光葵手記』中央公論社、1988年
豊下楢彦『昭和天皇・マッカーサー会見』岩波書店、岩波現代文庫、2008年
豊下楢彦『昭和天皇の戦後日本　〈憲法・安保体制〉にいたる道』岩波書店、2015年
山極晃、中村政則編、岡田良之助訳『資料日本占領1　天皇制』大月書店、1990年
寺崎英成、マリコ・テラサキ・ミラー編『昭和天皇独白録　寺崎英成・御用掛日記』文芸春秋、1991
ダグラス・マッカーサー『マッカーサー回想記』下巻、津島一夫訳、朝日新聞社、1964年
高柳賢三、大友一郎、田中英夫編『日本国憲法制定の過程Ⅰ　連合国総司令部側の記録による．原文と翻訳』有斐閣、1972年
高柳賢三、大友一郎、田中英夫編『日本国憲法制定の過程Ⅱ　連合国総司令部側の記録による．解説』有斐閣、1972年
福永文夫、下河辺元春編『芦田均日記』第1巻、岩波書店、1986年
大嶽秀夫編・解説『戦後日本防衛問題資料集』第1～3巻、三一書房、1991～3年
Political Reorientation of Japan, vol.1~2, 1949
秦郁彦『昭和天皇五つの決断』文春文庫、1994年
山岡規雄「イタリア共和国憲法第11条（戦争否認条項）をめぐる議論」『レファレンス』日本図書館協会、2014年10月号

鈴木昭典『日本国憲法を生んだ密室の九日間』角川ソフィア文庫、2014年
佐藤達夫『日本国憲法誕生記』（シリーズ戦後史の証言　占領と講和4）中公文庫、1999年
古関彰一『平和憲法の深層』ちくま新書、2015年
中野好夫「憲法九条ができるまで」（憲法問題研究会編『憲法と私たち』岩波新書、1963年）
塩田純『9条誕生』NHKブックス、2018年

●第2部

原武史『「昭和天皇実録」を読む』岩波新書、2015年
古関彰一『日本国憲法の誕生』岩波現代文庫、2009年
宮沢俊義編『世界憲法集』岩波文庫、1983年
江藤淳「解説」『占領史録第3巻　憲法制定経過』講談社、1982年
宮沢俊義『天皇と憲法』東京大学出版会、1969年
江橋崇『「官」の憲法と「民」の憲法　国民投票と市民主権』信山社、2006年
秦郁彦『史録　日本再軍備』文藝春秋、1976年
加藤典洋・橋爪大三郎・竹田青嗣『天皇の戦争責任』径書房、2000年

# 人名索引

（マッカーサー、昭和天皇など頻出するものは省略した）

**加藤典洋**（かとう・のりひろ）
文芸評論家。1948年山形県生まれ。東京大学文学部仏文科卒。国立国会図書館勤務を経て、早稲田大学名誉教授。『アメリカの影』（講談社文芸文庫）、『敗戦後論』(ちくま学芸文庫、伊藤整文学賞)、『言語表現法講義』(岩波書店、新潮学芸賞)、『小説の未来』（朝日新聞社)、『テクストから遠く離れて』(講談社、この二著で桑原武夫学芸賞)、『戦後入門』（ちくま新書)、『もうすぐやってくる尊皇攘夷思想のために』（幻戯書房）ほか、著書多数。

「戦後再発見」双書❽

9条入門《じょうにゅうもん》

2019年4月20日　第1版第1刷発行
2019年6月30日　第1版第4刷発行

著　者……加藤典洋
発行者……矢部敬一
発行所……株式会社 創元社
https://www.sogensha.co.jp/
本社　〒541-0047 大阪市中央区淡路町4-3-6
Tel.06-6231-9010(代)　Fax.06-6233-3111
東京支店　〒101-0051 東京都千代田区神田神保町1-2 田辺ビル
Tel.03-6811-0662(代)
企画・編集……書籍情報社
印刷所……三松堂株式会社


ISBN978-4-422-30058-0

●「戦後再発見」双書　好評既刊

**戦後史の正体** 1945-2012　孫崎享《まごさきうける》 著

本当は憲法より大切な **「日米地位協定入門」**　前泊博盛《まえどまりひろもり》 編著

**検証・法治国家崩壊**――砂川裁判と日米密約交渉　吉田敏浩《よしだとしひろ》、新原昭治《にいはらしょうじ》、末浪靖司《すえなみやすし》 著

**核の戦後史**――Q&Aで学ぶ原爆・原発・被ばくの真実　木村朗《きむらあきら》、高橋博子《たかはしひろこ》 著

**「日米合同委員会」の研究**――謎の権力構造の正体に迫る　吉田敏浩《よしだとしひろ》 著

**「日米指揮権密約」の研究**――自衛隊はなぜ、海外へ派兵されるのか　末浪靖司《すえなみやすし》 著

**朝鮮戦争は、なぜ終わらないのか**　五味洋治《ごみようじ》 著

●「戦後再発見」双書　資料編

**占領期年表 1945-1952年**――沖縄・憲法・日米安保　明田川融《あけたがわとおる》 監修